KB149471

건강한 삶, 성공한 삶

풍|수|지|리

풍수지리를 알면
인생이 바뀐다

바람을 알면 건강하고 물을 알면 부자가 되며

땅을 알면 귀하게 되고

이치를 알면 실패하지 않는다.

건강한 삶, 성공한 삶

풍ㅣ수ㅣ지ㅣ리

풍수지리를 알면
인생이 바뀐다

지종학 _ 저

프로방스

"확률적으로 70%를 상회한다면 결코 무시할 수 없는 것이 풍수지리이다."

얼마 전 세월호 사건으로 295명의 숭고한 목숨이 희생을 당했다. 그 중 꽃다운 나이의 어린 학생이 245명이나 되었다. 이기적인 어른들의 행태로 인해 꽃다운 어린 영혼들이 스러져간 것을 생각하면 기성세대로서 부끄러울 따름이다.

이렇게 온 국민이 시름에 겨워 있을 무렵 필자는 논문을 지도하는 과정에서 뜻밖의 사실을 알게 되었다. 건강보험공단에 재직 중인 한 대학원생의 학위논문은 전국 암 발생률에 관한 자료를 통계로 각 지역의 특성을 알아보고자 하였는데, 안산시 단원구가 전국 245개 시군구 중에서 가장 암 발생률이 적은 곳으로 밝혀졌다. 그리고 안산시 상록구 또한 전국 245곳 중 6위에 들 정도로 암 환자가 적은 지역이었다. 즉 안산시는 전국에서 가장 암 발생률이 적은 도시라는 사실이다. 이는 안산시의 지형과 주거환경이 암의 예방과 치료에 탁월한 환경을 제공하는 것으로 볼 수 있다. 그리하여 이러한 사실은 시름에 빠진 안산시민들에게 다소 위안이 될 것이라 생각해 책으로 집필하기로 한 것이다.

한편 30년간 전국을 답사하며 지형을 보아온 필자의 눈으로 보면 건강은 지형지세와 매우 밀접한 관계가 있음을 알게 되었다. 따라서 좋지 못한 지형은 어떠한 곳인지 널리 알려 모두가 건강한 삶을 영위할 수 있는 방법을 알리고 싶었다.

본 책에 수록된 내용은 필자가 30년 동안 풍수를 접하면서 실제 경험한 사례들을 위주로 지형의 좋고 나쁨을 설명했지만, 반드시 항상 늘 꼭 그러한 것은 아니다. 대체로 확률적으로 그렇다는 것이다. 자신의 운이 왕성할 때는 어떠한 고난과 난관도 극복할 수 있는 것이 인간의 능력이기 때문이다. 그러나 확률적으로 70%를 상회한다면 결코 무시할 수 없는 것이 풍수지리이다. 그래서 어려운 성공을 지향하기보다는 실패하지 않을 방법을 풍수인의 안목에서 제시하고자 하였다.

2014년 12월 북한산 자락에서

01 바람風
바람을 알면 건강하고 장수한다

02 물水
물길을 알면 부자가 된다

차 례

03 땅地
땅을 알면 사람이 귀하게 된다

04 이치理
이치를 알면 실패하지 않는다

바람을 알면
건강하고
물을 알면
부자가 되며
땅을 알면
귀하게 되고
이치을 알면
실패하지 않는다

01 바람風

바람을 알면 건강하고
장수한다

바람風
바람을 알면 건강하고
장수한다

01

부인과 내기를 한
풍수인

　　필자의 제자 중에는 지방에서 직장생
활을 하며 틈틈이 풍수를 공부하는 제자가 한 명 있다. 제자는 풍수
를 10년 넘게 배우고 있는데, 어느 날 문득 보니 자신이 사는 아파트
의 입지가 별로 좋지 못한 것을 알게 되었다. 그리하여 새로운 곳으
로 이사를 가려고 했으나 부인의 반대에 부딪치게 된다. 부인은 현재
사는 곳이 남편의 직장도 가깝고 아이들 학교 다니기도 쉬워 모든 것
이 편리한데, 쓸데없는 것에 빠져 성화라고 이사를 극구 반대하는 것
이다. 풍수에 대해 미신쯤으로 치부하던 부인의 입장에서는 남편의
말을 신뢰할 수 없었던 것이다. 그러나 한 번 마음이 떠난 제자는 점
점 더 그 집에서 살기가 싫은 것이다. 그리하여 거의 1년을 혼자서 고
민하다가 부인과 내기를 하기로 하였다. 부인의 친정집 동네에서 각

각의 집에 대해 좋고 나쁨을 맞춰보기로 한 것이다. 그래서 맞추면 자신의 뜻대로 이사를 하지만, 만약 맞추지 못하면 이사 얘기는 없던 것으로 하기로 하였다.

한편 장모님은 30여 가구 되는 작은 시골마을에 40년 넘게 살면서 각각의 집 사정에 대해 훤하게 알고 계시므로 장모님, 부인, 그리고 자신까지 3명이 동행하면서 풍수의 길흉에 대한 시험을 시작한다.

시험① 쌀가게

"쌀가게 왼쪽 산(청룡)이 등지고 있는 형상이어서 아는 지인으로부터 배신을 당하는 일이 잦을 수 있습니다. 그러나 오른쪽 산(백호)은 집을 향해 잘 감싸고 있어 부인의 힘으로 가정을 꾸려 가면 재산을 형성하기에 큰 어려움이 없는 집입니다. 따라서 이 집은 남자보다는 여자가 주도권을 쥐고 살림을 해야 하는 터입니다. 청룡은 남자를 뜻하고 백호는 여자와 재물을 의미하기 때문이지요."

실제로 이 댁의 남편은 인정이 많아서 친구들에게 돈을 빌려주면 돌려받지 못하고, 쌀을 외상으로 주면 돈을 받지 못하는 일이 많았다고 한다. 그것이 차츰 빚이 되더니 나중에는 땅을 팔아야 할 정도로 젊어서는 손해가 막심했다고 한다. 그 후부터는 부인이 직접 가게를 운영하게 되었는데, 남편과는 다르게 철저하게 관리하여 적지 않은 돈을 모을 수 있었다고 한다. 그래서 첫 번째 시험은 통과다.

시험② 감나무 집

"집터에서 보면 왼쪽 산(청룡)이 도망가고 안산이 없어서 물이 집 앞으로 곧게 빠져나갑니다. 이렇듯 청룡이 도망가는 형태는 남자들이 풀리는 일이 없을 뿐 아니라, 물이 빠져나가니 집에 돈이 남아나지를 않습니다.

그리고 마당 한 가운데 큰 감나무가 지붕을 덮을 정도로 무성하게 자라고 있습니다. 동쪽은 해가 떠오르는 방위로서 집 안에 희망과 발전 등 긍정적인 에너지를 주는데, 커다란 감나무가 동쪽을 막고 있어 집안이 늘 침체될 수밖에 없습니다. 거기다가 햇빛을 받는데도 불리해서 가족들 건강이 좋지 못할 것입니다."

이 댁은 부부와 두 아들이 사는 마을에서 오래된 집이었다. 그러나 남편이 병으로 일찍 죽고, 큰 아들도 군대가서 사고로 죽고 말았다. 작은 아들은 나이가 40이 넘었으나 아직 장가도 들지 못하고 고생고생하면서 어머니와 함께 살고 있다.

시험③ 파전 집

"이 곳은 집 앞에서 두 줄기 개천 물이 합수된 후 감싸주고 있습니다. 따라서 부인으로 인해 큰돈을 벌 수 있는 집입니다.

여자를 뜻하는 우측 능선 백호가 잘 감싸주면서 두 줄기 물이 합수되었기 때문입니다."

실제 이 댁의 부인은 시내 대학교 앞에서 파전 집을 30년 가까이

하고 있는데, 장사가 잘 되어서 건물도 몇 채 소유할 정도로 많은 돈을 모았다고 한다. 파전 집은 30년 전 그 상태를 그대로 유지하고 있어 낡고 허름하지만, 대학 다닐 때 추억을 잊지 못하는 중년의 손님들이 줄을 이으면서 그들이 30년 전 해놓은 낙서를 보며 즐거워한다고 한다.

시험④ 골짜기 집

"산과 산 사이 골짜기에 있어 골바람이 셀 뿐 아니라 집 마당이 질척할 정도로 습기가 많은 곳입니다. 따라서 이러한 집은 환자가 많고 풍파와 우환이 있을 겁니다."

이 댁의 셋째 아들은 결혼하고 분가 후 로또판매점을 했는데, 1등이 무려 다섯 번 당첨된 곳이라는 소문이 나서 많은 돈을 벌었다고 한다. 그러나 정작 그 집에 사는 아버지는 오랫동안 암으로 고생하다 죽었으며, 시골로 내려와 아버지를 병 수발하던 큰 아들도 오토바이 사고로 죽고 말았다. 로또판매점을 운영하던 셋째 아들은 아버지 병원비를 감당할 수 없어 잘 되던 가게를 처분할 수뿐이 없었다고 한다.

시험⑤ 한우목장 집

동네 외곽에 한우를 키우는 목장이 있는데, 야트막한 산 능선에 위치한 곳이다. 멀리서 보면 마치 그림 속에 나오는 언덕 위의 집처럼 전망 좋은 곳이다. 그러나 능선 마루터기에 위치해 바람에 속수무책 무방비로 노출된 곳이다.

"저러한 곳에서 소를 키우면 소가 잘 크지 못할 뿐 아니라 새끼도 잘 낳지 못합니다. 바람이 세기 때문입니다. 가축 뿐 아니라 아마 목장 주인도 몸이 좋지 못할 겁니다."

그러자 장모님 말씀하시기를 목장을 한지 7년 만에 빚만 잔뜩 지고 말았으며, 그 많던 한우도 겨우 2마리만 남았다고 한다. 부인은 어디 갔는지 보이지 않고, 남자는 바람만 불어도 쓰러질 것처럼 바짝 야위었다고 한다.

시험⑥ 건강하게 장수하는 집

이번에는 장모님이 사위에게 말하기를 우리 마을에서 가장 건강하게 잘 사는 집을 골라보라고 하신다.

마을 전체를 둘러본 사위는 어느 곳을 가리키며,

"저 두 집은 집 뒤의 주산이 좋고 청룡·백호가 잘 감싸고 있으므로 저 댁에 사는 사람들은 건강하게 오래 살 것입니다. 그리고 자식들도 모두 편안할 것으로 보입니다."

그러자 장모님 하시는 말씀이 저 윗집의 주인 남자는 오래전 폐암으로 진단을 받았는데, 자식들이 수술을 권유했으나 자신의 몸에 칼 대기를 끝까지 거부하고 평소처럼 농사를 지으며 시골집에서 지냈다고 하신다. 그러나 폐암으로 몇 년을 못살 거라고 하던 의사의 말과는 달리 20년 넘게 사시다가 얼마 전 86세의 나이로 돌아가셨다고 한다.

그리고 바로 아래 집은 할머니 나이가 96세인데, 아들의 밭에서 인부들과 함께 일을 할 정도로 정정하다고 말씀하신다. 그 할머니는 아들에게 자신에게도 인부들과 똑 같이 일당을 달라고 할 정도로 정신도 맑고 건강하다는 것이다. 그곳에 살다 분가한 자식들도 모두 잘 되어서 명절이면 수십 명의 대가족이 모이는 화목한 집이라고 말씀해 주신다.

장모님 말씀하기를 "그것 참 희안하구먼. 우리 지서방이 언제 이렇게 용해졌는가!"하고는 흡족해하신다. 이처럼 제자는 장모님이 지적한 집의 형편을 거의 대부분 맞출 수 있었다. 그리하여 부인도 남편의 뜻을 따를 수밖에 없어 남편이 원하던 곳으로 이사를 할 수 있었다. 이사를 하고 보니 120세대의 작은 아파트지만, 대부분의 사람들이 입주 당시에 살던 사람들로서 거의 변동이 없는 곳이라고 한다. 아마도 터가 편안한 곳이기 때문에 입주민 모두가 만족스러운 모양이다.

제자의 선배도 이곳으로 이사를 왔는데, 전에 살던 집에서는 계단을 못 오를 정도로 허리가 심하게 아팠으나 이사 오고 나서는 6개월 만에 허리가 좋아지더니, 이제는 거의 통증이 없을 정도로 완쾌되었다고 한다. 제자의 선배는 좋은 곳으로 이사를 와서 건강도 회복되었을 뿐만 아니라 아들·딸이 좋은 사람을 만나서 결혼할 수 있었다고 고마워하고 있다. 그 후 제자의 부인은 남편이 좀 더 풍수를 체계적으로 배우라고 대학원까지 보낼 정도로 전폭적인 지원과 풍수에 대해 무한 신뢰를 보내고 있다.

02

바람은 만병의 근원

바람은 더위를 날리고 정체된 공기를 순환시켜 도시의 공기를 맑게 해준다. 그리고 무더운 여름날에는 열대야를 날려주는 등 긍정적인 역할을 한다. 그래서 요즈음은 일부러 바람길을 조성하여 신선한 산속의 공기가 도심으로 유입되게끔 개발하기도 한다. 서울도 청계천에 물이 흐르는 모습이 보이도록 도로를 걷어내자 도심의 대기오염이 상당 부분 감소했다는 보고도 있다. 광교에서부터 중랑천까지 길게 이어진 청계천을 통해 한강의 바람이 유입되었기 때문이다.

그러나 이러한 바람길 주변은 공기정화 능력 면에서는 좋을지 모르지만, 기온과 기압의 저하를 초래하고 수분을 증발시키며, 소음이 발생하게 된다.

따라서 바람길 주변은 화재발생 위험이 높고 건축물이 쉽게 노후
되며, 동식물의 건강에 불리하다는 역기능도 따른다.

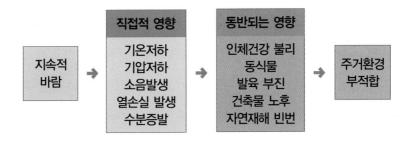

보통 산들바람이라고 하면 나뭇잎과 가지가 흔들리는 정도를 말
하지만, 그보다 센 바람부터는 건들바람, 된바람, 센바람 등으로 이
름부터가 억세게 바뀐다.

풍수에서 꺼리는 바람은 산의 계곡이나 고갯마루에서 지속적으로
부는 계곡풍을 말하는데, 이때의 바람세기는 돌풍이나 태풍 등의 강
풍을 말하는 것이 아니고 대체로 계곡을 타고 흐르는 운해의 속도와
비슷하다고 생각하면 된다. 이러한 바람을 풍수에서는 요풍, 질풍,
살풍, 천풍, 적풍, 음풍 등 모두 부정적으로 부른다. 여기서 말하는
요풍은 V 또는 U자 형태의 지형에서 부는 바람을 말한다. 따라서 V
형이 깊고 좁다면 칼날 같은 바람이 되어 더욱 불리한 것이다. 질풍
은 질환을 의미하며, 살풍은 살기를 내포하고 있다. 천풍은 천한 바
람이라는 뜻이고, 적풍은 내 몸의 건강을 빼앗아간다는 뜻의 도적풍
을 말한다. 음풍은 차고 냉한 바람을 말하는 것이니 바람은 만병의

근원일 뿐만 아니라 온갖 풍파를 야기하기 때문이다.

오죽하면 바람 피하기를 도적 피하듯 하라고 했겠는가?

한의학에서도 바람을 냉기로 다루며 기피하는데, 동의보감에서 중풍으로 부르는 뇌졸중은 바람이 인체에 침투해서 생기는 것이라 말하고 있다. 또 고대 중국의 의서 황제내경에서는 계절에 맞지 않게 부는 바람은 질병을 일으키는 사악한 기운으로 여긴다. 예를 들면 봄에는 동풍이 이롭고 여름에는 남풍이 좋으며, 가을에는 서풍, 겨울에는 북풍이 불어야 한다는 것이다. 그런데 봄에 서풍이 불거나 여름에 북풍이 부는 등 계절에 어울리지 않는 바람은 모두 해로운 도적풍이라고 하면서 그러한 바람을 맞으면 만물은 성장을 멈추고 사람은 질병에 걸리기 쉬운 것이라 말하고 있다. 또 회남자에서는 바람은 하늘이 노한 것이기 때문에 바람이 많은 곳은 귀머거리가 많다고 한다. 동서양을 막론하고 바람을 매우 경계함을 알 수 있다.

이러한 바람은 도심과 실내에서도 분다. 지하도에서는 강한 돌풍이 휘몰아치고, 빌딩 사이로는 예상치 못한 바람이 분다. 대부분의 독자들은 어린 시절 추운 겨울철에 문틈 사이로 부는 바람을 경험했을 것이다. 마치 살을 베듯이 차고 예리한 바람인데, 이렇듯 좁은 틈 사이에서 부는 바람을 극풍이라고 한다. 사람은 문틈에서 쏘아대는 바람에서 병이 나는 것이지 춥더라도 문을 활짝 열어 놓았을 때는 병에 걸리지 않는다고 하였다. 따라서 좁은 곳을 통과하는 바람은 세기에 관계없이 인체의 건강에 불리한 것이다. 극풍은 달리는 버스에서도 경험할 수 있다. 계절에 관계없이 버스의 창문을 활짝 열어 놓고 있어도 젊은 학생들은 아무렇지도 않지만, 중년이 넘은 사람들에게는 그러한 바람이 싫어 고개를 돌리게 된다. 그 바람을 맞으면 감기에 걸리는 등 몸에 이상이 오기 때문에 본능적으로 바람을 피하는 것이다. 그러한 맥락에서 보면 승용차를 타고 지날 때도 환기를 시킨다고 문을 조금만 여는 경우가 있는데, 그럴 때는 차라리 활짝 열어 환기를 시킨 후 닫는 것이 좋다. 좁은 곳을 지나는 바람은 음풍이며 질풍인 까닭이다. 좁고 긴 골목이나 지하도에서 갑자기 바람이 불어오면 고개를 숙이고 코와 입을 막게 되는 것은 해로운 바람을 피하고자 하는 인간의 본능적 방어인 셈이다.

요즈음 들어 전원주택 등을 골짜기에 짓는 일이 많아 졌다. 또 도심에서 살던 사람이 요양한다는 명목으로 열목어와 산천어가 사는 물 맑고 공기 좋은 곳이라고 점점 계곡 깊숙이 들어가는 경향이 있다. 그러나 좁은 계곡은 질풍과 살풍의 통로라는 사실을 망각하고 있다. 바람이 눈에 보이지 않는다고 안이하게 생각하는 경향이 있는데, 골바람은 매우 해롭다는 사실을 잊어서는 안 된다. 풍수에서 말하는 바람에 대한 경계의 글은 다음과 같다.

- 바람은 모든 병의 근원이다.
- 기는 바람을 타면 흩어진다.
- 좋은 땅은 바람 피하기를 도적 피하듯 한다.
- 만약 산속에 거처한다면, 가장 두려운 것이 계곡풍이다.

- 삼곡풍이 부는 골짜기에서는 벙어리가 유전된다.
- 그러나 평지에서 부는 바람은 두렵지 않다.

03

인체 저항력은
한계가 있고

인체는 외부환경이 변하더라도 내부
환경은 변화하지 않는데, 이를 인체의 항상성이라 한다. 예를 들면
사람은 얼음물을 먹는다고 해서 체온이 떨어지지 않고 뜨거운 물을
먹는다고 해서 체온이 올라가지 않으며, 4계절의 온도변화에 관계없
이 체온이 변하지 않는다. 그 이유는 인간의 정상적인 체온은 36.5℃
를 유지하는데, 추운 겨울날은 체열을 외부로부터 빼앗기지 않기 위
해 땀구멍을 닫고 몸을 움츠러서 체온을 보호한다. 반대로 체온이 상
승하면 땀구멍을 열어 땀을 흘림으로서 체온을 정상수준으로 조절한
다. 이렇게 우리 인체는 자동조절시스템인 피드백 작용에 의해 항상성
이 유지되므로 생명과 건강을 유지할 수 있는 것이다.

또 인체는 자신이 익숙한 환경과 다를 경우에 스스로 자각 할 수

있도록 불편을 초래한다. 예를 들면 열대지방의 사람은 우리나라 기후가 춥다고 느낄 것이며, 반대로 추운 북반구의 사람은 우리나라가 덥다고 여길 것이다. 평지에 살던 사람이 고지대에 가면 고산병으로 고통을 호소하는 것도 항상성을 유지하려는 인체의 본능적 현상이다.

이렇듯 인간은 다른 환경에 처하게 되면 항상성이 발동하여 우리 몸의 상태를 최적으로 유지하게끔 반응한다. 하지만 그러한 현상도 적정선을 넘으면 몸의 한계가 온다. 특히 자각할 수 없는 미미한 변화는 무방비상태로 받을 수밖에 없으며, 이 경우 서서히 몸의 불균형과 이상을 초래하게 된다. 이는 공학의 피로파괴현상으로 설명할 수 있는데, 몇 가지 예를 들어보겠다.

- 장기간의 흡연은 폐암과 각종 질환을 유발하지만, 어느 시기까지는 그러한 증상을 감지할 수 없다.
- 과식을 하면 처음에는 비만이 되어 불편을 초래하지만, 그 이후에는 중증의 질환을 초래하게 된다.
- 특정작업장에서 오래 근무하다보면 폐에 분진이 누적되어 진폐증으로 발전하는 경우가 많다.
- 주부들이 오랜 세월 습관적으로 설거지를 하다보면 팔 관절의 연골이 닳아 심한 통증을 초래하여 결국에는 인공관절 수술을 해야 하는 지경에 이른다.
- 레슬링의 김일 선수는 박치기의 후유증으로 시신경이 약화되고,

노년에는 각종 합병증으로 병원에서 오랫동안 고생하다 생을 마감하였다.

- 에베레스트와 같은 고산 등반을 많이 한 산악인에게는 건망증이 유독 심하다고 하는데, 고지대에서 산소부족으로 인한 뇌세포의 이상이 수반되기 때문이다.

이러한 사례는 초기에는 대수롭지 않게 여겼으나 점차 시간이 경과하면서 특정부위에 피로가 누적되어 발생한 현상이다. 이러한 피로누적은 심한 경우 치명적 결과로 이어지기도 한다.

가랑비에 옷 젖듯이 바람도 처음에는 자각하지 못할 정도의 미미한 정도에 불과하지만, 점차 누적되면서 자신도 모르는 사이에 중병으로 발전하게 된다.

04

바람은 기를 빼앗는다

바람은 기온과 기압을 떨어트리고.

기압은 높이에 의해서 차이가 난다. 에베레스트와 같은 고산지대는 평지와 다른 저기압으로 인해 산소가 적어서 고산병으로 고생하게 되는데, 보통 15층 높이라면 약 6hpa 떨어지게 된다. 따라서 오랫동안 시골에 살던 사람이 도심의 고층아파트로 오면 쉽게 적응을 하지 못하는 경우가 있다. 지표면과 고층아파트에는 미세하지만 기압차가 발생하고 인간의 신체는 본능적으로 불편을 호소하는 것이다. 건강한 사람은 이러한 변화에 쉽게 적응하지만, 노약자는 어려움을 겪게 된다.

관절염을 앓는 사람이 고층아파트에 가면 고통이 심해지고, 비가 오는 저기압 상태에서 증상이 악화되는 것도 모두 기압이 내려가면

고도(m)	표준대기	
	기압(mb)	기온(℃)
0	1013	15.0
100	1000	14.4
500	955	11.8
1000	899	8.5
1500	846	5.3
2000	795	2.0
2500	747	1.3
3000	701	-4.5
3500	658	-7.8
4000	616	-11.0
4500	577	-14.3
5000	540	-17.5
5500	510	-20.8
6000	472	-24.0

서 생기는 현상이다. 따라서 기압은 건강에 중요한 요인이 된다.

이때 기압은 반드시 고기압에서 저기압으로 이동하는데, 이러한 기압의 이동이 곧 바람이다. 따라서 바람은 필연적으로 기압의 저하를 초래하게 된다. 그래서 1기압은 1013hpa이지만, 태풍이 오면 950hpa 정도의 저기압이 된다. 즉 기압이 낮을수록 바람의 강도는 더욱 센 것이다. 아래 등압선 그림을 보면 중국북부지역은 고기압 상태고 일본지방은 저기압이며, 한반도는 1028hPa의 고기압으로 바람도 잔잔한 것을 알 수 있다. 따라서 바람은 우리나라에서 일본으로 서풍이 불게 된다.

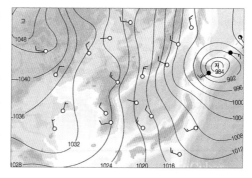

이러한 바람은 일출과 더불어 점차 강해져서 낮 12시부터 16시 사이에 최대가 되고, 그 후 점차 약해져 오전 6시경에 최소가 된다. 맑은 날 해안에서는 아침 10시경부터 일몰 때까지 바다로부터 육지로 바람이 불고 이를 해풍이라 한다. 반대로 밤에는 육지로부터 바닷가로 바람이 부는데, 이는 육풍이라 한다. 이 현상은 더운 공기는 위로 상승하므로 그곳을 찬 공기가 밀려와 채워주기 때문이다. 큰 산 부근에서는 낮에는 산골짜기 입구로부터 산봉우리를 향해 골짜기를 타고 바람이 불어 올라간다. 그 이유는 산 정상의 공기가 햇빛을 받아 따뜻해져서 상승하기 때문이니, 이를 곡풍이라 한다. 이와 반대로 밤에는 산 정상의 공기가 차가워져 하강하기 때문에 산봉우리로부터 골짜기를 따라 바람이 불어 내린다. 이를 산풍이라 부른다. 이러한 산곡풍이 바로 인체에 해로운 바람인 것이다.

저기압은 우울증을 유발하며

건강한 사람이라도 정신적으로나 육체적으로 그 날의 일기나 혹은 계절의 영향을 직·간접으로 받는다는 것은 누구나 경험하는 사실이다. 이와 같은 기상변화는 여러 가지 병을 일으키는 계기가 되며, 병자나 노약자에게는 그 영향이 더욱 크게 나타나거나 증상이 악화되기도 한다. 예를 들면 류머티즘 관절통은 저기압이 접근할 때에 악화되고 멀어지면 회복된다. 또 기관지천식의 발작은 비오기 전에 심하게 악화되는 경우가 많다. 그리하여 이러한 증상으로부터 "비가 오려나?"하며 날씨를 예측하기도 한다.

이와 같이 시시각각 변하는 기상과 관련해서 그 증상이 발생하거나 악화되는 질환을 기상병이라 한다. 이러한 기상변화에 따라서 기상청에서는 그날그날 특정질환에 대해서 주의예보를 보내고 있다.

예를 들면 2011년 9월 12일(월) 추석날의 기상예보와 보건기상지수를 다음과 같이 발표하였다.

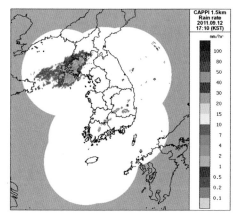

서해안에서 구름이 몰려들고 북서풍이 3.4m/s로 부는 구름이 많은 날씨에 특히 뇌졸중과 피부질환이 평상시보다 높음을 예보하고 있다.

날자		오늘(09/12)	내일(09/13)	모레(09/14)	날자		오늘(09/12)	내일(09/13)	모레(09/14)
천식가능지수	높음				뇌졸중가능지수	높음	▨		
	보통					보통			
	낮음	▨	▨	▨		낮음		▨	▨
폐질환가능지수	높음				피부질환가능지수	높음			
	보통					보통	▨	▨	▨
	낮음	▨	▨	▨		낮음			

기상병은 차가운 한냉전선이 지날 때 인체에 가장 큰 영향을 미치는데, 풍향이 갑자기 바뀔 때, 비가 오기 전, 저기압이 오기 전에 발생하기 쉽다. 즉 찬 바람이 통과하는 당일이나 하루 전에 가장 많이 발생한다. 이러한 기상병은 인체의 생리적 질병뿐 아니라 심리적 질환인 우울증의 원인으로도 대두되고 있다. 우리의 행동 기분 등을 조절하는 멜라토닌은 일조량이 많을 때 분비되는데, 일조량이 줄어드는 상태에서는 멜라토닌의 분비량 또한 감소해서 우울증이 심해지는

것이다.

사람들이 흔히 말하기를 기분이 좋을 때를 고기압으로 기분이 나
쁠 때를 저기압으로 표현하는데, 이와 같은 경우라 할 수 있다. 이러
한 저기압에서는 통증이 심하고 뇌출혈과 심장마비가 증가하며, 자
살률이 높아 전체 사망까지 증가한다고 한다. 따라서 저기압은 인체
의 건강에 여러 면에서 불리함을 알 수 있다.

모서리에서는 바람이 더욱 빨라져

베르누이정리는 물과 바람 등의 유체는 넓은 곳에서 좁은 곳을 만
나면 속도는 빨라지고 동시에 압력은 낮아진다는 이론이다. 아래 그
림을 보면 유체가 장애물을 만나면 특히 가장자리에서 유체의 흐름
이 더욱 빨라지는 것을 볼 수 있다. 따라서 산을 의지해서 집을 지을
때는 이점을 유의해야 한다. 반면 배산임수를 잘 이룬 지점은 바람이
전혀 없음을 볼 수 있다. 그림 (d)처럼 좁은 곳을 지나는 유체도 가장
자리에서 더욱 빨라짐을 볼 수 있다.

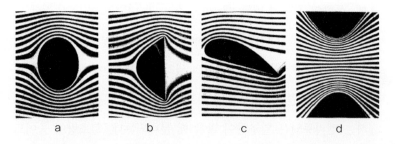

베르누이정리는 실험을 통해 쉽게 알 수 있다. 종이를 들고 입으

로 종이 위에 바람을 불면 아래로 처졌던 종이가 위로 올라간다. 종이 위 표면의 압력이 낮아지고 아래는 압력이 높은 까닭인데, 이것을 응용한 것이 비행기 양력이다. 비행기가 제트엔진의 추진력으로 앞으로 나아갈 때 날개는 공기를 가르면서 진행하고, 날개의 앞에서 만난 공기는 날개 위와 아래로 분리된다. 이때 날개의 독특한 모양 때문에 날개 위쪽이 더 길게 된다. 날개 위·아래로 분리된 공기는 같은 시간 동안 날개를 지나야 하므로 날개 위쪽 공기의 흐름이 빠르게 된다. 유체의 속력이 빠를수록 압력이 낮아

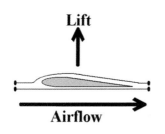

진다는 베르누이 정리에 의해서 위쪽은 압력이 낮고 아래쪽은 압력이 높게 되어 날개의 윗면에서는 날개를 빨아올리는 힘이, 아랫면에서는 밀어 올리는 힘이 작용한다. 이러한 힘을 양력이라 하며, 비행기가 하늘을 날 수 있는 기본적 원리이다.

고무호스의 물 나오는 부분을 손으로 누르면 물의 속도가 빠르게 된다. 좁은 곳을 통과하면서 속도가 빨라지기 때문이다. 수도꼭지에서 나오는 물은 밑으로 내려올수록 가늘어진다. 이때 수돗물은 중력에 의해 점점 가속되는데, 빠른 속도로 인해 물줄기 내부는 저기압이 되고 외부의 대기압은 고기압이 되어 밖에서 안쪽으로 기압이 이동하는 힘 때문에 물줄기가 가늘어지는 현상이 생긴다.

야구에서 투수가 던지는 커브볼도 같은 원리에 따른 것이다. 야구

공이 시계 반대 방향 즉 왼쪽으로 회전을 하고 있다고 하면 야구공의 오른쪽은 앞으로 나아가는 방향으로 회전을 하고 야구공의 왼쪽은 나아가는 방향과 반대쪽으로 회전을 한다. 이때 공 왼쪽 공기의 흐름이 오른쪽보다 빠르기 때문에 왼쪽의 압력은 상대적으로 낮아진다. 이때 압력차에 의해 공은 왼쪽으로 휘면서 날아가는데, 공의 회전이 많으면 변화 각도는 더욱 커지게 된다. 다리 밑이 시원하고 넓은 강물이 좁은 여울을 만나면 흐름이 빨라지면서 요란한 소리를 내는 것 또한 모두 베르누이 현상이다.

바람은 기를 빼앗는다.

위에서 베르누이정리로 기압의 이동을 쉽게 이해할 수 있었다. 좀

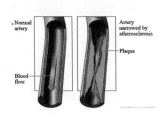

더 예를 든다면 우리 몸속의 혈관에 콜레스테롤이 끼여 혈관이 1/2로 좁아지면 혈류는 4배 빨라지게 된다. 이때 빠르게 흐르는 혈관 속은 저기압이 되고 혈관 밖은 고기압이 되면서 혈관 밖에서 미는 힘에 의해 혈관이 막혀 위험한 상황의 심근경색을 초래하게 된다. 가끔 서해바다에서 썰물 때 사람이 바다로 떠밀리면서 사고가 발생하기도 한다. 사고자는 바다에서도 물길을 이루는 지점에 위치한 관계로 주변보다 물의 흐름이 빨라지면서 통제할 수 없는 지경에 이른 것이다. 기압의 이동을 보다 쉽게 경험할 수

있는 것은 KTX 기차가 빠르게 지나갈 때 기차길은 저기압이 되고 플랫폼은 상대적으로 고기압이 되는데, 이때 강한 바람과 함께 몸이 기차 쪽으로 빨려 들어가는 위험한 현상이 발생한다. 비슷한 경험으로 고속도로에서 대형 버스가 빠르게 지나가면 작은 소형차가 휘청거리며 버스 쪽으로 쏠리는 경험을 했을 것이다. 이 모두 기압의 이동이 초래하는 것으로 내 주변의 기압을 빼앗기기 때문에 생기는 현상이다. 이러한 맥락에서 보면 하루 종일 자동차가 다니는 터널 주변은 공기의 흐름이 빨라지면서 소음이 발생하고 주변의 기압까지 빼앗기게 된다.

산 중턱에 고층 아파트를 조성하면 아파트와 아파트 사이에는 좁고 긴 골목이 형성된다. 이러한 곳은 바람이 잔잔한 날에도 밑에서 위로 부는 바람이 있으며, 겨울철에는 사람의 통행이 거의 없을 정도로 바람이 센 곳이다. 만약 이러한 골목 양쪽에 위치한 집이라면 늘 기압을 빼앗기게 되는데, 내 집안의 기가 빠지게 되면 나의 집은 나의 의지와 상관없이 저기압이 된다. 또 V자 형태의 고갯마루 지형과 골짜기는 지속적인 바람이 불기 때문에 시원하다. 그러나 온도만 빼앗기는 것이 아니라 내 집의 기까지 빼앗기므로, 이러한 환경이 오래 지속되면 건강에 불리한 것은 당연한 일이다.

바람은 나의 기를 빼앗는 도적인 것이다.

05

필로티 건물의 허와 실

요즈음 도심의 건축물이 획일적인 직사각형 형태에서 탈피해 미적표현을 가미해 다양한 모습으로 지어지고 있다. 물론 건축물의 성격과 기능, 용적률, 바람길 등을 고려한 설계일 것이다. 그러나 도시 미관과 바람길 측면에서는 효과가 있을지 모르지만, 그곳에 거주하고 근무하는 사람의 환경적 요인까지 세심하게 배려하지는 못하였다. 아래 그림은 모 아파트 1층에 통로를 만들어 동과 동 사이 주민의 왕래가 쉽게 하였다. 그러자 입구 2층의 해당 아파트는 아래가 뚫린 필로티형태가 되고 말았

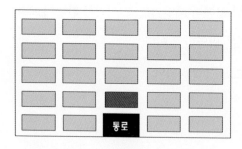

통로

다. 당연히 필로티부분으로는 센 바람이 불게된다.

1999년 모 TV프로그램에서 풍수의 길흉사례를 방영하면서 이곳을 필자와 함께 취재한바 있다.

PD "저기 보이는 필로티 형태의 2층 집에 대해서 풍수적으로 말씀해 주십시오."

필자 "바람은 좁은 곳을 지나면서 속도가 빨라지고 주변의 열을 빼앗아 갑니다. 그래서 저런 곳에 앉아 있으면 시원하지요.

그러나 노약자는 그런 바람이 치명적일 수 있습니다.

만약 할머니가 갓난아기를 업고 저 곳에 앉아있다면 감기에 걸릴 위험이 있어서 할머니와 아기 모두에게 좋지 못할 것입니다.

그러므로 조심해야 합니다.

또 저런 집은 바람이 세서 다른 집보다 난방비가 많이 들어 경제적 어려움도 있을 뿐 아니라, 집이 바람을 맞은 꼴이니 어쩌면 거주하는 사람도 풍을 맞을 수 있습니다. 예상컨대 경제적 어려움과 건강에 불리할 것입니다."

PD "실제 그런지 안으로 들어가 취재를 계속하겠습니다."

그러자 놀라운 일이 집 안에서 목격되었다. 집에는 중년의 남자 둘이 있는데, 실제로 둘이 모두 중풍을 맞아 거동이 불편한 상태였다. 이곳의 주인은 먼저 살던 곳이 재개발로 수용되면서 임대아파트를 얻어 이사 온 것인데, 이사 후 2년쯤부터 사업실패와 이혼 그리고 형제가 중풍에 걸려 거동이 불편하였다고 한다.

주인 "왜 우리 가족에게 이러한 일이 연속적으로 벌어졌는지 알 수 없습니다. 혹 집에 무슨 문제가 있습니까?"

비슷한 사례로 홍콩의 리펄스베이 맨션은 아름다운 해변에 자리하여 유덕화를 비롯한 유명 연예인과 부유층이 많이 사는 곳이라고

한다. 이곳은 건물의 한 가운데 커다란 구멍을 뚫어 놓았는데, 홍콩인들이 신성시하는 상상속의 동물 용이 물을 먹게끔 산에서 바다로 지나가게 통로를 만든 것이다. 그러자 이 건물은 용이 지나는 곳이라는 흥미로운 프리미엄 덕분에 마케팅에서 성공할 수 있었다. 하지만 좁은 통로로 강한 바닷바람이 밤낮으로 지나게 되었다. 이러한 형태의 건물을 국내에서도 자주 볼 수 있는데, 젊고 건강한 사람이라면 이러한 환경을 극복할 수 있지만, 노약자에게는 치명적인 환경이 될 수 있다.

낙수장은 1936년 미국의 유명한 건축가 「프랭크 로이드 라이트」가 펜실베이니아 산속에 자연을 최대한 활용해서 지은 건물로 많은 건축학도가 답사하는 세계적인 건축물이다. 작은 폭포 위에 건물을 지어 낙수장(Falling Water)이란 이름으로 불리는데, 폭포에 포인트를 두다보니 건물이 필로티 형태가 되었다. 그러자 물길은 바람길이 되어 물소리 바람소리가 요란한 집이 되고 말았다. 좋은 집의 조건이

란 외형적 아름다움도 중요하지만, 그곳에 거주하는 사람의 심신을 편하게 하는 기능이 선행되어야 한다. 결국 이곳에 사는 사람은 심한 소음을 견디지 못해 떠나고 지금은 박물관으로 이용될 뿐이다. 사람이 살도록 설계되었지만 사람이 살 수 없는 집이라면 좋은 집이라 할 수 없다. 좁은 곳을 지나는 바람은 기온과 기압의 저하를 초래하며, 나의 기를 빼앗는다는 사실을 잊지 말자.

06

능선 마루터기는
기가 빠지는 땅

혜화동 서울시장 공관이 명당인가요?

2011년 1월 28일 금요일 KBS 9시 뉴스

오세훈 서울시장 관사
서울 혜화동

지종학 풍수지리 전문가

앵커 서울시가 600년 된 서울 성곽을 복원하고 있는데, 정작 오세훈 시장의 관사가 떡하니 가로막고 있습니다. 얼핏 이해가 안 되는 상황인데요. 김00기자가 그 속사정을 취재했습니다.

김OO기자 사적 제10호 서울 성곽위에 올라앉은 이집. 오세훈 서울시장 관사입니다. 성곽 곳곳의 돌이 풍화되어 큰 구멍이 뚫리고 땜질 보수 투성입니다. 시장관사가 혜화문 일대 성곽복원을 가로막고 있는 것입니다.

지종학 이곳처럼 산이 앞으로 흘러가는 능선 마루터기에 건물을 짓게 되면 기가 계속해서 빠져나가기 때문에 바람직스럽지 못한 곳입니다.

김OO기자 KBS가 오시장의 입장을 묻는 취재가 시작되자 서울시는 올해 안에 공관이전 계획을 세우겠다는 한쪽짜리 보도 자료를 냈습니다.

비보도 내용

혜화동 서울시장 공관은 1981년 서울시가 매입해 사용하고 있다. 문화재청은 혜화문 일대 서울성곽의 원형복원을 위해서는 서울시장 공관이전이 불가피하다는 입장이다. OOO 문화유산위원장은 최근에 서울시가 혜화문 도로 건너편의 민간인 소유 집과 토지를 매입해 공원화 했음에도 정작 시유지인 시장 공관을 비우지 않고 있는 것은 도무지 이해할 수 없는 처사라며 역대 대권주자들이 풍수지리적으로 강북지역의 명당 터를 찾아왔던 것에 비춰 오시장도 개인의 정치적 야망으로 혜화동을 고집하고 있을 개연성이 크다고 말했다.

"선생님 이 집이 정말 소문대로 명당인가요?"

"1981년 이후 이곳을 거쳐 간 시장이 16명이지만, 그 중 4년 임기를 채운 사람은 4명에 불과한데 명당이라 볼 수 있겠습니까?

이곳처럼 산이 앞으로 흘러가는 능선에 건물을 짓게 되면 기가 계속해서 빠져나가기 때문에 바람직스럽지 못한 곳입니다.

또 능선 마루터기는 늘 바람이 세차게 부는 곳이기 때문에 풍파가 많은 편입니다."

"그렇군요. 지금 이곳도 다른 곳보다 바람이 세게 부는데요. 그러면 이러한 지역에서는 어떻게 해야 하나요?"

"창덕궁과 창경궁을 생각하면 됩니다.

두 궁궐은 능선을 경계로 동서로 배치되었는데, 산기슭에 산을 의지해서 위치했습니다. 이것이 배산임수입니다. 그러나 혜화동 서울시장공관은 능선 마루터기에 있어서 사방에서 부는 바람에 무방비로 노출된 상태입니다."

"취재에 응해주셔서 감사합니다. 지금까지 KBS 뉴스 OOO입니다."

그 후 곧 공관을 비울 것이라는 서울시의 말과는 달리 오세훈 시장은 초등학교 급식문제로 7개월을 미루다 8월 26일 주민투표가 유효투표율에 미달하자 사퇴하게 된다.

07

고갯마루는
바람이 세다

2011년 5월 다국적기업의 물류회사

"선생님! 저희 회사가 물류창고 입지를 매입하려고 합니다.

얼마 전 화재가 나서 여러 사람이 죽은 곳인데, 경매에 몇 차례 유찰되

어서 싼 편이라 저희가 매
입하려고 합니다. 재무적인
검토는 끝난 상태고, 최종
적으로 선생님의 의견을
들어보고자 합니다."

[화재개요]

• 일 시 : 2008년 12월 5일(금) 12시 9분

- 장 소 : 이천시 마장면 장암리 463
- 건물준공 : 2005년 10월 27일
- 원 인 : 전기용접기로 공사 중 불티가 튀어 화재발생
- 피해규모 : 인명피해(사망7, 부상5명), 재산피해 721억원

책임자와 함께 그 현장을 방문하니 당시의 현장은 말끔하게 치워진 상태다. 그래도 곳곳에 검게 그을림 흔적이 당시의 참상을 증언하고 있다. 그런데 바로 앞에는 중부고속도로가 지나는 지점이다. 그곳에서 책임자와 대화를 하려고 해도 자동차 소음으로 인해 좀처럼 대화를 나눌 수가 없을 정도로 소란한 곳이다.

불과 10분 남짓 있었지만 바람소리 차 소리에 귀가 멍멍하고 정신이 나간 것처럼 넋이 나간 상태였다. 조금 더 둘러보니 터의 좌측은 고갯마루 지형으로 깊이 산이 잘린 모습이다. 고속도로를 내면서 고갯마루를 절개한 까닭이다.

"이곳은 소음이 매우 심한데, 알고 있었습니까?"

"아닙니다. 저도 현장은 처음 오는데 이토록 시끄러운 줄은 몰랐습니다."

"이러한 고갯마루 지형은 바람이 세기 때문에 풍파가 많습니다.
그래서 풍수는 바람소리 물소리 들리는 터를 가장 기피합니다.
제가 결정권자라면 이러한 땅은 선택하지 않겠습니다."

다음 날 이 계약은 전격 파기되었다.

어느 시골마을의 우환

어느 시골마을의 실제 사례다. 주변이 산으로 둘러싸인 평범한 시골에 A, B 두 마을이 약 200m 거리로 이웃하고 있다.

A마을 이장이 말씀하기를

"풍수양반! 나는 우리 마을에서 태어나 70이 넘도록 살고 있는데, 우리 마을은 별 걱정 없이 편하게 지내네.

그런데 저쪽 마을 사람들은 남자가 환갑을 넘은 사람이 거의 없을 정도로 일찍 죽는다네. 그리고 그 마을 사람들은 성격이 예민하고 폭력적인데, 왜 그런지 풍수양반이 한번 알아보게나."

말씀인즉 B마을은 특히 남자가 이런저런 이유로 오래 살지 못해 환갑을 넘은 경우를 거의 보지 못했다는 것이다. 실로 충격적인 증언이 아닐 수 없는데, 시름시름 앓게 되어 병원에 가면 뚜렷한 증세가 없어 단순히 신경성질환이라 하고 가축들도 병에 걸려 잘 자라지 못한다는 것이다. 그리고 사고와 우환도 유난히 많다는 것이다.

A 마을   B 마을

이러한 직접적인 원인이 무엇이라고 단정적으로 말할 수는 없다.

그러나 필자의 입장에서 본다면 마을의 입지조건이 매우 꺼림칙해 보인다. A마을은 마을 뒤쪽에 산을 의지하고 있어서 배산임수라는 풍수의 원칙에 맞게 형성되었으나 B마을은 양쪽봉우리의 중간지점에 있어서 마을 뒤편이 허전하게 뚫려 있다. 따라서 B마을은 계곡풍이 몰아치는 지점에 위치한 것이니 등 뒤의 차고 매서운 바람에 무방비 상태인 것이다.

위성사진으로 보면 더욱 뚜렷하게 알 수 있는데, B마을은 마을 뒤뿐 아니라 앞에도 허하게 뚫려 바람길에 마을이 위치했음을 볼 수 있다. 마을사람들은 바람을 막고자 집집마다 방풍림을 조성했으나 자연의 힘 앞에는 무력할 따름이다.

경사진 지형은 피해야

앞에서 고갯마루 지형은 바람이 센 곳이기 때문에 우환이 많은 곳이라고 말한바 있다. 그 중에서도 고갯마루 정점에 있는 경우는 비가 오면 빗물이 좌우 양쪽으로 흐르게 된다. 명당(앞뜰)은 반듯하거나 손바닥처럼 오목하여 비가 오면 빗물이 터 앞에 가득히 고여 있는 형상이어야 좋은 것인데, 이러한 곳에서는 물이 고일 틈이 없다. 이처럼 물이 양쪽으로 갈라지는 것은 형제간에 우애가 없고 재물이 모이지 않는 곳으로 간주한다. 고갯마루 정점이 아니더라도 언덕진 지형도 물이 고일 틈 없이 빠져나가므로 불리하다.

얼마 전 현대자동차그룹에서 삼성동 한전부지를 매입하였다. 그러자 인근의 부동산이 들썩이며 크게 요동을 친 바 있다. 바로 그때 모 기업에서 삼성동 한전부지 인근의 빌딩을 매입하고자 감정을 의뢰한바 있는데, 그곳이 언덕지형의 경사진 땅에 있는 빌딩이었다. 그 건물을 매입해 헐고 새로 고층으로 짓겠다는 것이다.

"현대자동차그룹에서 삼성동 한전부지를 매입했는데, 삼성동은 다 좋은가요?"

"삼성동(area)을 크게 보면 양재천과 탄천이 합류한 후 다시 한강과 합수되는 지역입니다. 즉 세 줄기 물이 모이는 지점이므로 좋은 곳입니다. 그리고 삼성역 근처는 인근의 물이 모이는 평평한 지형을 이루고 있는데, 그 중에서도 삼성동 한전부지(site)는 터 앞에 반듯한 공간을 확보하고 있습니다. 이러한 형태는 물이 가득 모이는 매우 좋은 모습입니다.

그러나 귀사가 매입하고자 하는 곳은 같은 삼성동이지만, 고갯마루에 경사진 땅입니다. 이와 같은 고갯마루 지형은 바람이 셀 뿐 아니라 물이 모이지 않기 때문에 사옥의 터로는 마땅치 않습니다. 비록 큰 국(area)으로 보았을 때는 괜찮지만, 입지(site)가 불리하므로 재고하심이 좋을 것입니다."

언덕으로 경사진 지형에서는 대개 상권이 활발하지 못하고 침체되어 있는 경우가 대부분이다. 이러한 곳은 시골에서는 거의 마을이 형성되지 않는다. 그러나 도심에서는 이런저런 여유가 없기 때문에 높다랗게 빌딩을 올린다. 점점 더 고갯마루의 V형은 깊어지고 예리한 칼바람이 몰아친다.

바람風
바람을 알면 건강하고
장수한다

08

바람이 센 지역은
사람이 떠나고

필자는 박사학위 논문으로 바람의 세
기와 인구동향의 관계를 연구하였다. 서울에는 기상청에서 공식적으

로 관리하는 자동기상관측장비(Automatic Weather System)가 24 곳 있는데, 이들 지역의 지난 5년간 바람의 세기를 보면 순위 변화 없이 일정하였다.

24곳 중 가장 바람이 센 곳은 서울의 숲 인근 중랑천변이었다. 좌측 그림에서 보듯이 넓은 한강과 좁은 중랑천이 만나는 지점이다. 즉 한강에서 부는 남서풍이 좁은 중랑천으로 몰리면서 바람이 빨라지는 것이니 이곳에서도 베르누이정리가 적용된다. 실제로 이곳의 주풍향은 물길을 따른 남서풍이 주를 이루고 있다. 이 지역은 1980년대까지만 해도 가내공업 수준의 영세한 공장이 밀집되어 있어 서울에서도 가장 낙후된 지역 중 한곳이있다. 그러나 서울시 정비사업의 일환으로 대규모 서울의 숲이 들어서면서 옛날의 자취는 흔적을 감추고 말았는데,

오히려 잘 된 일이다. 바람이 센 곳은 풍파가 많아서 주거지로 불리하기 때문이다.

두 번째로 바람이 센 곳은 의외로 서울시내에

위치한 무악재 인근이다. 이 지점의 지형을 보면 서대문 무악재부터 멀리 녹번동 산골고개까지 4.7km가 일직선으로 바람길이 형성된 것을 볼 수 있다. 이로서 고갯마루 지형은 바람이 세다는 것을 기상청의 공식적인 과학 장비로 입증할 수 있었다.

다음으로 바람이 센 곳은 한강변이다. 이곳의 물줄기는 멀리 한강 하구까지 길게 일직선으로 형성되었다. 이로서 강물이 직선으로 된 곳은 바람 또한 세다는 것을 알 수 있다. 그러한 관계로 한강하구는 서울과 가까운 곳이라는 지리적 이점이 있지만, 선사시대부터 지금까지 단 한 번도 주목받지 못했다. 1980년대 들어 일산신도시가 생겼지만, 생산성 없는 베드타운일 뿐이다.

반면에 서울에서 가장 바람이 잔잔한 곳은 도봉구에 위치한 신방학초등학교이다. 이곳은 서울시 평균에 비해 절반에 지나지 않을 정도로 바람이 잔잔한 곳이다. 이곳의

산세를 보면 멀리 도봉산이 병풍처럼 둘러주고 다시 야트막한 야산이 청룡·백호가 되어 학교를 감싸주고 있다. 좌우측 능선에는 풍양조씨들의 집단 묘역이고 인근에는 연산군 묘와 세조임금의 차녀 정의공주 묘가 자리하고 있는데, 아마도 왕실과 양반세력이 이곳에 터를 정할 때는 이러한 지리적 조건도 감안했을 것으로 보인다. 이 지역을 전체적으로 조망해보면 도봉산 아래 여러 능선이 방학3동을 감싸주고 있음을 볼 수 있다.

두 번째로 바람이 잔잔한 곳은 강동구 고덕동에 자리한 서울종합직업전문학교이다. 이곳은 3층 건물인데, 학교 주변에 높은 아파트가 들어서면서 빌딩 숲에 폭 둘러싸인 형태이다. 이로서 인위적인 보완이나 또는 변경은 바람의 속도와 풍향에 영향을 준다는 것을 알 수 있다.

세 번째로 바람이 잔잔한 곳은 서초구 교대지역이다. 이 지역은 주변에 크고 높은 산이 거의 없는 나지막한 평지를 이루고 있다. 똑같은 바람이 불어도 평지에서는 바람이 분산되기 때문인데, 이로서 평지의 바람은 두렵지 않다는 말을 실감할 수 있다.

서울 24개 지역을 3곳씩 8개 소그룹으로 나누어 각 지역의 주민감소율, 기초생활수급자비율, 고령자비율을 조사해 보았다.

우선 주민감소율을 보면 각 지역에 대한 주거 만족도를 알 수 있다. 즉 자신이 사는 지역에 만족한다면 주민 감소율이 적을 것이고, 반대로 부정적 측면이 많다면 주민 감소폭이 클 것이기 때문이다. 예를 들면 후쿠시마원전 사고 이후 그 지역 주민들이 주거환경의 악화로 타지로 이주하는 사례가 매우 많다는 것과 비슷하다.

대체로 주민감소율이 큰 것은 그 지역에 일자리가 부족하며, 교통·교육·의료 등의 편의시설이 불편하고 환경이 열악하기 때문인데, 이러한 지역은 주거환경 측면에서 불리하여 점차 인구가 감소하는 것은 당연하다 하겠다.

기초생활 수급자 비율은 각 지역의 기본적 경제여건을 볼 수 있다. 대체로 영세한 지역일수록 기초생활 수급자 비율이 높기 때문이다. 그리고 65세 이상 고령자 비율은 우리사회가 고령화 사회에 진입하면서 고령자는 사회적 약자로 분류되고, 점차 변두리 등으로 밀려나는 경향이 두드러지고 있다. 따라서 이러한 인구동향은 그 지역의

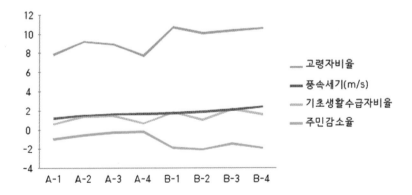

주거환경에 관한 지표가 될 수 있다.

위 그래프를 보면 바람이 센 지역에서는 주민감소율이 떨어지고, 기초생활 수급자 비율이 증가하며, 고령자 비율이 상승하는 것을 볼 수 있다. 전체적으로 바람 잔잔한 A그룹은 주민감소율과 기초생활 수급자 비율의 간격이 좁고 일정하지만, 바람이 센 B그룹에서는 두 그래프의 간격이 크게 벌어지고 있다. 이로 말미암아 바람이 센 지역은 바람이 잔잔한 지역에 비해 인구가 줄어들고 기초생활 수급자가 많다는 것을 알 수 있다. 따라서 이러한 현상은 바람이 센 지역의 특성이라 말할 수 있다.

바람(風)
바람을 알면 건강하고
장수한다

09

서낭당 고개의 흉가

2012년 7월 23일 A채널에서는 여름철 납량특집으로 흉가에 대한 사연을 방영한 바 있다. 다음은 A채널에서 방송 전 프로그램을 소개하는 내용이다.

제작진은 납량특집 2부작 '흉가' 촬영 중 기이한 일을 경험한다. 이곳은 흉가 동호회에서도 체험을 꺼릴 정도로 귀신이 자주 출몰한다는 말이 돈다. 자살한 원혼이 살고 최근엔 총기살인사건까지 있었다는 소문도 있다. 실제로 이 집에서는 탄피가 발견되기도 했다.

이 집에 살았던 여성은 자꾸 귀신이 보인다며 괴로움을 호소하다 자살한 것으로 알려졌다. 제작진 중 한 명이 흉가에 들어가서 10분 만에 귀신이 있다며 뛰쳐나왔다. 누군가 자신의 어깨에 손을 올리며 말을 걸었고 두려움을 쫓기 위해 발을 구르자 똑같이 그 행동을 따라

했다는 것이다. 촬영 테이프를 확인한 결과 이상한 소리가 녹음된 것이 확인됐다. 흉가에 설치된 카메라에 놀라운 모습도 포착됐다. 카메라를 응시하는 듯한 정체불명의 남자 얼굴이다. 어느 한 지점을 카메라로 촬영하기만 하면 화면이 흐려지는 기괴한 현상도 제작진은 경험한다. 직접 흉가 촬영에 참여한 진행자 이영돈 PD는 급기야 촬영 중단을 선언하는데…

필자는 작가의 연락을 받고 방송 전 인터뷰를 했었다.

Q. 이곳은 방위나 위치가 어떤가요?

"이곳은 공동묘지 근처에 있어서 환경적으로 불리한 것은 사실이지만, 공동묘지가 폐가의 직접적인 원인은 아니라고 봅니다.

이곳의 가장 큰 문제는 마치 서낭당 고개와 같은 고갯마루 지형입니다.

고갯마루는 바람이 지나는 길목으로 늘 바람이 세찬 곳입니다.

이러한 바람을 요풍이라 하는데, 풍수고전에는 이러한 말이 있습니다.

가장 꺼리는 것이 요풍이 부는 땅이니 반드시 사람이 끊어질 것이다.

바로 이와 같은 경우라 하겠습니다."

Q. 이곳과 비슷한 사례가 있나요?

"이곳과 비슷한 입지가 중부고속도로변 물류단지인데, 2008년 12월 화재가 발생해서 7명이 죽고 720억의 재산피해를 봤습니다. 얼마 전 모 기업에서 그곳을 매입하고자 했으나 풍수적으로 불리하다는 이유로 계약직전 취소되었습니다. 좋은 땅이란 바람이 차분하고 고요한 장소를 말하는데, 이곳은 그러한 조건에 맞지 않는 곳입니다."

Q. 수맥이 흐르지는 않나요?

"수맥전문가라고 자처하는 10명에게 체크하라고 하면 10명 모두 다르게 답을 합니다.

그러면 누구의 말을 믿어야 합니까?

그리고 수맥이 지나는지 어떻게 입증할 수 있습니까?

집을 허물고 땅을 파봐야 하나요?

심지어는 아파트 10층 높이에서도 수맥이 흐른다고 하는데, 그것을 어떻게 확인할 수 있습니까?

어떠한 땅을 파도 물이 나오지 않는 땅은 없습니다. 지금 당신과 내가 서 있는 곳을 파도 어느 깊이에서는 물이 나오게 됩니다."

Q. 그래도 그들이 하는 것을 보면 엘로드가 크로스 되던데요?

"전적으로 사람의 생각에 좌우되는 것입니다.

저 지점쯤 수맥이 있을 것이라는 생각을 하면 그곳에서 엘로드를 쥔 손에 약간만 힘을 주어도 크로스가 됩니다. 수맥이라는 것이 풍수라는 이름으로 둔갑하여 사람들을 현혹시키는데, 공연한 것에 마음 뺏길 필요 없습니다."

Q. 풍수지리상으로 볼 때 이곳은 사람이 살기 어려운 곳인가요?

"이러한 곳에 살게 되면 밤낮으로 바람소리 심할 것입니다.

거기에 공동묘지라는 심리적 요인까지 작용해 집 주인의 입장에서는 하루도 마음 편한 날이 없을 겁니다. 좋은 집이란 심신이 편안해야 합니다."

Q. 나쁜 기운을 없애려면 어떻게 하는 게 좋을까요?

"풍수에서 부족함을 보태줄 수 있는 비보의 방법은 있지만, 나쁜 땅을 좋은 땅으로 바꾼다는 것은 극히 제한적이며 한계가 있습니다.

풍수는 주어진 조건에서 최선을 도모하는 것이지만, 이러한 곳은 가급적 피하는 것이 최선입니다."

필자의 인터뷰 내용은 자극적인 것을 원하는 일반시청자에게는 어울리지 않을 것 같아서인지 방송에서 제외되었다. 반면에 무속인과 심령술사들의 인터뷰 내용을 위주로 방영되었다. 그들의 내용은 그 집에는 강력한 귀신이 있어 소름끼칠 정도의 기운이 감지된다는 것이다. 이날 방송에서는 이영돈PD가 비오는 날 밤 폐가에 앉아 공포를 체험하는 모습이 방영되었다.

시골에서는 서낭당고개와 같은 지형에는 거의 집도 없을 뿐 아니라 마을도 형성되지 못하였다. 그러나 땅이 부족한 도심에서는 그러한 환경을 따질 여유가 없다.

10

산이 갈라진 지형과
계곡은 피해야

필자의 후배 중 한 명은 고향에서 힘이
세고 덩치가 커서 인근 지역을 주름잡던 주먹이었다. 그런 그가 집을
옮기고 2년 뒤 갑자기 심장마비로 죽고 만다.

평소에 건강에 전혀 이상이 없었기에 의아하게 생각했는데, 우연
히 그의 집을 보고는 깜짝 놀라지 않을 수 없었다. 이전에는 도심의
아파트에 살다가 산 중턱에 위치한 단독주택으로 이사를 하였는데,
도심보다 공기가 맑고 전망이 좋기 때문이었다고 한다. 그러나 그 집
은 산골짜기에 위치하고 있어 집 뒤에는 날카롭게 골이 진 형상을 한
곳이다. 마치 칼날 같은 계곡이 집 뒤에 있는 것이니, 예리한 창과 같
은 모습이다. 이러한 계곡은 바람도 칼날 같은 바람이 불 것이므로
인체의 건강에 해로울 것은 당연하다 하겠다. 산기슭에 위치하는 경

우 이러한 형태의 지형은 피해야 한다.

아래 사진 속 집은 위 사례와 다른 별개의 사례다. 근자에 도시에 살던 사람이 시골로 내려와 집을 지었으나 이곳에 살면서부터 몸이 불편해져 치료를 받고 있는데, 뒤늦게 집을 팔려고 해도 팔리지 않아 어려움을 겪고 있다고 한다.

1990년대 초 본인의 사무실로 한 중년부인이 찾아왔다

자신은 강원도 화천에서 곰 사육 농장을 운영하고 있는데, 곰의 수요가 늘자 인근 야산의 좀 더 넓은 곳으로 이사를 하였다고 한다. 그런데 이사한지 불과 1년 만에 곰의 80%가 죽거나 병에 걸려 큰 손해를 보았으며, 더 심각한 것은 건강하던 남편까지 중풍에 걸려 거동을 못한다는 것이다. 그리고는 등고선 표시가 되어있는 지형도 한 장

을 꺼내면서 자신의 농장이 아래와 같은 곳에 위치하고 있다고 설명한다.

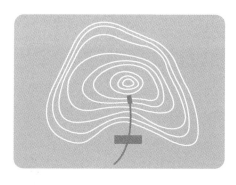

필자가 지형도를 보고 말하기를 "농장이 가파른 산속 계곡물이 급하게 흐르는 곳에 위치하고 있군요. 물소리 바람소리가 심하겠습니다."

하니 "지도만 보고도 알 수 있나요?" 하고 놀라는 표정이다. 앞에서도 말했지만 물길은 곧 바람 길이다. 농장이 있는 곳은 밤낮으로 끊임없이 계곡풍이 부는 지점이기 때문에 그러한 화를 부른 것이다. 장소를 옮기기 전에 한번쯤 신중했으면 좋았을 것을 소 잃고 외양간 고치는 격이 되고 말았다.

2000년 KBS 인간극장에는 '그 산에 영자가 산다'는 타이틀로 산골소녀 영자에 관한 내용이 방영된 바 있다. 산골소녀 영자는 20세까지 아버지와 함께 살면서 문명과 동떨어진 순박한 삶으로 많은 시청자들로부터 사랑을 받았다. 그 후 후원자가 생겨 영자는 서울로 유학을 가고 광고에까지 출연하면서 한 순간에 유명인이 되었다.

그러나 갑작스런 생활의 변화는 오히려 독이 되었는데, 유명인이된 산골소녀 집에 돈이 많을 것이라고 생각한 강도에 의해 그의 아버지가 살해되고 만다. 그러나 강도가 훔친 돈은 고작 12만 4천원이었다. 그 후 산골소녀는 사람이 무섭다는 말과 함께 불교에 귀의해 속세와 인연을 끊고 만다. 산골소녀 집은 깊은 골짜기에 위치해 앞산과 뒷산이 하늘과 맞닿을 만큼 오지인 곳이다. 산골소녀 영자에게는 불

행한 일이지만, 긴 안목으로 보았을 때는 산골을 벗어난 것이 오히려 잘된 일인지 모른다. 한편 도시 사람들은 이러한 산속을 물 맑고 공기 좋은 곳이라고 자청해서 들어가는 경향이 있는데, 골바람을 맞으면 매사에 불리하다는 것을 기억하라.

11

유서 깊은 사찰은
입지가 좋아야

신라시대 창건한 사찰 중 전란의 피해를 입지 않은 고찰 3곳의 입지를 보면 모두가 산이 잘 감싸준 지형을 하고 있다. 따라서 사찰을 오래 유지하려면 입지를 잘 선택해야 한다.

지역	창건 국가	창건 시기	창건 스님	기 타
영주, 부석사	통일신라	문무왕 676년	의상대사	고려 우왕 때 중수
안동, 봉정사	신라	문무왕 672년	능인대덕	고려 때 중수
합천, 해인사	통일신라	애장왕 802년	순응, 이정	조선 후기 몇 차례의 화재가 있었으나, 팔만대장경은 무사하였다.

부석사

봉황산 중턱에 있는 부석사는 신라 문무왕 때 의상대사가 창건한

곳이다.

부석사는 사방이 산으로 둘러싸인 오목한 지형을 이루고 있어 바람이 차분한 곳이다. 이곳은 청룡·백호가 가까이 있어 국세가 그다지 넓지 않은 편이다. 그러한 까닭에 부석사는 대형사찰은 아닌데, 아마도 터의 역량에 맞는 규모를 지킬 수 있어서 오랜 세월 유지할 수 있었던 것으로 보인다. 그러나 만약 사세를 크게 확장하려고 주변의 산을 파헤치고 분수에 맞지 않게 하중을 키웠다면 벌써 사라졌을지도 모른다. 부석사는 주건물인 무량수전과 부속건물과의 배치가 약 30도 틀어진 모습이다. 이는 부석사 주건물인 무량수전이 단아한 앞산을 바라보고 좌향을 정한 탓이다. 이렇듯 수려한 앞산을 바라보는 배치는 안동 봉정사가 그러한데, 대칭적 질서를 따지기 보다는 지형적 조건을 우선하였다. 즉 무량수전에서 바라보이는 백두대간의 줄기는 감탄을 자아낼 정도로 장엄하지만, 무량수전은 외면적 화려함 보다는 내면적 충실을 우선하였다.

봉정사

봉정사는 한국에서 가장 오래된 목조건물을 지닌 곳으로 유명하지만, 정작 봉정사의 역사에 대하여 알려주는 기록은 거의 남아 있지 않다. 신라시대에 창건했으나 건축물은 고려시대 것으로 보아 당시 중창한 것으로 보인다.

봉정사는 영주 부석사 등 한국을 대표하는 사찰 7곳과 함께 유네스코 세계유산 잠정목록에 등재됐다. 문화재청은 봉정사와 부석사를 비롯해 양산 통도사, 보은 법주사, 공주 마곡사, 순천 선암사, 해남 대흥사 등 사찰 7곳이 유네스코 세계유산 잠정목록에 등재됐다고 밝혔다. 이번에 등재된 7개 사찰은 조선시대 이전에 창건해 현재까지 유지되는 500년 이상의 고찰들이다. 주변 자연과 조화를 이루고 한국불교의 사상, 의식, 생활, 문화 등을 계승하고 있다는 점에서 가치를 인정받았다.

봉정사의 주산 천등산에서 펼쳐진 청룡 · 백호는 봉정사를 마치 껴안듯이 감싸고 있는데, 양쪽의 산이 적극적으로 감싸고 있어 그야말로 물 샐 틈 없는 지형을 이루고 있다. 부석사와 마찬가지로 대웅전은 전면의 단정한 봉우리를 향하고 있다. 따라서 부석사와 봉정사는 전면의 아름다운 산이 사찰의 입지선정에 중요한 요인으로 작용하였다.

해인사

보통 해인사의 주산을 가야산(1,433m)이라 말하지만 가야산은 태조산의 역할이며, 대웅전 뒤편 동북쪽에 위치한 봉우리(1,010m)를 주산으로 정해야 한다. 가야산은 해인사 근방에서 가장 높고 큰 산은 맞으나 해인사에서 보이지 않을 뿐 아니라 너무 멀리 있어 직접적인 영향이 없기 때문이다. 따라서 해인사에 직접적인 이해관계를 주는 1,010m 봉우리를 해인사 주산으로 보아야 한다. 해인사도 위에서 본 부석사나 봉정사와 같이 산에 둘러싸여 분지를 이룬 지형이며, 계곡을 피해 능선에 안정적으로 자리하였다.

한편 해인사는 산이 크고 높은 탓에 이전에 본 봉정사나 부석사와는 스케일이 다른 모습이며, 사찰의 남쪽으로는 멀리까지 웅장한 산이 바라보이는 호쾌한 형상을 이루고 있다. 즉 봉정사가 정적인 자태라면, 해인사는 동적인 형태를 하고 있다. 사찰 앞을 흐르는 물길은 양쪽의 산이 마치 옷깃을 여미듯 수구를 잘 막아주고 있다.

이상 3곳의 사찰을 보면 모두가 산속 분지에 위치하여 바람의 걱정이 없으며, 청룡·백호가 좌우를 잘 감싸주면서도 앞의 전망이 답답하지 않은 곳이었다. 그리고 물길 또한 좋은 형태를 이루고 있다.

그러나 대체로 사찰은 산속 좁은 분지에 있어 논밭을 형성할 수 없는 구조를 하고 있는데, 사찰의 이러한 지형 구조는 자급자족이 어려우므로 외부의 힘에 의지할 수뿐이 없다. 따라서 논밭의 유무는 마을과 사찰의 입지에서 가장 큰 차이점이라 할 수 있다.

이상을 보면 사찰의 입지는 장풍과 득수가 동시에 이루어진 분지가 좋으며, 사신사가 갖추어 주어야 함을 알 수 있다. 이는 달리 말하면 풍수의 조건이 사찰의 성쇠에 큰 영향을 미친다는 것을 알 수 있다.

그룹	사찰명
A그룹 유서 깊은 사찰	부석사
	봉정사
	해인사
B그룹 폐사지	황룡사지
	원원사지
	보문사지
	감은사지
	망덕사지
	사천왕사지
	흥륜사지
	장항리사지
	천관사지
	천군리사지

살펴본 바에 의하면 창건 이래 천년이 넘도록 한 번도 병화를 입지 않은 사찰은 의외로 많지 않았다. 대부분의 사찰이 몽고의 침입이나 임진왜란 또는 일제시대에 파괴되고 수난을 겪은 것은 우리 역사의 아픔과 함께 부끄러운 자화상이라 할 수 있다. 그러한 혼란 속에도 A그룹 부석사와 봉정사, 해인사는 풍수에서 요구하는 사신사(주산, 청룡, 백호, 안산)를 잘 갖춘 곳이었다.

B그룹은 경주지역 폐사지이다. 이곳의 입지조건은 A그룹과 극명하게 입지조건이 대비되는 곳이다. 특히 바람에 무방비로 노출된 곳이 대부분이었다.

장항리사지

전 문화재청장 유홍준은 자신의 책 나의 문화유산 답사기에서 신라문화의 품격을 세 가지 꼽았는데, 첫째 진평왕릉 분위기, 둘째 에밀레종 소리, 셋째 이곳 장항리사지를 꼽았다. 장항리사지는 사적 제

45호이며, 국보 236호로 지정된 오층석탑이 있다. 절을 지은 연대나 절의 이름은 전해지지 않는데, 장항리라는 마을 이름을 따서 장항리사지라 불러오고 있다. 이곳은 사진에서 보듯이 좁고 긴 계곡에 위치하였다. 그래서 계곡물이 길게 빠지는 형태를 하고 있으며, 물소리가 심하게 들리는 곳이다.

이러한 물소리에 대해 풍수에서는 다음과 같이 말하고 있다.

"집 주변에 물이 있어 여울물 소리가 항상 들리면 좋지 못한 일이 계속 일어난다."

앞에서도 말했듯이 물이 급하게 흐르는 곳은 바람 또한 세기 때문에 입지조건에서 불리할 수뿐이 없다. 또 장항리사지 앞에는 높은 산이 있어 꽉 막힌 모습이다. 이는 앞에서 보았던 부석사, 봉정사, 해인사 등의 조건과 사뭇 다른 배치이다. 대체로 풍수에서는 이처럼 앞이

높게 막힌 경우는 답답할 뿐 아니라 매사에 이루어지는 일이 없다고
한다.

황룡사지

황룡사는 신라 진흥왕 14년(553)에 경주 월성의 동쪽에 궁궐을 짓
다가 그곳에서 황룡이 나타났다는 말을 듣고 절로 고쳐 짓기 시작하
여 17년 만에 완성되었다. 그 후 선덕여왕 때에는 당나라에서 유학하
고 돌아온 자장율사의 권유로 외적의 침입을 불법의 힘으로 막기 위
해 9층 목탑을 세우게 된다.

추정 복원도

필자는 이곳에 오면 신라인의 웅대한 스케일에 감탄사가 절로 나
오고 허무하게 사라진 9층 목탑을 생각하면 비통함에 젖기도 한다.

이러한 황룡사지는 주변에 산이 전혀 없어 바람에 무방비로 노출
된 상태다. 비록 넓은 평지여서 계곡풍은 아니지만, 바람에 속수무책

인 곳이다. 또 이곳은 습지를 메운 땅이어서 최소한의 지력도 없는 땅이다. 사상누각이라 함은 이를 두고 하는 말이니 허약한 땅에 세운 거대한 9층 목탑의 하중을 견디기 어려웠을 것으로 보인다. 땅은 부석사와 봉정사처럼 스스로의 역량에 맞게끔 분수를 지킬 때 오래 간다는 것을 알 수 있다.

감은사지

사적 제31호인 감은사지는 3층 석탑 2기와 절터만 남아있다. 신라 문무왕은 삼국을 통일한 후 부처의 힘을 빌려 왜구의 침입을 막고자 이곳에 절을 세웠다. 절이 다 지어지기 전에 왕이 죽자 그 뜻을 이어받아 아들인 신문왕이 682년에 완성하였다. 문무왕은 내가 죽으면 바다의 용이 되어 나라를 지키고자 하니 화장하여 동해에 장사지낼 것을 유언하였는데, 그 뜻을 받들어 장사한 곳이 절 부근의 대왕암이고, 부왕이 은혜에 감사한다는 뜻으로 절 이름을 감은사라 하였다.

절 터 앞으로는 대종천이 흐르는데, 약 8km를 직수형태로 흘러 동해 바다에 이른다. 하지만 그림에서 보듯이 수구가 크게 벌어져 불리한 지형을 이루고 있다. 그러한 까닭에 대종천변에는 거의 마을이 형성되지 못하고 산기슭에 작은 촌락 몇 곳만 있을 뿐이다.

이상 유서 깊은 사찰과 폐사지의 입지조건을 비교해 보았는데, 두 곳은 큰 차이가 남을 볼 수 있다. 유서 깊은 사찰의 경우 산이 잘 감싸주어 바람이 세지 않고 물 흐름 또한 좋은 형태를 보이고 있다. 반

면에 폐사지는 전혀 바람을 막을 수 없는 곳에 있거나, 혹은 골바람
이 심한 곳에 위치하였다. 그리고 물 빠짐 또한 통제할 수 없는 지형
이었다. 따라서 풍수에서 강조하는 바람과 물의 조건은 사찰에서도
일관되게 적용됨을 볼 수 있다.

이성수, 「전통적 사찰과 폐사지 입지 특성에 관한 풍수론적 연구」, 서경대학교 석사학위논문, 2015.

12

바람 부는 터에는
나무를 심어야

위에서 살펴보았듯이 산곡풍이 부는
지역은 불리한 사례가 많음을 볼 수 있다. 그러나 어떠한 땅이든 완
벽한 땅은 없으며, 어느 한 곳 부족한 부분이 있게 마련이다. 이때 사
용하는 방법이 비보로서 허한 지점을 보완하여 터의 안정을 꾀하는
방법이다. 이러한 비보는 신라 말 도선국사에 의해 널리 전파되었으
며, 현대에도 폭 넓게 응용되고 있다. 비보의 방법 중에서도 가장 널
리 활용되는 것이 숲에 의한 방풍림 사례인데, 비보 숲에 관한 효용
에 대해 잠깐 살펴 보도록 하자.

이천 송말 숲의 비보
이곳은 약 450년 전 기묘사화 때 낙향한 임내신(조선 중기의 문

신)이 마을 입구가 넓게 열려 있어 허전하므로 느티나무 70 그루를 심어 바람을 막고자 하였다. 연구자는 방풍림의 효과를 측정하고자 숲의 안과 밖 두 군데에 기기를 설치해 풍향과 풍속 등을 비교하였다.

이곳은 북서풍과 남동풍의 비율이 가장 높았다. 이는 지도에서 보듯이 지형상의 문제로 바람길 때문이다. 측정결과 남동풍이 불 때 송말 숲의 방풍림은 풍속을 약 26~57% 감속시키며, 평균 41%의 저감 효과가 있는 것으로 조사되었다. 이러한 바람의 차이에 따라 수증기량은 바람이 잔잔한 마을 안쪽이 약 5~40%까지 많았다.

그리고 풍속 저감 효과는 일 년 중 바람이 강한 봄에 가장 높았다.

이로 인해 방풍림에 의한 비보의 효과는 상당한 효과가 있음을 과학적 장비에 의한 측정에서 공식적으로 확인 할 수 있다.

고인수, 「경기도 이천 송말 숲의 풍속과 증발량 조절 효과 분석」, 서울대학교 환경대학원 석사학위 논문, 2006.

부안 고사포 숲의 비보

이곳은 삼면이 산으로 둘러 싸여 있으나 앞쪽은 서해바다로 열려져 있다. 따라서 이 숲은 강한 바닷바람과 염분, 모래 등으로부터 농경지와 마을을 보호하기 위한 목적으로 조성된 것이다.

비보 숲은 수종에 따라서 차이가 있기도 하는데, 잎이 무성한 활

엽수림이 방풍효과가 좋지만, 활엽수는 낙엽이 지고 나면 효과가 크게 반감되었다. 풍속은 측정지점에 따라 많은 편차를 보여서 숲에서 가까울수록 효과가 크고 숲에서 멀어질수록 효과가 감소되었다.

연구결과에 의하면 고사포 해안가의 경우 나무 높이의 28배에 이르는 지역까지 풍속 저감 효과가 있으며, 온도는 외부에 비해 평균 2.7℃ 상승하였고, 습도는 약 14.8% 줄었다. 위에서 본 송림마을의 경우는 오히려 습도를 보존하였지만, 이곳은 습도가 많은 바닷가인 탓에 습도가 줄어들었다. 따라서 숲은 습도를 조절하는 능력이 뛰어나다고 할 수 있다.

박재철, 「마을 숲의 바람과 온습도 조절 기능에 대한 실증적 연구」, 국민대학교 산림자원학과 박사 학위논문, 2003.

비슷한 사례로 주변 산이 둘러주어 바람을 잘 갈무리한 사찰에서 안과 밖의 풍속과 온도를 측정한 연구도 있다. 연구자는 바람을 잘 갈무리해준 3곳의 사찰을 선정하여 안과 밖의 풍속과 온도를 측정하여 어떠한 차이가 있는지 비교하였다. (2011년 9월) 측정결과 3곳은 안과 밖에서 풍속과 온도에서 큰 차이가 남을 볼 수 있다.

다음의 표를 보듯이 풍속은 2배 차이가 나고 온도는 약 1도 상승하는 것으로 조사되었다. 따라서 바람을 막아주는 것은 입지조건에서 중요함을 알 수 있다.

구분	보국 안쪽	보국 밖	비 고
평균풍속	0.53m/s	1.02m/s	안쪽이 1/2 낮음
바람편차	0.18	0.51	안쪽이 1/3 적음
평균기온	26.2°C	25.3°C	안쪽이 0.9°C 상승

권인곤, 「전통사찰에 대한 풍수지리의 장풍 효과 분석」 한성대학교 부동산대학원 석사학위 논문, 2012.

13

지형지세는 암 발생에 큰 영향을 준다

히포크라테스는 자신의 저서에서 의사가 새로운 장소에 도착했을 때 먼저 살펴야 할 것으로 다음과 같은 것을 강조하였다.

- 의사는 먼저 각 계절의 차이를 알아야 하고 계절의 특성에 따라 어떤 질병이 유행하는지를 파악해야 한다.
- 해가 어떤 방향에서 뜨고 지는지를 고려해야 한다. 천체의 운동으로부터 계절에 따른 기후변화를 알 수 있기 때문이다.
- 의사는 바람에 관해서도 따뜻한 바람인지 혹은 어느 쪽에서 부는 바람인지 구별할 수 있어야 한다. 바람에 따라 체질이 달라질 수 있기 때문이다.
- 물의 상태를 확인해야 한다. 물도 맛이나 무게에 따라 천차만별

이고 건강에 이로운 물과 해로운 물이 있기 때문이다.

- 땅의 성질에 관해서 습기가 있어 수목이 잘 자라는 땅인지, 혹은 따뜻한 성질의 땅인지 차가운 성질의 땅인지를 판단해야 한다.
- 의사는 주민의 생활양식과 관련해 음주습관이나 선호하는 음식 그리고 하루의 식사 빈도를 살펴야 한다.

이상에서 보듯이 히포크라테스는 의학의 연구와 치료를 위해 지질학, 풍속학, 기후학, 천문학, 지리학 등을 폭 넓게 알아야 환자를 용이하게 진료할 수 있다고 역설하였다. 즉 기후와 풍토가 건강에 큰 영향을 준다는 것이다.

2014년 건강보험공단에 재직 중인 한 대학원생은 흥미로운 논문을 발표하였다. 암 발생률이 높은 지역의 지형은 어떠할 것인가?

우선 2008년부터 2012년 까지 최근 5년간 암 발생률을 조사해 보았다. 이는 긴깅보험공난의 공식적인 자료로 암환자로 판명된 후 종합병원에서 진료 및 치료를 받은 기록에 의한 것이다. 여기서 말하는 암환자는 주요 암 6가지로 위암, 간암, 폐암, 대장암, 유방암, 자궁암을 말한다. 한편 어느 지역의 암 진료 환자수가 많다는 것은 곧 그 지역의 암 발생률이 높다는 것을 의미한다.

조사해본 바에 의하면 전국 16개 시도광역시 중 암 진료 환자 수가 가장 높은 지역은 전라남도이고, 가장 낮은 지역은 울산광역시로 밝혀졌다.

전국 광역시도별 주요 암 진료 환자 수 (인구 10만 명 당 진료 환자 수)

순위	구 분	5년 평균 암 진료 환자 수	전국평균 대비 백분률(%)	5년간 암환자 증가율(%)
1	전라남도	1467.9	131.8	29.2
2	경상북도	1422.2	127.7	24.6
3	전라북도	1384.8	124.3	24.6
4	충청남도	1352.0	121.4	20.1
5	충청북도	1258.2	112.9	29.1
6	경상남도	1251.1	112.3	26.4
7	강원도	1153.4	103.5	27.1
8	부산광역시	1029.7	92.4	38.7
9	대구광역시	1022.1	91.7	35.8
10	서울특별시	976.3	87.6	29.8
11	대전광역시	968.0	86.9	25.0
12	인천광역시	935.4	84.0	29.2
13	경기도	933.9	83.8	18.9
14	제주도	926.8	83.2	29.4
15	광주광역시	917.7	82.4	39.1
16	울산광역시	828.2	74.3	15.8
전국평균		1114.2	100	27.4

정귀준, 「지형조건이 암 질환 발생에 미치는 영향」, 서경대학교 석사학위 논문, 2015.

전라남도 지역은 크게 내륙과 도서지방으로 구분할 수 있는데, 내륙지방은 호남정맥의 굵은 뼈대가 지나면서 조계산(887m), 월출산(811m), 천관산(723m) 등 크고 높은 산이 많은 지역이다. 이러한 산은 경승지로서 이름난 명산이기는 하지만, 명산에 명당 없다는 옛말에 주목할 필요가 있다. 경승지는 기암괴석이 많아 절경을 이루고 있지만, 험한 암석이 많고 정작 지기를 머금은 따뜻한 흙이 적은 까닭이다. 이러한 곳은 바람이 세기 때문에 지표의 흙이 날아가 생기는 현상이다. 도서지방은 여수, 고흥, 진도, 하의도 등 크고 작은 섬들로 이루어졌는데, 바닷바람에 직접적으로 노출되는 지역이 대부분이다.

한편 풍수에서는 암석 = 뼈, 흙 = 살, 초목 = 털로 간주한다. 이때 인체 속을 흐르는 모든 피와 신경 등은 살 속으로 진행함을 볼 수 있다. 그렇듯이 산의 기맥 또한 흙을 통해 전달되는데, 만약 흙이 없는 석산이라면 따뜻한 기맥을 공급받지 못하기 때문에 좋은 기운을 받을 수 없게 된다.

경상북도는 대부분의 지역이 백두대간과 낙동정맥 사이에 위치하고 있어 크고 높은 산들에 둘러싸인 지역이다. 대구와 경산 등 분지를 이루는 대도시를 제외하면 험한 산에 둘러싸인 곳이어서 조선시대 양반들에게는 사화를 피해 은둔의 지역으로 많이 활용되었다.

전라북도의 동쪽 내륙지방에는 백두대간과 호남정맥의 큰 줄기가 지나면서 덕유산(1507m), 장암산(1237), 운장산(1126), 마이산(686), 회문산(830), 내장산(763), 모악산(794) 등 크고 이름난 산들로 이루어졌다. 반면에 서해바다와 가까운 전주와 익산, 김제 등에 이르러서는 야트막한 평지로 형성되었다.

충청남도는 크게 공주와 논산 등의 내륙지방과 서산 태안 등의 바닷가로 구분할 수 있다. 호서정맥과 금북기맥, 금남기맥 등이 복잡하게 얽혀있고, 큰 산으로는 계룡산(845), 광덕산(700), 칠갑산(561), 성주산(677), 가야산(678) 등이 있다. 역시 내륙지방이 암 환자가 많고, 도시에 비해 군 단위 지역에서 환자가 많았다.

암 환자가 적은 것으로 조사된 인천광역시, 경기도, 울산광역시 등은 낮은 야산이 구릉을 이루는 지역이 대부분이다.

제주도는 한라산을 중심으로 북쪽의 제주시와 남쪽의 서귀포시로 구분되는데, 점차 바다로 향하면서 얕은 지형을 이루고 있다. 그러나 두 지역은 환자수가 다소 차이를 보이고 있다. 즉 한라산의 앞면에 해당하는 제주시 지역이 한라산의 등에 해당되는 서귀포 지역에 비해 적은 것을 볼 수 있다. 이는 산의 앞부분 면지역이 등 지역에 비해 안정적임을 의미한다.

백두대간이 관통하는 강원도 지역은 의외로 중간 정도의 수치를 보이고 있다. 이는 강릉,삼척,속초 등 인구가 밀집된 주요 도시가 산에서 멀리 떨어진 바닷가에 형성된 까닭이다. 이상을 보면 산이 크고 험한 지역일수록 암 환자가 많으며, 산이 낮고 야트막해 평지와 구릉을 이루는 지역은 암 환자가 적었다.

따라서 그 지역의 산세는 암 발생과 관계가 있다는 것을 알 수 있다.

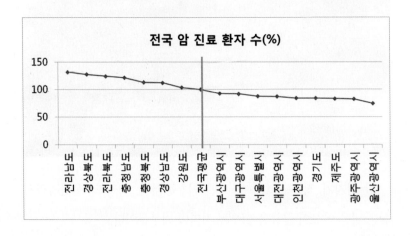

바람風
바람을 알면 건강하고
장수한다

14

전국에서 가장
암 발생률이 적은 지역

위에서는 전국 16개 시도광역시를 중심으로 보았지만, 이번에는 좀 더 세밀하게 전국 245개 시군구를 전부 조사해 보았다. 245개 시군구 중에서 암 환자가 많은 곳은 역시 산이 높고 험한 지역이었다. 구체적인 내용은 해당 지역에 영향을 줄 수 있는 민감한 내용이기 때문에 책에서 밝힐 수는 없다. 그러나 암 환자가 적은 지역은 몇 군데 소개해 보겠다. 아래 지역은 전국 245곳 중에서 상위권에 속하는 암 환자가 적은 지역이다. 전체 20곳중 경기도가 13곳으로 가장 많다. 그 중 인천광역시 4곳, 수원시 3곳, 안산시 2곳이 포함 되었다. 다음으로는 경상남도 3곳, 울산광역시 2곳 등이다.

전국 최소 암 발생지역

순위	지 역	암 진료 환자 수 (10만 명 기준)	전국평균 대비 백분률(%)
1	경기도 안산시 단원구	683.4	61.3
2	경기도 오산시	688.2	61.8
3	경기도 수원시 영통구	691.4	62.1
4	경기도 시흥시	692.8	62.2
5	광주광역시 광산구	704.4	63.2
6	경기도 안산시 상록구	710.2	63.7
7	경북 구미시	730.3	65.5
8	울산광역시 북구	731.0	65.6
9	인천광역시 서구	740.2	66.4
10	인천광역시 계양구	747.4	67.1
11	경기도 수원시 권선구	757.2	68.0
12	경남 창원시	769.8	69.1
13	경남 거제시	778.8	69.9
14	경기도 화성시	780.0	70.0
15	경남 김해시	788.2	70.7
16	인천광역시 남동구	794.8	71.3
17	인천광역시 연수구	803.4	72.1
18	울산광역시 남구	817.8	73.4
19	수원시 장안구	819.6	73.6
20	부천시 원미구	823.8	73.9
	전국평균	1114.2	100

안산시 단원구

전국 245개 시군구 중에서 가장 암 환자가 적은 곳은 얼마 전 세월호의 충격으로 온 도시가 슬픔에 빠진 안산시 단원구이다. 단원구의 전체 인구는 37만 명으로 안산시 전체 인구의 절반을 차지하고, 그 중 외국인은 약 3만 7천명으로 단원구 인구의 10%를 이루고 있다. 단원구의 지형을 보면 시화방조제와 서해바다를 접하고 있으며, 또 반월산업단지가 밀집된 공단지역이기도 하다.

반월시화공단에는 기업체 9천 곳이 가동하면서 안산시의 95% 기업이 몰린 곳인데, 대체로 공단지역은 환경이 열악해 건강에 불리할 것이라는 선입견이 있으나, 실제는 전혀 의외의 결과를 보이고 있다. 대표적인 중화학 공단 밀집지역인 울산광역시 또한 전국에서 가장 암 환자가 적은 곳이었다. 이는 엄격한 환경기준으로 대기오염과 수질오염이 크게 개선된 것도 한 요인으로 보인다. 그리고 각 기업체에서 정기적으로 실시하는 건강 체크 프로그램도 한 몫을 한 것으로 보인다. 안산시 상록구 또한 암 환자수가 적은 것으로 나타나는데, 상록구 주민 대다수는 시화호 인근 저지대에 살고 있다.

위 표를 보면 대체로 암 환자가 적은 지역은 경기도에 많으며, 대부분 산이 적고 평지를 이룬 곳이다.

오산시는 오산천변의 낮은 구릉지대에 대부분의 인구가 밀집되어 있다. 수원시 영통구는 원천저수지가 지역의 한 가운데 있으며, 거의 산이 없는 평지를 이루고 있다. 시흥시는 안산시와 이웃하고 있는데,

대부분의 주거지는 소래산 아래 남쪽 평지에 밀집되어 있다.

광주광역시 광산구는 크게 보면 전남지역에 속하는 곳이다. 그러나 앞에서 보았듯이 전남 지역의 암 환자는 전국에서 가장 높지만, 광주시 광산구는 암 환자가 적은 곳으로 조사되었다. 광주하면 보통 무등산(1,187m)을 연상하지만, 높고 험한 무등산은 광산구에서 약 20km 떨어진 먼 곳에 있다. 광산구 주민의 대다수는 영산강과 황룡강 근처의 넓은 평지에 밀집되어 있다. 한편 영산강과 황룡강이 합수되는 도산동 지점에는 야트막한 산이 수구를 잘 막아주고 있는데, 이름 없는 이 산은 영산강 하류에서 부는 바람을 막아주는 소중한 역할을 한다.

구미시는 금오산(977m), 청화산(701m), 천생산(407m) 등 크고 높은 산에 둘러싸인 넓은 분지를 이루고 있다. 구미시의 한 가운데는 낙동강이 흐르고 강변의 저지대에 대부분의 공단과 주거단지가 밀집되어 있다.

울산광역시 북구는 토함산부터 방어진까지 길게 이어지는 삼태지맥이 남북으로 자리하고 있다. 이 산맥은 높은 지형이지만 바닷바람을 막아주는 역할을 하고 있다. 북구의 한 가운데로는 동천이 길게 흐르는데, 청동기시대의 취락지가 다수 발견된 신천동에는 17개의 학교가 밀집되어 있을 정도로 인구밀도가 높다.

인천광역시 서구와 계양구는 계양산(395m)을 중심으로 양쪽에 입지하고 있다. 역시 야트막한 지형을 이루는 곳이다.

15

각 시 도 별 암 발생이 적은 지역

각 시도 별 암 발생이 적은 지역

시도광역시	지 역	암 발생률이 적은 지역
서울특별시	25 구	광진구, 양천구, 구로구
경기도	41 시군구	안산시, 수원시, 오산시, 시흥시
인천광역시	10 구군	서구, 계양구, 남동구
대전광역시	5 구	유성구, 서구
충청남도	16 시군	천안시, 계룡시, 아산시
충청북도	13 시군구	청주시 흥덕구, 증평군, 청주시 상당구
강원도	18 시군	원주시, 철원군, 양구군
대구광역시	8 구군	달서구, 북구, 달성군
울산광역시	5 구	북구, 남구
부산광역시	16 구	사하구, 북구, 사상구
경상북도	24 시군	구미시, 칠곡군, 경산시

경상남도	20 시군	창원시, 거제시, 김해시
광주광역시	5 구	광산구, 서구
전라북도	15 시군	전주시 완산구, 전주시 덕진구, 군산시
전라남도	22 시군	광양시, 순천시, 목포시
제주도	2 시	제주시
합계	**245 시군구**	

서울

서울시 25개 구 중에서 암 진료 환자수가 가장 적은 곳은 광진구로 밝혀졌다. 광진구의 지형은 야트막한 산줄기가 한강까지 이어지면서 건국대학교 앞에서 크게 한강이 감싸주는 포인트바를 형성하였

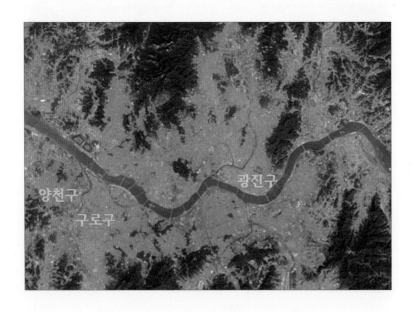

고, 아차산 밑 중곡동 일부를 제외하고는 거의 평지를 이루고 있음이 특징이다.

서울에서 두 번째로 암 환자가 적은 곳은 양천구이다. 양천구는 안양천변에 위치하고 있어 대부분 평지를 이룬 곳이다. 세 번째로 암 환자가 적은 곳은 구로구이다. 구로구는 크고 작은 공단이 밀집된 곳이어서 선입견이 있을 수 있으나 역시 의외의 결과를 보이고 있다. 구로구는 오류동에 야트막한 야산이 있을 뿐 거의 평지를 이룬 지형이다.

강남과 강북을 비교하면 대체적으로 산이 적은 강남지역이 강북보다 암 환자가 적었다.

서울의 주요 산

단위 : m

강북	도봉산	북한산	북악산	인왕산	남산	아차산	불암산	수락산
	740	836	342	338	262	285	508	638
강남	관악산	우면산	구룡산	대모산				
	632	293	306	293				

경기도

앞에서 보았듯이 안산시 단원구가 경기도 41개 시군구 뿐 아니라 전국에서도 가장 암 환자가 적은 곳으로 조사되었다. 안산시 상록구 또한 암 환자가 적은 것으로 나타나는데, 안산시의 환경이 암에 대한 저항력이 좋은 곳이라 할 수 있다. 그 이유에 대해서는 좀 더 구체적인 연구가 진행되어야 하겠지만, 단순히 지형적 측면에서 보면 안산시는 산이 부드럽고 유순한 곳임은 부인할 수 없다.

한편 전국 245개 지역 중 암 환자가 적은 10곳 중 무려 7곳이 경기도였다. 오산시, 수원시, 시흥시, 부천시, 화성시 등 산이 낮고 평지를 이룬 수도권 도시에서 적은 수치를 보이고 있다. 반면 경기도에서도 산이 크고 험한 곳은 상대적으로 암 질환자가 많은 것으로 나타났다. 경기도는 암 환자 증가율 또한 전국 평균에 비해 낮은 수치를 보이는데, 수원시 영통구는 전국에서 유일하게 암 환자가 감소하는 지역으로 조사되었다.

인천광역시

인천은 크게 내륙과 강화도 등의 도서 지방으로 구분된다. 내륙에는 계양산이 있고 강화도에는 마니산(469m)이 있는데, 계양산은 부드러운 흙산이고 마니산은 험한 바위로 이루어졌음이 두드러진 차이점이다. 인천광역시 10개의 구군에서는 서구가 가장 암환자가 적은

계양산

마니산

곳으로 나타났다. 그리고 계양구와 남동구 등도 낮은 수치를 보이고 있다. 반면에 도서지방은 큰 차이를 보이고 있다.

대전광역시

대전광역시 5개 구 중에서는 유성구가 암 환자가 가장 적은 것으로 밝혀졌다. 유성구는 계룡산 자락에 자리하고 있지만, 대부분의 주거지는 갑천변 저지대에 있다. 서구와 대덕구 또한 암 환자가 적은 곳이다. 암 환자 증가율 또한 유성구가 현저하게 적은 곳으로 나타났다.

충청남도

충남 16개 시군 중에서 가장 암 환자가 적은 곳은 천안시이다. 천안시는 동쪽에 성거산과 흑성산 등 큰 산이 있지만, 대부분의 주거지는 천안천변 평지에 몰려 있다. 계룡시와 아산시 또한 암 환자가 적은 곳으로 조사되었다. 반면 충남 내륙지역에서는 환자수가 높은 수치를 보이고 있다.

충청북도

충북 16개 시군구 중에서 가장 암환자가 적은 곳은 청주시 흥덕구이다. 다음은 증평군과 상당구 순으로 나타났다. 청주시는 충청북도뿐 아니라 전국적으로도 암 환자가 적은 지역이지만, 산이 적은 흥덕구가 산이 많은 상당구에 비해 암 환자가 적은 것으로 나타났다. 두

지역은 뚜렷한 지형의 차이를 보이는 곳이다.

충북도 역시 내륙지역에서 암 환자가 많은 것으로 조사되었다.

강원도

산이 많은 강원도지만 암 환자는 전국평균치와 비교해 큰 차이가 없다. 대부분의 도시가 산이 많은 지역보다는 바닷가 근처 저지대에 밀집한 것이 한 요인으로 보인다. 강원도 18개 시군 중에서 가장 암 환자가 적은 곳은 원주시이다. 원주시는 치악산(1,288m)을 비롯한 큰 산들에 둘러싸여 넓은 분지를 이룬 지형이다. 평야지대를 이루고 있는 철원군도 적은 수치를 보이고 있다.

대구광역시

대구는 8개 구 중에서 달서구가 상대적으로 낮은 수치를 보이고 있다. 북구와 달성군 또한 암환자가 적은 곳으로 조사되었는데, 타 지역과는 다른 의외의 결과를 보이고 있다. 대구광역시의 암환자 증 가율은 전국 16개 시도광역시 중에서도 높은 수치를 보이는데, 구체적인 조사가 필요하다.

울산광역시

울산 전 지역의 암 환자는 전국 16개 시도광역시 중에서 가장 적을 뿐 아니라 암환자 증가율 또한 전국 최저 수준을 보이고 있다. 울산 5개 구 중에서는 북구가 가장 적은데, 전국 245개 시군구 중에서 8위권으로 암환자가 적은 곳이다.

부산광역시

부산광역시 16개 구 중에서 암 환자가 가장 적은 지역은 사하구로 조사되었다. 지역의 북쪽은 산이 높은 편이지만, 낙동강 하구 을숙도 인근에 주거지가 밀집되어 있다. 북구, 사상구, 해운대구 등도 암 환자가 적은 곳으로 나타났다. 부산광역시는 전국평균치에 비해 암 환자가 적은 곳이지만, 암환자 증가율은 광주광역시에 이어 전국에서 두 번째 높은 곳으로 나타났다.

경상북도

경북지방 24개 시군구 중에서 가장 환자가 적은 곳은 구미시다. 앞에서 보았듯이 구미는 원주와 마찬가지로 높은 산으로 둘러싸인 분지를 이룬 곳이다. 이로 말미암아 비록 산간지방 이라도 넓은 분지를 이룬 지형이 건강에 유리한 것을 알 수 있다. 칠곡군과 경산시, 포항시도 암 환자가 적은 곳으로 조사되었다. 그러나 내륙으로 가면서 큰 차이를 보이고 있다.

경상남도

경남 20개 시군 중에서는 창원시가 가장 적은 수치를 보이고 있다. 창원시 또한 분지를 이룬 지형이다. 거제시, 김해시, 진해시 등도 암 환자가 적은 곳이다. 경남지방도 역시 내륙으로 가면 암 환자가 급증하고 있다.

광주광역시

광주 5개 구 중에서 광산구가 압도적으로 낮은 분포를 보이고 있다. 광산구는 전국 평균치보다 약 40% 적으며, 광주광역시도 전국 16개 시도광역시 중에서 2위를 차지할 정도로 암 환자가 적다. 반면에 암 환자 증가율은 전국에서 가장 높게 나타나고 있어 다소 의외의 결과를 보이고 있다.

전라북도

전북 15개 지역에서 가장 암환자가 적은 곳은 전주시 완산구와 덕진구이다. 역시 전주천 인근 저지대에 주거지가 밀집되었다.

하지만 큰 산이 많은 전라북도 내륙 지방은 암 환자가 많은 편이다.

전라남도

전남 22개 시군에서는 광양시가 월등하게 적은 것으로 조사되었다. 순천시, 목포시, 여수시 등도 암 환자가 적은 지역이다. 전체적으로 시 지역은 암 환자가 적지만, 군 지역은 거의 2배 이상 높은 수치를 보이고 있다.

제주도

제주도는 제주시와 서귀포로 구분되는데, 제주시가 서귀포에 비해 상대적으로 적은 수치를 보이고 있다. 그러나 제주도는 전국평균에 비해서 낮은 편이다.

전국 16개 시도광역시 암 환자 증가율

순위	구 분	5년간 암 환자 증가율(%)
1	울산광역시	15.8
2	경기도	18.9
3	충청남도	20.1
4	경상북도	24.6
4	전라북도	24.6
6	대전광역시	25.0
7	경상남도	26.4
8	강원도	27.1
9	충청북도	29.1
10	인천광역시	29.2
10	전라남도	29.2
12	제주도	29.4
13	서울특별시	29.8
14	대구광역시	35.8
15	부산광역시	38.7
16	광주광역시	39.1
전국평균		27.4

암 환자 증가율은 대체로 인구가 밀집된 광주, 부산, 대구, 서울 등 대도시에서 높은 것을 볼 수 있다. 그러한 중에도 울산광역시는 암 환자 증가율이 가장 낮았다.

전국 245개 시군구 중 암 환자 증가율이 가장 낮은 10곳

순위	지역	증가율(%)
1	수원시 영통구	−2.6
2	거제시	1.4
3	화성시	2.5
4	대전광역시 유성구	2.7
5	성남시 분당구	3.1
6	울산광역시 북구	3.6
7	용인시	5.5
8	구미시	6.1
9	안양시 동안구	6.4
10	오산시	8.4

수원시 영통구가 전국에서 유일하게 암 발생률이 감소하는 것으로 나타났다. 이 지역은 삼성전자 본사가 있고, 아주대학교와 경기대학교가 자리하고 있다.

다음으로는 거제시의 암 환자 증가율이 적은데, 이 지역 또한 대기업이 밀집된 곳이어서 직원들에 대한 건강검진 등이 잘 이루어지는 것도 한 요인으로 보인다. 전체 10곳 중 6곳이 경기도 지역이 차지하고 있다.

지리적 조건과 암 환자 수 비교

구 분	암 환자가 적은 지역	암 환자가 많은 지역
산세	낮은 야산 또는 구릉	크고 험한 지형
지형	평지, 분지	좁은 골짜기
주거지와 산의 거리	산에서 멀리 떨어짐	산에서 가까운 곳에 위치함
물길의 폭	폭이 넓다	폭이 좁다
유속	차분하다	빠르다
풍속	잔잔하다	세다
풍향	수시로 바뀐다	일정한 방향에서 지속적으로 분다
일조량	풍부	부족
하늘의 조망	넓게 보인다	좁게 보인다
암석의 유무	암석이 적다	암석이 많다
지역의 명암	밝다	어둡다
논밭의 크기	넓다	없거나 좁다
기타		안개 발생이 잦다

- 암환자가 많은 지역은 대체로 산이 크고 험한 지역이다.
- 산이 낮아도 골짜기가 많은 곳에서는 암 질환 발생이 높은 것을 볼 수 있다. 따라서 산의 크기와 높이보다는 지형이 더 큰 문제가 되는 것을 알 수 있다.
- 산에서 가까운 곳에 위치하는 경우가 많다.
  이는 산골짜기에서 부는 산곡풍에 직접 노출되는 곳이다.

- 지역을 관통하는 물길의 폭이 좁고 긴 것이 특징이다.

- 물길이 좁은 관계로 유속 또한 빠르다.

- 물길을 따라 산곡풍이 불기 때문에 바람이 세다.

- 산곡풍은 계곡을 따라 일정한 방향에서 지속적으로 바람이 분다. 이러한 바람을 요풍, 질풍, 살풍, 음풍, 적풍이라 하였다. 반면에 넓은 곳에서 부는 바람은 두렵지 않다고 했다.

- 골짜기 지형인 관계로 일조량이 적다.

- 골짜기이므로 바라보이는 하늘도 좁다.

- 주변에 암석이 많다.

- 대체로 산에 골이 많고 탁해서 어둡다. 하지만 그곳에서 오랜 동안 거주하는 현지인들은 그 차이를 쉽게 알지를 못한다.

- 골짜기인 관계로 논밭을 형성하지 못했다.

- 대체로 안개 발생이 잦은 곳으로 운무의 이동을 자주 목격할 수 있다.

이상을 요약하면 암 환자가 적은 지역은 대부분 산이 낮고 평지를 이룬 저지대에 위치하고 있다. 상대적으로 암 환자가 많은 지역은 산 골짜기 험한 지형이 대부분이다. 즉 암 발생이 많은 곳은 산곡풍의 영향이 심한 지형임을 알 수 있다. 사람들은 바람이 눈에 보이지 않는다고 대수롭지 않게 생각하는 경향이 있는데, 바람은 만병의 근원이라는 말을 비로소 실감할 수 있다.

한편 요즈음 들어 물 맑고 공기 좋은 곳이라 해서 산 속 깊은 곳에서 요양하려 하는데, 그러한 곳은 오히려 치명적인 독이 될 수 있다. 물론 맑은 물과 깨끗한 공기 등의 좋은 환경은 병의 치료에 고마운 존재며 필수조건이다. 하지만 깊은 산 속에서는 오히려 산곡풍이 발생하여 인체의 건강에 독이 된다는 사실을 잊지 말아야 한다. 특히 바위와 계곡으로 이루어진 험한 지형에서 암 환자가 많은 것으로 보고되고 있음은 시사 하는바가 크다. 따라서 기암괴석이 많은 험산에서의 힐링은 재고되어야 한다.

당신이 건강하게 살고자 한다면 넓게 평지를 이룬 지형이나 또는 흙이 두터운 육산에 터를 정할 것이다.

바람을 알면
건강하고
물을 알면
부자가 되며
땅을 알면
귀하게 되고
이치을 알면
실패하지 않는다

02 물 水
물길을 알면 부자가 된다

01

물 잔잔한 땅이
살기 좋은 곳이다

풍수라는 말은 장풍득수의 줄임으로 바람 고요하고 물 잔잔한 땅이 사람 살기 좋은 곳이라는 말이다. 노래가사에도 있듯이 물이 모이는 곳에 사람이 모이고 시장이 서며, 재물이 쌓여 도시가 형성된다. 인류의 4대 문명 발생지는 모두 큰 강을 끼고 있으며, 세계의 주요 도시와 수도 또한 강이나 바다에 접해 있음을 볼 수 있다. 즉 도심을 관통하는 물길에서 도시의 경제력과 경쟁력을 알 수 있다

가까운 예로 전국의 재래시장은 거의 대부분 작은 천변에 있으며, 서울의 중심을 관통하는 청계천에는 동대문시장, 광장시장, 평화시장, 중앙시장, 중부시장, 축산시장, 벼룩시장 등 전국의 거의 모든 상권이 집중되어 있음은 우연이 아니다. 따라서 풍수에서 물은 생기와

재물을 의미하기 때문에 풍수의 시작과 끝이 물의 길흉에 달려있다 해도 과언이 아니다.

이때의 물은 입지를 향해 잘 감아주어야 좋고, 반대로 등을 지고 나가는 형태는 반궁수라 하여 불리하게 여긴다. 그리고 물이 고여 있는 형태는 길하고, 곧게 빠지는 형상은 최악으로 여긴다. 또 물 나가는 수구처는 좁게 막아주어 물의 흐름을 단속해야 하고, 수구가 넓게 벌어진 형태는 설사하듯 한 모습이므로 기의 누출을 의미한다.

한편 강에 있는 섬 또한 물의 출입을 단속하는 역할로 귀하게 여긴다. 이는 마치 장비가 장판교 싸움에서 조조의 대군을 홀로 물리치는 듯한 형태이다. 단 이때의 섬은 머리가 강의 상류를 향해 있어야 하며, 섬의 머리가 하류를 향한 모습은 물과 함께 도망가는 모습이므로 오히려 불길하게 여긴다.

풍수고전에서 말하는 물의 중요함은 다음과 같이 요약할 수 있다.

- 산은 사람을 관장하고, 물은 재물을 관장한다.
- 물이 깊으면 부자가 된다.
- 풍수의 법은 물을 얻음이 으뜸이다.
- 터 앞으로 물이 곧게 달아나면 천만금의 재산이 하루아침에 흩어진다.
- 가장 꺼리는 것이 물이 나가는 땅이니, 즉시 집안이 패한다.
- 물이 감아주어야 좋고, 물이 등지면 흉하다.
- 물길이 좋지 못하면 터 좋은 것을 자랑하지 말라.

- 물은 곧게 흐르는 것이 가장 두려운 것이다.
- 물이 급하게 흐르면 재앙이 속히 온다.
- 물이 곧게 흐르면 재물은 패하고 사람은 드물다.
- 수구가 열려있어 물이 빠져나가면 사람이 패한다.
- 물의 흐름은 크게 꿈틀거려야 좋다.
- 좋은 땅은 물 아끼기를 피 아끼듯 한다.

이상은 다음과 같이 요약할 수 있다.

구 분	공통점	특 징
물의 좋은 형태	바다와 접한 도시는 적당한 크기의 만을 형성함	경쟁력 유리
	여러 물이 모인 후 수차례 환포하였다	
	물이 감아준 안쪽이 대체로 우세하였다	
	강중에 섬이 있어 물의 흐름을 단속하였다	
물의 흉한 형태	바다와 접한 도시는 만을 형성하지 못함	경쟁력 불리
	물줄기가 곧고 길게 흐른다	
	물의 환포가 없거나 반궁수 지점은 불리하였다	
	큰 강이 도시 밖에서 여러 물줄기로 분산되었다	
	강중에 섬이 없어 물의 흐름이 빠르다	

02

좋은 물길은 인재를
기르고 부자를 만든다

춘천의 명당

호반의 도시 춘천에는 두 곳의 명당이 있다. 한곳은 춘천의 주산 봉의산(301.5m) 남쪽사면으로 교동을 중심으로 하는 지역이다. 봉의산은 대룡산(899m)에서 북한강까지 흘러와 급격히 몸을 돌린 형태로 춘천시는 회룡고조로 형성되었다. 따라서 봉의산의 남쪽사면이 산의 앞면이 되고 북쪽사면은 산 등에 위치한 것이 된다.

산 등에 해당되는 봉의산 북쪽은 강바람이 센 곳인데, 유난히 점집이 많다. 반면 봉의산의 면에 해당하는 남쪽사면에는 강원도청과 춘천시청 그리고 유봉여고와 춘천여고가 자리하고 있다. 또 전국의 사학재단 중에서 가장 성장률이 높다는 한림대학교와 춘천향교 또한 이곳에 위치하고 있음은 우연이 아니다. 봉의산을 중심으로는 북한

봉의산과 소양강

강과 소양강 그리고 만천천과 공지천이 합수되는 지점으로 산과 강이 절묘하게 조화를 이룬 아름다운 명당이 아닐 수 없다.

또 한 곳의 명당은 서면지역이다. 이곳에서는 2013년까지 141명의 박사를 배출하였다. 인구수가 4,000명에 불과한 시골의 작은 면 소재지에서 전북 정읍의 삼계면과 더불어 인구비례 가장 많은 박사를 배출한 곳으로 한승수 전국무총리와 엄기영 아나운서도 이곳 출신이다. 모 여성지 앙케이트 조사에 의하면 신혼부부들이 외국으로 신혼여행을 가기 전 국내에서 첫날밤을 지내고 싶은 곳으로 가장 선호하는 지역이라고 하는데, 아마도 자신들의 2세도 박사가 되기를 바라는 소망일 것이다.

비슷한 사례 하나를 더 소개해 보겠다. 음성 반기문 유엔사무총장

생가 마을 입구에 작은 모텔이 허가신청을 하였다. 그러자 광주반씨 가문에서는 불륜의 현장이 자신들 마을 입구에 생기는 것은 유엔사무총장의 고향을 모독하는 것이라 하여 심하게 반발하였다. 그러나 개인의 재산권 행사까지 막을 수는 없어서 우여곡절 끝에 모텔이 완공되고 영업을 하게 되었다. 그러자 이곳 모텔에는 남여의 출입이 줄지어 방이 없을 정도로 호황을 누리는데, 알고 보니 거의 모두가 정상적인 부부라는 것이다. 그들은 자신들의 2세도 반기문 유엔총장처럼 훌륭한 자식으로 만들고 싶은 소박한 마음에서 먼 길을 마다하지 않고 방문한다는 것이다. 이러한 내용을 알게 된 광주반씨 문중은 부부간의 정이 점차 멀어지는 이즈음 오히려 부부간의 정을 돈독히 할 수 있어 좋은 것 아니냐면서 묵인할 수뿐이 없었다고 한다. 자신들의 2세에게 잉태순간부터 좋은 땅의 정기를 주고 싶은 그들의 욕망을 누가 탓할 수 있으랴.

반기문 유엔사무총장 생가

한편 서면에서도 중심지역은 장군봉을 주산으로 삼는 서면 면사무소가 있는 지점이 핵심이 된다. 이 지역에는 이미 신석기시대부터 마을이 형성되어 지석묘 등의 유물이 발견되는데, 5천 년 전 선사시대 사람들과 현대인의 터 잡기가 다르지 않음을 볼 수 있다.

재미있는 것은 서면에 박사가 배출되기 시작한 것이 1963년 북한강 하류에 의암댐을 완공하고 나서 부터라고 한다. 즉 전에는 북한강물이 급하게 흘러나가는 형태였지만, 의암댐을 완공하고 나서는 물의 흐름이 완만해지고 거대한 담수호가 생기면서부터 박사의 배출이 시작되었다는 것이다. 이것을 보면 환경의 변화는 인간의 삶의 질까지 바꾼다는 것을 알 수 있다. 그리고 어느 정도 부족한 부분은 인간의 노력과 의지에 의해 개선이 가능하다는 것도 알 수 있다.

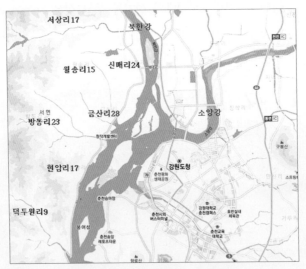

김현회, 「박사마을의 풍수 지리론적 입지분석 연구」, 서경대학교 석사학위 논문, 2014.

이러한 인위적인 물의 변화를 풍수고전에서는 다음과 같이 말하고 있다.

"물이 나가는 수구는 이해가 가장 밀접한 곳이다. 수구에 있는 큰 다리·숲·사당 등도 역시 화복에 관계가 있다. 혹 수해로 인하여 교량이 손실되고, 나무를 베어 버린다면 흉한 화가 닥칠 것이다.

반면에 물 나가는 수구에 기이한 바위나 모래톱이 생기면, 부귀가 갑자기 이를 것이다. 홀연히 수구에 모래톱이 생기면 벼슬이 천거되고 관직이 높아지게 되니, 수구의 매인 바가 이 정도이다."

세계문화유산 경주 양동마을

양동마을은 경주시 북쪽 설창산에 둘러싸여 있는 곳으로 경주손씨와 여강이씨가 500년 동안 지켜온 유서 깊은 마을이다. 민속마을 중 가장 큰 규모와 오랜 역사를 가지고 있는 우리나라의 대표적인 반촌으로서 특이하게 손씨와 이씨 두 가문이 서로 협조하며 500년 역사를 이어왔다. 때 묻지 않은 고즈넉한 분위기 때문에 1992년에는 영국의 찰스 황태자가 이곳을 방문했으며, 2010년에는 하회마을과 함께 유네스코 세계문화유산으로 지정되었다. 조선시대에 이 마을은 풍덕류씨가 주를 이루었으나 류씨의 사위인 손소가 들어온 뒤로는 월성손씨가 크게 번창하였고, 그 후에는 손씨의 사위인 '이번'이 들어와서는 여강이씨가 크게 번성하였다. 그 중에서도 빼어난 문필봉 성주산을 바라보는 월송손씨 종가댁 서백당은 특히 손꼽히는 명당으로 이곳에 터를 잡아준 풍수가 말하기를 이 집에서 3명의 현인이 날 것이라고 예언하였다고 한다. 그 후 실제로 손중돈과 이언적 두 분이 이곳에서 출생했으나 그 뒤로는 두 분에 비길만한 인물이 나오지 않아 애타게 기다리고 있다고 한다.

그러던 중 일제는 1910년 무렵 경주에서 포항으로 가는 철도를 놓는다는 명분으로 철로가 마을을 통과하게끔 설계하였다. 자신들에게 협조하지 않을 뿐 아니라 인근지역의 정신적 지주 역할을 하는 양동마을을 해체하기 위한 구실이었다. 하지만 그럴 경우 마을의 존립과 제3의 현인 탄생이 어렵다고 판단한 양동사람들은 결사적인 반대로 철도를 우회시키게 된다. 이렇듯 마을을 보존하기 위한 선조들의 노력이 있었기에 오늘날 자랑스러운 세계문화유산으로 등재되기에 이른 것이다. 현재는 두 가문에서 정치인, 언론계, 학계 등에서 많은 인물을 배출하고 있다.

지도를 보면 양동마을은 3곳의 물이 만나는 지점으로 마치 춘천

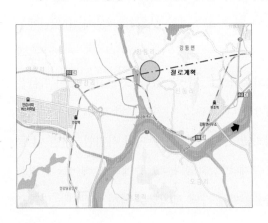

박사마을과 흡사한 형태를 이루고 있다. 그러나 한 가지 아쉬운 것은 현재의 지형은 마을 입구 주차장 인근이 수구처인데, V자 형으로 넓게 벌

어진 모습이다. 위에서도 말했듯이 물 빠지는 수구는 좁게 막아주어야 좋은 것이다. 그러기 위해서는 양동천도 현재와 같은 인위적인 모습은 배제하고 구불구불한 옛 모습을 되찾아야 한다. 또 현재의 주차장 인근에 연꽃 저수지를 조성하며, 물 빠짐을 가두고 주변에는 나무를 심어 외풍으로부터 마을을 보호해야 한다. 이럴 경우 번잡하고 소란스런 주차장은 마을 밖에 있게 함으로서 고즈넉한 마을 분위기를 유지할 수 있으며, 연못과 숲은 또 다른 문화공간이 될 수 있다. 이러한 치산치수를 통해 내실을 다진다면 양동마을은 그토록 고대하던 세 번째 현인의 탄생도 기대할 수 있을 것으로 본다.

03

물이 모이는 땅은
투자의 으뜸

전곡리 선사유적지는 우리나라 구석기

연구에 전환점이 된 곳인데, 1978년 미국병사가 우연히 4점의 석기

를 발견하면서 그 모습을 드러냈다. 그 후 11차에 걸친 발굴에서

4,600여 점의 유물이 발굴되었다. 이 유적지의 발견으로 우리나라 구석기 문화가 기원전 2십만 년이 넘는 구석기 말기로 밝혀졌다.

이곳은 임진강과 한탄강 주변의 선사시대 유적지 중에서 규모가 가장 큰 것으로 보아 당시에 강력한 세력의 집단 거주지였을 것으로 추정된다. 이곳 지형을 보면 한탄강이 크게 감싸주고 여러 곳의 물이 모이는 지점으로 풍수에서 요구하는 물의 조건을 충족시키고 있다. 이를 보면 인간의 주거입지는 이미 구석기시대부터 지리적 조건을 살핀 것으로 보인다. 이곳의 물길은 앞에서 거론했던 경주양동마을 춘천박사마을과 유사하며, 선사시대부터 이미 취락이 형성되었다는 공통점이 있다. 한편 경주와 이웃한 언양읍에는 석기시대의 유적 반구대 암각화가 있으며, 울산 태화강변에서는 청동기시대의 집 자리가 많이 발견되어 고고학계를 놀라게 하였다. 그 중에서도 크게 3지역에 집중적으로 밀집되어 있다.

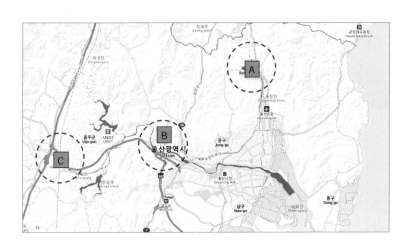

A. 동천변 북구 울산시 북구 신천동 권역

B. 태화강 중류 울주군 범서읍 구영리 권역

C. 태화강 상류 울주군 삼남면 신화리 권역

이들 지역은 모두 물이 모이는 지점이라는 공통점이 있다. 그 중에서도 특히 신천동 지역에서는 약 180채에 이르는 청동기시대 집터가 발견되었는데, 4곳의 물이 모이는 지점이다. 현재 이 지역은 반경 2km이내에 신천초등학교를 비롯해 무려 17개의 학교가 밀집되어 있다. 이는 그 지역의 인구밀도가 매우 높다는 것이며, 상권이 크게 번성한 지역임을 의미한다. 이 또한 선사시대 사람들과 현대인들의 택지관이 다르지 않다는 것을 보여주는 사례라 할 수 있다. 따라서 좋은 땅을 찾고자 하는 인류의 욕망은 이미 선사시대부터 적용되었으며, 청동기시대에는 상당한 경험 축적에 의해 더욱 발전된 것으로 보인다. 그러므로 선사시대 취락지는 부동산투자에 적격이라 할 수 있다.

물水
물길을 알면
부자가 된다

04

금시발복하려면
물이 들어오는 땅을

2000년 10월 17일 계동사옥 9층

"선생님! 지금부터 제가 드리는 말씀은 현대자동차 창사 이래 아마 가장 중요한 프로젝트 중 하나일 것입니다. 회사의 미래가 걸린 것이므로 이후 절대 보안을 지켜 주십시오. 보도를 통해서 잘 아시겠지만 저희 회사가 지금 안팎으로 매우 어려운 시기입니다. 그래서 이번에 계열 분리하여 새로운 사옥을 마련하고자 합니다. 여러 사항을 고려하여 엄선한 3곳을 보여드릴 터이니 그것들에 대한 풍수적 조언을 부탁드리겠습니다."

[건물 A]

서울시내에 위치한 대부분의 고층빌딩이 그러하겠지만, 이곳에서는 유독 북한산 줄기의 험한 봉우리들이 어지럽게 보인다.

본인이 무심코 한마디 해 본다.

"밖에서 볼 때는 균형감 있고 중후하게 생각되었는데, 안에서 보니까 느낌이 다르군요. 저렇게 뾰족뾰족한 산들이 넘겨 보이는 것을 풍수용어로는 도적봉이라고 합니다. 저런 모습의 봉우리들이 집터나 사무실, 묘 자리 등에서 보이게 되면 시끄러운 일들이 많으며, 도난 등의 잡음이 많다고 합니다."

"그래서 그런지 몰라도 실제로 각 사무실마다 얼마나 도난사고가 많은지 보통 신경 쓰이는게 아니랍니다. 그래서 바로 얼마 전에 각 부서별로 2중 3중의 보안장치를 새로 설치했답니다."

[건물 B]

태평로에 위치한 고층건물로 외국 자본이 소유주이며, 최고급의 자재로 화려한 곳이다.

"23층 중 몇 개의 층은 외국회사가 사용하고 나머지는 모두 우리가 임대해서 쓰려고 합니다. 참고로 이곳은 교통, 행정, 금융 등에서 가장 유리한 곳이기 때문에 프로젝트를 담당하는 저희들 입장에서는 가장 유력한 곳으로 생각하고 있습니다. 따라서 좀 더 세심하게 살펴 주십시오"

이곳에서는 건물 A에서 지적했던 날카로운 산의 형상이 더욱 많이 보인다.

"아까도 말씀드렸지만 저러한 산의 형상을 불꽃같은 형상이라고 하는데, 불꽃처럼 빨리 피었다가 빨리 지는 속성속패의 성질을 지니고 있습니다."

[건물 C] 양재동 사옥

원래는 농협중앙회 건물로 지었으나 당시 김대중 대통령의 지시로 백지화되었다고 한다. 전하는 말로는 농민들 세금을 받아서 호화롭게 지은 것 때문에 대통령께서 매우 화를 내셨다고 한다. 따라서 당시는 건물만 완공 시켜놓고 비어있는 상태였다.

가장 먼저 눈에 띄는 것은 건물의 무게중심이 하부구조에 있어 상당히 안정감이 있다는 것이다. 그리고 건물을 둘러싼 청계산과 우면산이 앞의 두 곳과는 비교가 되지 않을 만큼 깨끗하게 바라보인다. 이렇듯 터에서 보이는 주변 산은 부드럽고 깨끗하게 보여야 편안한 것이다. 또 이곳은 남향이고 앞쪽에 높은 건물이 없어 청계산을 비롯한 전원풍경이 후련하게 보이는 것도 큰 장점이다.

특히 건물 앞쪽에서 작은 실개천이 건물을 향하여 구불구불 들어오는 것이 보인다. 그리고는 그 물이 건물의 우측을 휘감아서 뒤쪽의 양재천으로 모습을 감추고 있다. 풍수에서 물은 곧 재물이라고 했으며, 오는 물은 길게 보여야 하고 가는 물은 보이지 않아야 좋다고 했다. 이처럼 앞쪽에서 물이 들어오는 형태는 금시발복하는 터라고 해서 매우 길하게 여기는데, 풍수고서에 말하기를 앞에서 들어오는 물이 술 한 잔 정도만 되어도 능히 가난을 구제할 수 있다고 하였다.

또 말하기를 빨리 부귀를 얻고 싶으면 물이 들어오는 땅을 구하라고 하면서 물이 들어오는 터가 금시발복의 터임을 강조하고 있다. 그러나 물이 들어오되 일직선으로 곧게 들어오는 것은 날카로운 창과 같은 형태가 되어 오히려 불길한 것이다. 따라서 물의 오고감은 반드시 많은 꿈틀거림이 있어야 좋은 것이다.

"참고적으로 말씀드린다면 이곳은 즉시 입주할 수 있고 건물도 임대가 아닌 우리 소유로 할 수 있다는 장점이 있습니다. 다만 시내에서 너무 멀기 때문에 여러모로 불편한 점이 있습니다.

잠시 후 본사에서 높은 분과의 면담이 예정되어 있습니다. 3곳에 대한 선생님의 견해를 자세히 말씀해 주십시오."

회의실에서 시간을 기다리며 생각을 정리해 본다.

"가정집 이사 가는 것도 며칠 밤을 심사숙고하는데, 이렇듯 중요한 것을 서두르는 이유가 무엇인가?

모든 것은 이미 결정이 난 상태이며, 오늘의 절차는 B를 확정짓기 위한 형식적인 것인가? 그렇다면 나는 구색을 맞추기 위한 들러리에 불과한 것인가?"

씁쓸한 마음 달래고 있는데, 이번 프로젝트를 담당한 젊은 직원이 들어오더니 B건물에 대한 등기부등본과 서류 등을 보여주며 이것저것 설명을 해준다.

"그런데 선생님! 누구에게 들은 말인데요. 옛날에 B터가 죄수들을 처형하던 곳이라고 하더군요. 그러나 사실 여부는 확인할 수 없으니 별 개의치는 마십시오."

그 순간 건물의 등기부등본을 자세히 살펴보고 예정된 방으로 향한다.

"다른 사항은 제가 말씀드릴 처지가 못 되므로, 오직 풍수적인 입장에서만 말씀 드리겠습니다.

빌딩A의 풍수적 형세는 주변에 온갖 잡음과 구설수를 내포하고 있다고 보았습니다. 마치 등 뒤에서 표독스러운 살기를 뿜고 있는 듯한 형상입니다. 비록 이전까지는 좋았을지 모르지만, 이제는 심각하게 재고하는 것이 좋을 듯합니다.

빌딩B는 23층의 중간 중간을 이미 외국인 회사 등이 사용을 하고 있습니다. 그렇게 되면 현대자동차는 건물의 90%를 사용하면서도 이빨 빠진 모습이 됩니다. 각 부서간의 유기적인 협조체계가 이루어지지를 못하고 마치 3~4개의 소그룹으로 힘이 분산되는 형태라 할 수 있습니다.

그리고 제가 들은 바로는 그 땅이 옛날에 죄수들을 처형하던 곳이라고 합니다. 원한이 깃든 땅으로 풍수에서 가장 금기시하는 터가 센 곳이라고 하지요.

그래서인지 건축 당시부터 많은 사람이 죽었으며, 그 후의 등기부등본을 볼 것 같으면 건물의 주인이 자주 바뀌고 있습니다. 그러나 한곳도 잘되서 나간 곳은 없습니다.

그 점이 바로 터가 불리한 곳임을 말해주는 것입니다.

따라서 3곳 중 최악입니다.

결론을 말씀드린다면 3곳 중에서 양재동 건물이 으뜸입니다.

우선 주변의 산이 부드러워 모난 곳이 없습니다. 이전 두 곳과는 비교할 수 없을 정도로 깨끗합니다. 특히 좋은 것은 물이 앞에서부터 구불구불 들

어오는 형태인데, 물이 들어오는 땅은 백군데 중 하나 있을까 말까 할 정도로 드물고 귀한 땅입니다.

따라서 기업의 궁극적인 목적이 이윤 창출이라면 그곳은 최적의 조건을 갖춘 곳입니다."

오랜 침묵 끝에

"알겠습니다!

회장님께 선생님의 말씀을 반드시 올리도록 하겠습니다.

그리고 OOO에게 들으셨겠지만 어떤 결정이 나기까지 보안은 꼭 지켜주십시오."

며칠 후 TV와 신문 등에서 현대자동차의 전격적인 양재동 사옥이전을 보도하였다. 그리고 회사는 이곳으로 옮긴 뒤 해마다 승승장구하여 창사 이래 최고의 실적을 갱신하고 있다.

위 사진에서 보듯이 우측은 경부고속도로가 지나고 있으며, 작은 개천의 물이 회사를 향해 들어오는 형태이다.

한편 풍수에서 꺼리는 집터는 다음과 같은 곳이다.

예전에 감옥이었던 곳

예전에 전장 터였던 곳

물이 길게 나가는 땅

물이 등지고 나가는 땅

물소리가 심하게 들리는 곳

바람이 심하게 부는 터

사방이 높아 해와 달을 보기 어려운 음랭한 곳

주변 산이 칼날같이 날카로운 곳

안산이 없는 땅

터 앞의 논밭이 한쪽으로 심하게 기울은 곳

도로가 충하는 집

험한 바위가 많은 곳

이러한 땅은 필패의 땅이므로 무엇이 자리해도 불리한 곳이다. 따라서 이러한 곳만 피해도 큰 실패는 면할 수 있다.

05

묘를 옮기고 100배의 재산이 불어난 터

충청도 유성에 유명한 한의사 한분이 계셨다. 이 댁은 조부 때부터 풍수에 관심이 깊어 전국으로 명당을 찾아 다녔는데, 지성이면 감천이라고 결국에는 자신들의 묘 자리를 모두 원하는 명당을 찾아 쓰기에 이른다. 한의사의 3대에 걸친 묘 자리를 소개해 보겠다.

한의사 조부모 묘소 : 경기도 양주군 간파리

지금으로부터 약 70년 전 일로서 그 집안에 전설같이 전해지는 이야기이다. 당시에 이곳을 잡아준 풍수가 말하기를

"이 땅은 감악산으로부터 시작된 맥이 동쪽으로 진행하다 혈이 맺힌 것으로 옥녀단장의 명당입니다. 그러나 한 가지 흠이 있으니 선흉후길하는

곳입니다.

구체적으로 말씀 드린다면 이곳에 묘를 쓰게 되면 자식들 중 한명이 변을 당할 수도 있습니다. 그러나 그 후부터는 자자손손 큰 발복이 있을 것입니다. 혈이 큰 것은 그에 상응하는 대가가 따르는 법이므로 이점을 깊이 생각하시고 결정하십시오."

조부님에게는 자식이 3형제 있었으나 명당이라는 말에 다른 소리는 건성으로 듣는다. 풍수들 말이 대체로 과장과 허풍이 세다는 것을 알기에 좋은 것은 그대로 받아들이지만, 나쁜 것은 자신이 편리한 데로 해석한다. 설사 만에 하나 풍수선생 말이 사실이라 할지라도 셋 중 하나의 희생이라면 가문의 대를 잇는 데 무리가 없으므로 감수하겠다는 생각이다. 실로 명당에 대한 무섭고도 비정한 집착이 아닐 수 없다.

그 후 조부가 돌아가시자 당신의 유지대로 그 땅에 장사를 지내드렸는데, 실제로 3일 만에 망인의 막내아들이 까닭 없이 피를 토하며 죽고 말았다. 그러자 집안에서는 아비와 자식을 함께 잃은 비통함 속에서도 귀신같은 지관이라 혀를 두르며, 그 땅이 진짜 명당이라는 것을 추호도 믿어 의심치 않게 되었다.

그리고 대대손손 발복이 있을 것이라는 확신 속에 이 묘는 어떠한 상황이 닥치고 누가 무슨 말을 할지라도 절대 건드리지 말 것을 대를 이어 유훈으로 전하기를 당부한다.(1930년경)

한의사 아버지 묘소 : 충청도 공주시 유구읍

당신의 아버지가 그랬던 것처럼 자신도 우여곡절 끝에 상제봉조라는 명당을 찾게 된다. 상제봉조는 임금이 여러 신하들 앞에서 조회를 여는 형국을 말한다. 그런데 그곳이 마곡사 소유 해발 500m의 높은 산에 있는 것이다. 지금도 성묘를 하려면 산중턱에 차를 세우고 가파른 산길을 약 1시간을 올라가야할 정도로 험한 곳이다. 풍수선생은 상제봉조이기 때문에 만산이 내려다보이는 높은 곳에 있는 것이며, 더욱이 정감록에서 말하는 10승지 중 하나라는 설명이다.

풍수선생이 찾은 땅은 절에서 상당히 떨어진 곳이기 때문에 어찌어찌하여 상당한 시주를 하고 묘를 쓰는 것을 허락받기에 이른다. 결국 한의사 아버님도 당신이 그토록 원하던 명당에 묻히게 되는데, 워낙 산이 높고 험한 곳이기에 묘소까지 운구할 때 수많은 인원과 재원이 투입되었다고 한다. 그때가 1953년이다. 이 글의 제보자는 이분의 손자이며, 1955년생이다.

한의사 묘소 : 대전시 유성구

한의사는 뛰어난 의술 덕분인지 아니면 조상님의 명당 덕인지 승승장구하여 많은 재산과 명망을 쌓기에 이른다. 한의사 입장에서는 전설적인 조부님 명당 덕이라 생각하며, 한편 자식들에게 더욱 힘을 실어주기 위해서 이제는 자신의 명당을 찾고자 한다.

이러한 소문은 금세 퍼져서 전국의 한다하는 풍수들이 한의원에 들르게 되고 한의사 또한 흔쾌히 그들을 맞이하며 자신의 조부와 아버지가 그랬던 것처럼 전국의 명당자리를 수소문하는 것이다. 그러다가 드디어 자신이 찾는 믿음직한 풍수를 만나게 되는데, 그에게 방을 한 칸 마련해 주고 마음껏 묵게 한다. 철마다 옷을 해 입히고 용돈을 주며 극진하게 대접하기를 3년 드디어 한약방 가까운 유성 땅에서 천하대지를 찾기에 이른다. 팔지 않겠다는 땅 주인을 어렵게 설득한 끝에 당시 시세보다 10배나 많은 돈을 주고 구입해서는 1988년 당신이 그토록 원하던 그 땅에 묻히게 된다.

한의사에게는 자식이 4남 2녀인데 부모님의 전폭적인 지원 아래 모두 훌륭한 교육을 받았으며, 당시로서는 상당한 유산을 골고루 상속받았음이다. 그러나 어찌된 일인지 한의사가 죽고 나서부터는 가세가 급속하게 기울기 시작한다.

장남 왈

"이제껏 50이 넘도록 우리 6남매가 정직하고 성실하게 살아왔다고 자부하는데, 우리 가족에게 이런 시련이 있을 것이라고는 꿈에도 생각하지 못했습니다."

일일이 거론하기 민망할 정도로 6남매 모두에게 동시다발적으로 우환이 잇따르는 것이다. 그러다보니 차츰 형제간의 우애는 멀어진다. 물론 그 많던 재산도 다 날리고 이제는 오히려 많은 빚더미에 올라있는 형편이니 한마디로 집안이 풍비박산 난 것이다. 우선 세 곳을 점검해 보겠다.

한의사 조부모 묘소

이곳은 높은 곳에 위치해 바람이 매우 심한 곳이다. 그래서 묘소는 아무리 잔디를 새로 입혀도 살지를 못하고 묘의 크기는 점점 납작해진다. 장손의 입장에서는 전설적인 옥녀단장의 명당인지 아닌지 그런 것은 둘째 치고 잔디라도 잘 살았으면 좋으련만 이제는 더 이상 손을 볼 여력도 없다. 결국 얼마 전 파묘해 보니 유골은 흔적도 없이 부식되고 말았다. 참고로 잔디가 살지 못하는 것은 대부분 바람 때문에 일어나는 현상이다. 이러한 산 속의 바람은 땅 속 깊은 곳까지 영향을 주기 때문에 묘지 속 백골은 숯처럼 까맣게 되거나 더 심하면 흔적도 없이 부식되고 만다.

한의사 아버지 묘소

이곳의 특징은 큰 암석이 삼각형을 이루는 가운데에 묘를 썼으니 필시 돌을 좋아하는 돌풍수의 작품이다. 그러나 바위가 험해 묘를 핍박하는 형태이다. 더군다나 바위의 색상과 모습도 추하기 짝이 없으니 땅 밑 또한 거칠고 추하며 냉하다는 뜻이다. 당연히 여름에는 물이 스며들어서 춥고 겨울에는 얼어서 춥다. 이곳을 이장할 때 보니 50년 된 유골은 삭아 없어져 한 줌 흙만 옮겨 왔을 뿐이다.

한편 지표에 드러난 바위는 땅 속의 상태를 대변하는 것이다. 바위 색깔이 추하고 모습이 험하다면 땅 기운이 불량한 곳이니 두 번

쳐다볼 필요도 없다. 반면에 터가 따뜻한 곳은 바위의 색상이 갈색이나 자황색을 띠며, 형태 또한 크게 모나지 않는다. 또 풀이나 잔디가 연두색을 띠면 땅의 기운이 양호한 곳이지만, 짙은 녹색을 띤 곳은 습한 곳에서 일어나는 현상이다. 따라서 경험 많은 풍수는 땅에 굴러다니는 돌멩이 하나와 초목의 색깔을 보고도 땅속의 기운을 짐작할 수 있다.

한의사 묘소

한의사 묘소는 주변에 험한 것 없고 양지바른 곳이니 그나마 체백을 보존할 수 있는 곳이었다. 그런데 무슨 심술인지 묘를 쓰고 얼마 후 뒤쪽에 도로가 나면서 능선을 깊게 절단하고 말았다. 이미 가세가 기울고 난 후의 상황이지만, 엎친 데 덮친 격이라 할 수 있다. 결국 3대에 걸친 명당 찾기는 조부 묘를 쓴지 약 60년 만에 철저한 몰락만 가져 왔다.

그러자 제보자는 지푸라기라도 잡겠다는 심정으로 그의 조부와 아버지가 했던 대로 마지막으로 한 번 더 이장을 하기로 결심한다. 실패해도 이제는 더 잃을 것도 없기에 두려움도 없다. 수소문 끝에 경기도 모처에 있는 친구소유의 땅 한쪽을 얻어 부모님 묘를 이장하기로 하였는데, 멀리 앞에서부터 구불구불 물이 들어오는 형세였다. 깊은 산 중에서 나무를 베고 땅을 파보니 토질은 콩가루와 같은 황금빛의 밝고 환한 흙이었다. 기쁜 마음에 부모님을 이장하였지만, 당시는 인부들 작업비도 없어 그마저 친구의 도움을 받을 수뿐이 없었다.

우여곡절을 겪으며 이장을 마친 제보자는 친지의 도움으로 반찬을 만드는 부업을 시작하였다. 1년쯤 지나자 솜씨가 좋다고 입소문이 퍼져 주문이 몰려들기 시작하는데, 처음에는 부부가 부업으로 시작한 것이 주문량이 늘자 동네 아줌마들을 고용해 시장에 납품하게 되더니 그것으로 부족해 아예 허름한 창고를 빌려 10여명을 거느린 식품 가공공장으로까지 확대되었다. 그야말로 눈 깜짝할 사이에 부업이 사업으로 커진 것이다.

제보자가 말하기를 부모님 묘를 옮기고 3년 만에 빚을 다 갚고 무려 100배가 좋아졌다고 말하는데, 묘를 이장한 곳의 물이 묘를 향해 들어오는 땅이기 때문이라고 굳게 믿으면서 새삼 풍수의 위력에 놀라는 것이다. 얼마 전에 만난 제보자는 필자에게 용돈까지 줄 정도로 여유와 웃음을 되찾았다. 그리고 말하기를 베트남에 대규모 농장을 개발해 무와 배추 등의 원자재를 안정적으로 공급할 계획이라고 한다. 그야말로 금시발복한 셈인데, 풍수로 망한 것을 풍수로 재기한 셈이다.

만약 당신이 빨리 부자가 되고 싶다면 물이 들어오는 땅을 구할 것이다.

06

돌아가신 어머니가
약속한 부귀의 땅

충청도 모처에는 예로부터 연꽃이 물에 떨어진 형상의 연화부수 명당이 있다고 알려진 곳이 있다. 마침 그곳은 모씨 소유의 땅이었는데, 모씨의 어머니가 깊은 병중에 계시자 효자인 아들이 어머니의 묘를 미리 마련해야 한다고 생각해 많은 사람을 불러 땅을 찾게 했으나 별다른 소득이 없고 어머니의 병환만 점점 깊어갈 따름이다. 이때 우연히 필자에게까지 연락이 되어 산을 방문했으나 7월 복더위에 숲은 우거지고 푹푹 찌는 열기 때문에 필자 역시 아무런 소득 없이 내려올 수뿐이 없었다.

그러나 모씨의 깊은 시름에 겨운 모습을 보고는 오기가 발동하여 이튿날 다시 그 지역을 둘러보다가 그야말로 우연하게 어느 한 곳을 발견하게 되었다.

아침에 소나기가 잠시 내려 땅이 젖은 상태에서 햇볕이 내려쬐자 유독 한 지점에서 아지랑이처럼 수분이 모락모락 피어오르는 곳이 보였다. 혈처는 따뜻한 온기가 밀집되어 있는 곳이기 때문에 수분이 증발하는 현상이 발생한 것이다. 필자는 순간적으로 심상치 않음을 느끼고 그곳으로 달려가 살펴보니 제법 묘 한 자리 쓸 수 있을 정도의 공간에 통통하게 살이 찐 모습을 하고 있었다. 하지만 온통 나무로 둘러싸여 주변의 형상은 전혀 볼 수가 없었다. 그럼에도 불구하고 이틀간 본 땅 중에서 가장 깨끗하고 안정적인 형세를 이룬 곳이었기에 모씨에게 일러주고 주변을 정비할 것을 일러주었다.

며칠 후 잡목을 정리했다는 말에 다시 그곳을 방문한 순간 필자는 숨이 막힐 정도의 감동을 느꼈는데, 전면에는 아름다운 산이 펼쳐져 있고 앞산에서 시작된 물은 묘를 향해 들어온 후 크게 감싸주며 흐르는 지형이었다. 그야말로 하늘이 감추고 땅이 비밀스럽게 한다는 천장지비의 터로서 과연 이곳이 내가 찾은 곳이 맞는지 믿기지 않을 정도로 아름다운 곳이었다.

이곳이 연화부수형인지는 모르겠지만, 모씨는 이곳에 어머니의 묘를 쓰기로 결정하였다. 그리고 몇 달 후 모씨의 어머니가 돌아가셨다는 연락을 받고 현장을 지휘하는데, 약 2m 깊이를 파자 마치 계란 노른자위 같은 고운 흙으로 형성되었다. 상주는 이제껏 남의 산소 일을 많이 다녀보았지만 그러한 흙은 처음 보았다 하고, 현장에 있던 사람들 모두가 흙을 보관한다며 가방에 담고 있으니 소위 말하는 혈토였던 것이다. 슬픔 속에서도 모씨는 그 땅에 정성껏 어머니 장사를 치루었다.

그리고 며칠 후 연락이 오기를 돌아가신 어머니가 자기 부인 꿈에 나타나셨는데, 돌아가실 때의 모습과는 딴판으로 환한 옷을 입고 밝은 얼굴로 여러 명의 하인을 거느리고 큰 집으로 들어가더라는 것이다. 부엌에는 수많은 사람이 음식을 만들고 있으며, 으리으리하게 큰 집이었다고 한다. 그리고는 어머니가 안방에 앉으셔서 미소를 지으며 자기 부인에게 하는 말이 "부와 귀를 모두 줄 것이다."라고 하면서 금은보화를 잔뜩 던져주더라는 것이다. 깜짝 놀라 잠을 깨니 어머니가 돌아가신지 7일째 되던 날이었다.

새벽에 잠을 깬 부부는 "아마도 돌아가신 어머님이 묘 자리가 편안하신 모양이야"하고는 슬픔 속에도 서로를 위로하며 잊고 있었다.

당시 모씨는 꽤 이름난 회사에서 전무로 있었는데, 그것으로 만족하고 있었다. 오너일가 위주로 운영되던 회사였기에 전무는 자신이 생각하기에 가장 높은 위치까지 왔다고 생각하기 때문이다. 그런데 어머니의 장례를 마친 1년 후 전혀 기대하지 않은 부사장으로 승진하게 되었다. 이는 매우 이례적인 일로 여기면서도 어머님이 꿈에서 하시던 말이 생각나는 것이다. 그리고 다시 2년이 지난 2007년 1월 1일 아침 7시 모씨로부터 감격적인 전화를 받는다.

"선생님 방금 회사에서 연락이 왔습니다. 제가 대표이사가 되었습니다. 어머니가 꿈속에서 말씀하신 그대로 모든 게 이루어졌습니다.

선생님 은혜는 평생 잊지 않겠습니다."

그 후 8년 동안 모씨는 그 회사의 대표이사를 맡고 있는데, 한 사람이 그토록 오랜 기간 대표이사를 한 적은 없었다고 한다. 그리고 필자에게는 명절마다 선물을 보내며 보은의 약속을 지키고 있다.

당신이 빨리 출세를 하고 싶으면 물이 들어오는 터를 구할 것이다.

07

부동산으로 성공하려면
풍수를 알아야

부동산 사업을 하던 박모씨 IMF 여파로 심한 어려움을 겪고 있을 무렵이다. 무엇을 해도 풀리는 일이 없고 점점 은행이자만 늘어갈 뿐이다. 심한 자금난에 허덕이고 있을때 그를 특히 귀여워해 주시던 할머니가 2001년 노환으로 돌아가시자 고향 선산의 할아버지 묘소에 합장으로 장사를 치른다.

박모씨 할아버지는 자신이 태어나기 전에 이미 돌아가셨기 때문에 알 길이 없다. 그리고 묘가 좋은지 나쁜지 풍수에 대한 지식도 없고 다만 자신을 끔찍이 돌보아 주시던 할머니에 대한 기억에 슬프기만 할 뿐이다. 이때 상주들의 숙연함과 침통함을 위로한다고 인부 한 명이 덕담을 하는 것이

"저 앞에서 여러 가닥의 물이 모인 후 묘를 향해 들어오는 것을 보니 금

시발복하는 자리일세.

여보시오 상주님들 돌아가신 할머니 묘에 빗물 들어가지 않게 땅을 단단히 밟아주오.

에헤라 달공! 에헤라 달공!"

할머니 장사를 마친 박모씨 무슨 까닭으로 인부가 물이 들어온다고 했을까 해서 그날 밤 집에서 지도를 보니 실제로 할머니 묘소 800m 앞에서 4줄기의 물이 합수된 후 묘소를 향해 들어와 옆으로 흐르는 형태였다. 참 희한한 물줄기도 있구나 하며 대수롭지 않게 곧 잊어버리고 말았다. 그런데 박모씨 할머니 묘 이후에 조금씩 자금회전이 되기 시작하더니 고향인근에 나온 땅을 싼 값에 살 수 있었다.

할머니 묘소

그리고 묘를 쓰고 정확히 10년이 되던 해 모 대기업에서 박모씨의 땅을 공장부지로 매입하게 되었는데, 당시의 땅값만 200억에 이르는 큰돈이었다. 그야말로 눈 깜빡할 사이에 벌어진 일로서 믿기지 않을 정도였다. 그 후부터는 하는 일마다 대박을 터뜨려 순식간에 수천억의 재산가가 되었다. 그때 풍수의 위력에 놀라운 경험을 한 박모씨는 사업 중에도 틈틈이 필자와 답사를 하며 안목을 키워가고 있다.

부동산으로 성공하려면 반드시 풍수를 알아야 한다고 말하면서...

08

물이 곧게 나가는 땅은
불리하다

이병철회장의 어머니 묘소

이병철 회장의 어머니 안동권씨는 1940년 68세의 나이를 일기로 의령에서 돌아가시자 두 아들 병각과 병철은 마을 인근의 야산에 어머니 묘를 마련한다. 그리고 17년 후 묘 앞에 작은 석물을 세운다.

어머님 가시온지 어느덧 17성상 되나이다. 생전의 높으신 유덕과 깊으신 자애에 도로혀 불효를 저즈른 이 불초자식들이요이다. 망극지은 느끼오며 그 철천의 한 먹음으면서 두 아들 병각과 병철은 삼가 가추지 못한 자그마한 석물 다시 세우나이다. 1957년 9월 24일

그러나 이곳에 묘를 쓰고 23년 되던 1966년, 이병철회장은 사카

린 밀수사건에 연루되어 큰 위기에 직면하게 된다. 당시 사건이 크게 사회문제가 되자 이병철회장은 한국비료 주식의 51%를 국가에 헌납해야만 했다. 어렵게 사태를 수습하고 나서 가장 먼저 한 일은 당시 최고의 풍수사로 이름을 날리던 장용득 선생에게 이곳 묘에 대한 평가를 의뢰하는데, 당시 장용득 선생은 다음과 같이 말한다.

"풍수에서 물은 재물을 의미합니다. 그러나 이곳처럼 물이 곧게 빠지는 곳은 재물이 순식간에 빠지기 때문에 심각한 손해가 있게 됩니다.

또 물소리가 요란하게 들리는데, 풍수에서 물은 재물이지만 물소리는 곡소리라고 합니다. 물소리가 크게 들리는 곳은 바람도 심한 곳이어서 풍파가 심한 땅입니다. 다른 것도 부실하지만, 물 나가는 것이 치명적입니다. 속히 묘를 다른 곳으로 옮겨야 합니다."

묘소

이곳의 지형을 보면 우측 골짜기에서 나오는 물이 요란스런 소리를 내며 흘러오다가 묘 앞에서 직수로 약 1km 빠지는 형상이었다. 묘 좌우에 있는 청룡과 백호는 앞으로 나란히 형태를 하고 있어 물 나가는 것을 막기는커녕 오히려 물 빠짐을 안내하고 골바람을 불러 들이는 꼴이 되었다.

선생의 말이 일리가 있다고 판단한 이병철회장은 그 다음해 1967년 수원에 편안한 땅을 구입해 신속하게 이장을 하게 이른다. 일반인들이 보았을 때는 원시적인 방법 같지만, 문제를 파악하고 적극적으로 대처했던 것이다.

그리고 40년 후 그 결과는 수만 배에 달하는 엄청난 프리미엄으로 돌아와 이제는 명실상부한 세계 최고의 기업이 되었다. 최고경영자부터 전 직원이 각고의 노력을 기울인 것이지만, 그 뒤에는 묵묵히 지원해 주는 땅의 정직함이 있었다. 물론 어느 기업인들 피땀 나는 노력을 하지 않겠는가마는 어느 단계를 넘어서는 것은 사람의 노력만으로는 한계가 있어 보이는데, 새삼 땅의 위력을 짐작할 수 있다.

군왕지지로 불리던 김종필 총재의 선영

2001년 6월, 대선을 1년 앞둔 시점에 충청도 부여에서 예산으로 이장한 김종필총재의 조상묘소가 화제가 된 적이 있다. 시기적으로도 그렇고 이전의 김대중 대통령도 하의도에서 용인으로 조상의 묘를 옮기고 대권도전에 성공한 예가 있어 언론의 비상한 관심을 불러 일으킨 곳이다. 당시 필자는 모 잡지사의 요청으로 현장 인터뷰에 응하게 되었다.

산에 오르자 전국 각지에서 많은 사람이 몰려와 있는 상태였는데, 대부분이 풍수인으로 보였다. 어떤 이는 나침반을 놓고 묘소의 좌향을 측정하고, 어떤 이는 엘로드를 들고 다니며 수맥을 체크하고 있었다. 그리고는 하는 말이

"JP가 드디어 이번에는 대통령이 되겠네."

"묘소 아래 천산 만산이 내려다보이니, 신하들이 도열한 형세일세..."

"그야말로 군왕지지 다운 호쾌한 형상이구먼"

"묘를 쓸 때 큰 바위가 있었다고 하는데, 좋은 땅은 하늘이 감쳐두는 모양이야"

"뒤에서부터 솟구치는 형상이 용이 하늘로 오르는 모습이니 비룡상천의 대지일세"

"뒤쪽을 보니 흙색이 고운 황금빛을 띤 것이 가장 좋은 혈토야. 황제는 노란색의 곤룡포를 입는다고 하는데 드디어 JP가 곤룡포를 입게 생겼어"

잡지사 기자가 필자에게 묻기를

"이곳에 모인 많은 분들은 이곳을 좋게 평가하는데, 선생님께서는 어떻게 보십니까?"

당시 필자는 40대의 팔팔한 나이였기에 답변 또한 거칠 곳이 없었다.

"한마디로 말하면 JP의 정치생명은 오늘로 끝입니다."

"아니 다른 분들은 모두가 천하대지라고 말하는데, 선생님은 어째서 전

혀 다른 말을 하십니까?"

"저 사람들은 묘가 높은 곳에 있어 천산만산이 내려다보이는 화려한 모습에 도취되었을 뿐 가장 중요한 물의 형태를 간과하고 있습니다.

이곳은 물이 묘소 앞으로 길게 빠지는데, 마치 한 방울의 물도 남기지 않을 듯한 모습입니다. 물은 재물과 경쟁력을 의미하지만, 이곳처럼 물이 곧고 길게 빠지면 심각한 일이 일어납니다. 풍수에서 말하기를 터 앞으로 물이 곧게 빠지면 천만금의 재산이 하루아침에 흩어진다고 합니다. 또 가장 꺼리는 땅은 물이 나가는 땅이니 즉시 집안이 패할 것이라고 합니다. 바로 이곳과 같은 물길을 말하는 것입니다.

그리고 좌우의 산이 길게 도열만 했을 뿐 물 나감을 막아주지 못하고 있으니, 신하들의 이탈을 의미합니다. 그러한 까닭에 제가 보기에는 심각한

우려가 예상됩니다.

그것도 빠르게 닥칠 것으로 보입니다."

며칠 후 이곳은 무단으로 산림을 훼손했다고 예산군청으로부터 고발을 당하기에 이른다. 그리고 연이어서 크고 작은 일이 터지게 된다.

2001년 6월 부여에서 예산으로 이장

2001년 7월 예산군청에서 산림훼손으로 고발

2001년 9월 자민련 소속 이한동 국무총리 탈당

2001년 9월 자민련 교섭단체 지위 상실

2002년 11월 자민련 국회의원 3명 탈당

2004년 4월 국회의원선거에서 10선 실패

2004년 4월 정계은퇴 선언

2004년 5월 불법 정치자금혐의로 집행유예 2년 선고

그야말로 순식간에 벌어진 일로서 물 나가는 땅의 전형적인 현상이다. 이러한 땅은 묘 뿐 아니라 집터로도 불리며, 사무실이나 공장 등의 터로도 쓸 수 없다. 따라서 터를 선택할 때는 물의 형상을 세심하게 살펴야 한다. 땅은 정직할 뿐 아니라 용서도 없기 때문이다.

삼미그룹 창업자 묘소

삼미는 3공화국 때에 방위산업체로 지정되면서 고속성장을 하고 1970년 종로구 관철동에 당시로서는 최고층인 31층의 삼일빌딩을 지어 재계를 놀라게 하였다. 그러나 1980년 김두식 회장 타계이후

오일쇼크 여파로 삼일빌딩과 삼미야구단을 처분하는 등 1차위기를 겪게 되며, 그 후 무리한 사세확장과 계속되는 적자로 1997년 그룹이 해체되기에 이른다.

한편 사진을 보고 망인이 교인인데 풍수를 따지나 하고 의아해 할 사람도 있을지 모르겠다. 이해를 돕기 위해서 한 가지 사례를 들어 보겠다.

김대중 대통령은 독실한 천주교 신자였지만 3차례 대권에 실패하자 풍수인 손석우 선생에 의뢰해 목포 하의도에 있던 부모님 묘소를 용인으로 이장하였으며, 동교동 집도 풍수적으로 좋지 않다는 말에 전격적으로 일산으로 이사하고 마침내 대통령에 당선될 수 있었다.

또 개신교 장로인 이명박 대통령의 포항선영 또한 풍수적 조건을 세밀하게 따져 자리 잡았고, 부모님 묘소 또한 고향을 떠나 머나먼 경기도 이천 호법까지 왔을 때는 땅에 대한 확고한 믿음이 있었기에 가능했던 것이다.

이러한 사례는 정치인이나 재벌뿐 아니라 일반 종교인들에게도 많이 볼 수 있는데, 그렇다하여 그들을 이단이라 말할 수는 없다. 풍수는 종교와 무관하며, 자신을 낳고 사랑으로 길러주신 부모님에 대한 최소한의 효라고 생각하면 된다. 그리고 이왕 묘를 쓴다면 망자를 위해서 보다 조건이 좋은 곳에 모시고 싶은 것은 인지상정일 것이다.

각설하고 이곳은 창업자가 50세 무렵에 고령이신 어머니를 위해서 미리 마련해 둔 곳이다. 그러나 김두식 회장의 급작스런 죽음으로 어머니보다 먼저 이곳에 묻히게 되고 2년 후 그의 어머니는 87세를 일기로 아들의 묘 위쪽에 자리하게 된다.

이곳 삼미 창업자의 묘역은 겹겹의 청룡·백호가 길가에 도열해 있으며, 저 멀리 보이는 산은 층층이 웅장한 스케일로 마주보고 있으니 외견상 경치는 아름답기 그지없는 곳이다. 그러나 청룡·백호가 감아주는 흉내만 하는 까닭에 물이 길게 빠지고 있다. 사람들은 이렇듯 화려한 형태에 쉽게 현혹되는데, 물이 곧게 빠지는 곳은 바람도 세차게 불어 풍파가 많은 땅이다.

또 창업자 묘가 있는 지점은 약 50도의 급경사지이다. 일반사람은 묘를 쓰겠다는 엄두도 내지 못할 정도의 가파른 땅이지만, 대기업의 기술과 재력으로는 일도 아니었을 것이다. 하지만 좋은 땅은 반드시 평탄하여 서 있으면 안정적인 상태를 이루어야 한다는 사실을 간과하고 말았다. 결국 삼미그룹의 몰락은 일반상식을 무시함으로서 화를 자초하였다 해도 과언이 아니다. 김두식 회장이나 김종필 총재는 각각의 땅을 선택하면서 최고의 인적·물적 자원을 동원했지만, 한 평의 땅을 얻는 데는 실패하고 말았다. 따라서 망자의 유택은 권력이나 재력과는 무관하다는 것을 새삼 확인할 수 있었다. 얼마전 이곳 6

만평은 모두 경매에 넘어가서 결국 창업자 묘는 화장을 하고 말았는데, 한때 재계를 호령하던 거인이 허무하게 흔적도 없이 사라지고 말았다.

물 나가는 땅은 어떠한 영웅도 실패한다.

이집트, 카이로

아프리카대륙 최대의 도시 카이로는 나일강의 물길이 뿔뿔이 흩어지는 꼭짓점에 위치하고 있다. 그 물이 나일강 삼각주를 비옥하게 하였는지 모르지만, 한 나라 수도의 물길이 그러하다면 국가 경쟁력과 경제력은 문제가 아닐 수 없다. 그 때문인지 카이로는 천년 동안 지배세력의 부침이 심한 곳이었다. 인류 최고의 문명이 발생한 고대 도시로서 수많은 문화유적과 관광자

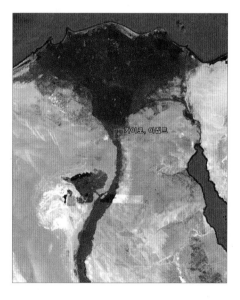
카이로, 이집트

원을 보유하고 있지만, 현재는 1인당 GDP 1,500$의 빈국을 벗어나지 못하고 있으며, 늘 정치적 불안을 안고 있다. 참고로 고대 이집트의 수도는 지금의 카이로가 아닌 나일강 상류였다.

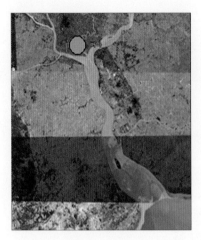

미얀마, 양곤

양곤 강을 비롯한 여러 강줄기가 모여서 인도양으로 빠지는 지점에 위치하였다. 좁은 강폭은 바다로 가면서 점점 넓어지고 있으니 수구가 크게 열린 모습이다. 미얀마는 1989년 이전에는 버마라고 불렸다. 1948년 영국의 식민지에서 독립하였으나 군부가 50년 넘게 정권을 장악하면서 심각한 정치 불안과 경제난으로 어려움을 겪고 있다. 한 때는 세계 최고의 쌀 수출국이었지만, 이제는 아프리카 국가에도 뒤처지는 세계 최빈국으로 전락했다. 미얀마 군부는 계속되는 정치·경제적 어려움을 타개하는 방편으로 2005년 수도를 양곤에서 중부 산악지방으로 옮겼다.

한강 하류

한강이 직강으로 흐르는 상암동 월드컵경기장부터 한강하류까지는 23km에 달한다. 서울과 가까운 곳이라는 지리적 이점이 있지만 선사시대부터 현재까지 단 한 번도 주목받지 못했다. 1990년대 일산 신도시가 생겼으나 생산성 없는 베드타운일 뿐이다.

익산 미륵사지

미륵사는 백제 무왕 때 건립된 대가람이었으나 어느 순간 흔적도 없이 사라지고 말았다. 비슷한 시기에 건립된 불국사와 비교하면 잔존 건물이 전혀 남아 있지 않은 것이 미스터리일 정도로 역사적 기록이 거의 전무한 상태다. 이곳의 지형을 보면 용화산(미륵산)을 배경으로 입지하였지만, 청룡·백호가 길게 나란한 모습으로 뻗어 있다. 즉 청룡·백호가 바람을 막아주는 형상이 아니라 오히려 바람을 안내하는 통로가 되고 말았다. 이 좁고 긴 지형으로 물은 빠지고 바람은 들이치는 불리한 환경을 인지한 백제인은 동고도리에 미륵불을 높이 세워 비보하려 했으나 역부족이었다. 후백제 시대 왕건은 이곳을 궁궐로 삼아 백제의 부흥을 도모했으나 그 또한 실패하고 말았다.

탄금대

임진왜란 초기 신립장군은 이곳 탄금대에서 8천명의 군사로 배수

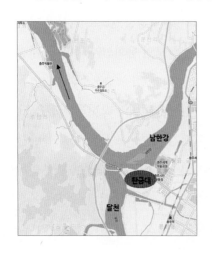

진을 치고 왜군과 전투를 벌였으나 대패하였다. 이에 신립장군은 강에 투신하여 자결하고 만다. 이 사실이 조정에 알려지자 선조는 한양을 버리고 몽진 길에 올랐으며, 왜군은 거침없이 진군하여 한양을 점령하였다. 이곳의 물줄기는 달천강과

남한강이 합수하여 약 6km를 직수로 빠지고 있다.

진주성

1차 진주성 전투는 임진왜란 초기 진주목사 김시민 장군이 3천 8백의 군사로 2만 명의 왜군을 맞아 6일에 걸

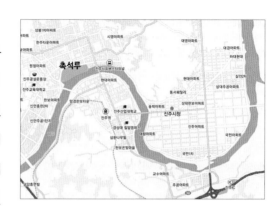

친 전투에서 승리하였다. 이 전투에서 김시민 장군은 전사하지만, 임진왜란의 3대 대첩으로 기록될 정도로 값진 승리였다. 그러나 이듬해인 1593년 5월 왜군은 12만 명의 대군으로 공격함으로서 김천일 장군 등 군관민 7만 명이 전사하고 만다. 이곳 진주성의 지휘부 촉석루는 남강이 반대로 등지고 나가는 곳이다. 우연인지 임진왜란에서 대패한 두 곳의 물줄기는 풍수에서 불리하게 여기는 형태를 하고 있다.

대전 현충원의 명당은?

대전현충원은 문필봉을 조종산으로 옥녀봉을 주산으로 하고 있으며, 계룡산을 태조산으로 삼고 있다. 택리지에 의하면 태조산인 계룡산은 삼각산, 오대산, 구월산과 더불어 우리나라 4대의 역량 있는 큰 터 중 하나라고 한다.

문필봉은 형상이 붓끝같이 되어 있어 유래한 이름이며, 우뚝 빼어난 봉

우리는 불길이 이는 듯하고, 이 불빛이 성역을 두루 비치고 있는 듯하다. 이 문필봉에서 다시 솟구쳐 내려 이룬 옥녀봉은 마치 옥녀가 금 쟁반을 안고 있는 형상을 하고 있다. 이처럼 국립대전현충원의 지형은 명산인 계룡산의 맥을 이어 받은 문필봉과 옥녀봉을 정점으로 병풍처럼 둘러친 좌우능선이 좌청룡·우백호를 이루고 있어 묘역으로 아주 이상적인 명당이라 하겠다. -대전현충원 홈페이지

이곳은 국가원수 묘역, 애국지사 묘역, 국가사회공헌자 묘역, 경찰관 묘역, 순직공무원 묘역, 소방공무원 묘역, 장군묘역, 장교묘역, 사병 묘역, 기타(천안함 용사, 연평도 전사자) 등으로 구획이 구분되었다.

대통령 묘역

대통령 묘역은 상하로 4분씩 총 8분을 모실 수 있도록 조성되었다. 그러나 이곳은 능선이 계속해서 현충탑으로 흘러나가는 지점이다. 풍수에서 말하기를 묘를 쓴 곳이 앞으로 계속 흘러 나가면 기가 빠져나가 불리하다고 하였다. 앞으로 어느 대통령께서 이곳을 이용할지 모르지만, 많은 국민들로부터 존경받고 사랑받아서 추모객이 많은 곳이 되기를 기원한다.

외화내빈의 땅 장군묘역

이곳은 현충원의 가장 윗부분에 널찍하게 위치하였다. 그래서 사

람들은 죽어서도 계급이 있다고 말하기도 한다. 하지만 넓이보다 중요한 것은 위치일 것이다. 그 중에서도 제2장군 묘역은 물이 길게 빠지는 지형인데, 계단식으로 흐르는 물은 약 1.6km가 하염없이 빠지고 있다. 좋은 땅은 물 아끼기를 피 아끼듯 하고 바람 피하기를 도적 피하듯 한다고 하였는바 필자의 눈에는 그리 부러워할 곳은 아닌 것으로 보인다.

실리의 땅 사병묘역

사병묘역은 현충원 입구에 자리하였다. 아마도 이름 없는 사병들이라 하여 소란스럽고 구석진 곳에 배치한 모양이다. 그런데 현충원의 물 빠지는 수구를 보면 모든 골짜기의 물이 이곳에 모여서 빠지게끔 되었다. 즉 사병묘역은 모든 물이 모이는 지점에 위치하여 대전현충원에서 가장 훌륭한 입지가 되었다. 생전의 존귀한 자들을 배려하려던 애초의 의도와는 다르게 땅의 가치가 전혀 바뀌고 말았으니, 세상의 이치는 돌고 도는 세상이란 것을 간과하였음이다. 풍수에서 말하기를 좋은 땅을 얻는 것은 인연에 의한 것이지 억지로 한다고 되는 것이 아니라고 했다.

물水
물길을 알면
부자가 된다

09

물이 등지고 나가는
땅 또한 불리하고

경제력을 의미하는 물은 터를 향해 둥
글게 감싸주어야 좋다고 했다. 그러나 물이 등을 진 형태라면 재물
또한 등 돌린 모습이 되어 불리한 지형이 된다. 라오스 수도 비엔티
안은 메콩강을 경계로 태국과의 경계지역에 자리하였다. 인도차이나
반도 국가들 중 유일하게 바다가 없는 나라여서 강의 물길을 이용하

기 위한 방편이었으나,
강물이 등 돌린 형태이
다. 라오스는 16세기 중
엽 이곳에 수도를 정한
이후 태국, 프랑스, 베트
남, 중국 등의 지배에서

벗어나지 못하고 있으며, 2009년 기준 1인당 GDP는 577달러에 지나지 않는다.

　모 사회단체에서 한강변으로 이주하였다. 단체의 책임자는 불우 이웃을 돕는 사회활동으로 국민들로부터 존경받는 분이셨다. 그러나 이곳으로 온 후 뜻하지 않은 곤경에 봉착해 심한 어려움을 겪게 되는

데, 이곳의 물줄기는 하필이면 한강이 등 돌리고 나가는 꼭짓점이었다. 결국 이곳에서의 활동은 포기하고 다른 곳으로 이전하였다. 단체의 입장에서 보면 늦게나마 다행스런 일이다.

　지방의 어느 산기슭 개천 변에서 음식점을 하는 집이다. 사진 속 풍광을 보면 산과 물이 어우러진 시원하고 전망 좋은 집으로 보인다. 그러나 이곳은 거의 2년마다 업종이 바뀐다고 한다. 어느 때는 매운탕 집이었다가 다음에는 삼겹살집이 되고, 또 다음에는 오리전문 음식점을 하는 등 주인이 수시로 바뀐다는 것이다. 이곳의 물길도 위와 같이 등 돌리고 나가는 꼭짓점에 위치하였다.

10

바닷가 도시는
만이 있어야

바닷가 도시는 일정한 크기의 만을 형성해야 크게 성장하는 것을 볼 수 있다. 대표적인 것이 뉴욕과 도쿄이다. 이들 도시는 크게 만을 형성하여 바닷물이 잔잔한 상태를 이룬다. 반면에 만을 이루지 못한 도시는 물을 가두지 못하여 경쟁력에서 뒤처짐을 볼 수 있다.

뉴욕

인구 2천만 명에 달하는 세계 최대의 도시이자 금융의 중심지로서 미국과 전세계를 리드하는 경제수도의 역할을 한다. 허드슨강과 이스트강이 합류되는 지점에 뉴욕의 심장부 맨하탄이 위치하였으며, 대서양과 만나는 곳에 1,298m의 베라자노 내로우스 다리가 수구막

이 역할을 하면서 뉴욕만의
물길을 가두고 있다. 이곳
에서 두 강의 물길을 일차
적으로 단속한 뒤 다시 천
연적인 만이 바닷물을 모으
는 형태를 하고 있다.

도쿄

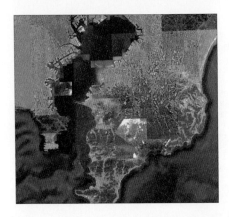

여러 강물이 도쿄만에서
합수되고 있으며, 서쪽의
미우라 반도와 동쪽의 보소
반도로 둘러싸인 천혜의 항
구도시이다. 인구는 1,200
만 명을 넘어 일본 전체의

10%에 달하는데, 지금도 인구 유입현상은 계속되고 있다. 도쿄는 황
궁을 비롯한 국가의 모든 기능이 집중되어 명실 공히 일본의 두뇌에
해당할 뿐만 아니라 국제 금융도시로서 세계경제에도 큰 영향을 미
치는 거대 도시이다. 현재 서쪽의 가와사키에서 동쪽의 기사라즈까
지 만을 가로지르는 다리가 착공되었는데, 이것이 완공되면 도쿄만
의 물은 더욱 물샐틈없이 견고할 것이다. 한때 세계 최강대국 미국과
전쟁을 벌이고 아시아 전체를 점령했던 일본의 저력은 이곳 도쿄만

에 응집되는 물의 힘에서 비롯되었다고 해도 과언이 아니다.

부산

부산은 대한민국 최대의 항구도시에 걸맞게 영도와 내륙이 이어지면서 만이 잘 형성되었다. 특히 부산항대교는 부산항 안쪽의 바다를 잔잔하게 해주었고, 한국해양대학교 아치캠퍼스는 부산 외항의 바닷물을 거듭 막아주는 역할을 하였다.

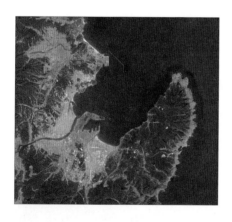

포항

포항 영일만은 호미곶이 길게 빠져나와 큰 만을 이루었다. 이는 동해안 바닷가 도시 중 유일한 곳이다. 만약 호미곶과 영일만에 인공적인 제방이 만들어져 조금만 더 감싸준다면 더욱 크게 발전할 것으로 보인다.

아이티 수도, 포르토프랭스

포르토프랭스는 바닷가에 위치하고 있지만, 만의 형태가 V자 형태로 벌어져 있다. 특히 포르토프랭스를 중심으로 하는 거주 지역은 낮은 저지대에 위치하고 있어 필연적으로 풍수해의 위험이 도사리는

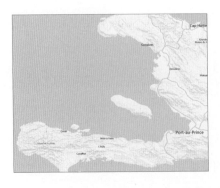

곳으로 쓰나미가 발생하면 도시 전체가 사라질 수도 있는 위험이 도사리는 곳이다. 2010년 1월 아이티의 수도 포르토프랭스에 지진이 발생하여 사망자만 30만 명에 이르는 대재앙이 발생하기도 했는데, 아이티는 중남미 국가 중 가장 가난한 나라에 속한다.

소말리아 수도, 모가디슈
아프리카 대륙 동쪽 끝에 위치하였다. 대부분의 항구도시가 적당

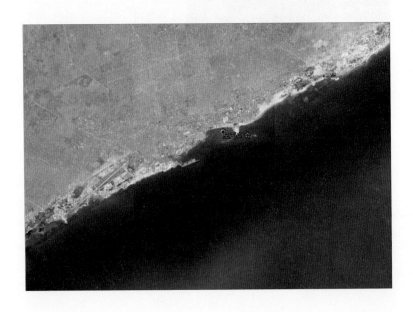

한 크기의 만을 형성하였으나, 이곳 모가디슈는 일직선의 해안선에 있어 물의 단속과 통제가 불가능한 곳이다. 이렇듯 망망대해가 보이는 경우 재물이 흩어지는 것으로 간주한다. 소말리아는 오랜 내전으로 대규모 난민이 발생하여 국제연합이 평화유지군을 파견하기도 했으나 현재까지 전국토를 지배하는 통일정부가 없는 상태로 과도정부와 반군 세력의 대립이 계속되고 있다. 계속되는 내전의 영향으로 아프리카에서 가장 빈곤한 나라가 되어 기아에 시달린다. 특히 인근 바다를 무대로 하는 소말리아의 해적은 국제적 골칫거리로 악명이 높다.

11

지도를 보고
땅을 찾는 방법

요즈음은 인터넷의 지도 서비스가 발
달되어 집에서 전국 어디든 살펴볼 수 있게 되었다. 그 뿐 아니라 구
글 등에서는 3차원 입체 형상으로 산과 강의 모습을 자세하게 점검
할 수도 있다. 그래서 웬만한 것은 컴퓨터 앞에서 살필 수 있을 정도
로 지리에 대한 서비스가 발전되었다. 예전에는 일일이 답사를 하거
나 혹은 높은 곳에 올라가 전체적인 지형을 살펴야 했는데, 이제는
그러한 수고를 크게 줄일 수 있게 되었다. 그렇다고 해서 현장을 가
보지 않아도 된다는 것은 아니다. 주변의 상황과 분위기 등 미세한
부분은 지도에서 알 수 없기 때문이다. 특히 산의 지형은 지도에서
보는 것과는 많은 차이가 있기 때문에 반드시 현장 확인이 필요하다.
하지만 개략적인 물길의 형태를 보는 것은 가능한데, 만약 어떠한 곳

에 대한 정보를 알고자 한다면 우선 지도로 물길을 점검한 후 구체적
인 조사에 들어가면 된다. 단 그 전에 물길에 대한 좋고 나쁨을 정확
히 숙지하는 것이 필요하다.

유리한 물의 형태

물은 크게 굽이쳐 흘러야 한다.

물은 어디서 흘러오고 어디로 흘러가는 것인지 모를 정도로 잔잔
하게 흘러야 좋다.

물이 앞에서 구불거리며 들어오는 형태는 속발한다.

물은 고여 있는 상태를 가장 좋게 여긴다.

물은 감싸주어 포인트바를 형성한 곳이 유리하다.

물은 여러 곳이 모이는 지점이 크게 번성한다.

수구가 잘 막힌 곳은 상류에 반드시 좋은 땅이 있다.

불리한 물의 형태

물이 터 앞으로 곧게 빠지는 것은 가장 나쁘다.

물이 등지고 나가는 곳은 신중할 필요가 있다.

물이 곧게 흐르는 곳은 바람도 강하다.

물이 앞에서 들어오지만 곧게 들어오는 것은 오히려 흉하다.

물이 요란한 소리를 내면서 흐르는 곳은 불리하다.

물이 뿔뿔이 흩어지는 형태는 불길하다.

물에서 냄새가 나거나 물빛이 탁한 것은 흉하다.

수구가 넓게 벌어진 곳은 재물이 모이지 않는다.

들어오는 물 득수는 길고 나가는 물 파구는 짧아야 한다. 득수는

소득이고, 파구는 지출로 생각하면 된다.

물길은 곧 바람길임을 명심하라. 그래서 물이 급하게 흐르는 곳은

바람도 강해서 풍파가 많음을 기억하라.

상해, 푸동

중국 양쯔강(장강) 하구에 있는 세계에서 가장 큰 항구 중 한곳이며, 중국 최대 도시이다. 황포강과 오송강이 만나는 지점에 근래에 푸동신시가지가 형성되어 중국의 금융 및 상업 허브로 급부상하였다. 물길을 활용한 도시개발로 성공한 대표적 사례라 할 수 있다. 황포강이 감싸준 지역을 중심으로 상해 구시가지와 푸동신시가지가 형성되었으며, 특히 동방명주탑으로 여러 강물이 집중되고 있다. 황포강은 동방명주탑 지점의 물길이 역동적인 것을 볼 수 있는데, 물길 그대로 그 지역에 재기발랄한 도시가 형성되었다. 따라서 미래의 상해는 노련함과

젊음이 상존하는 더욱 거대한 도시로 성장할 것이라 짐작할 수 있다.

부여

부여는 백제의 세 번째 수도로서 123년간 도읍지였다. 부여는 이 곳에서 일본에 아스카문화를 전파하는 등 널리 세력을 확장했으며, 백제의 전성기를 구가하였다. 이곳은 부소산(106m)을 중심으로 백마강이 활처럼 에워싸고, 금강 건너편에서는 은산천과 금천이 합수

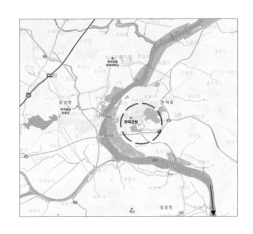

되어 넉넉한 포인트바를 이루었다. 이곳의 물길은 앞에서 본 상해 푸동신시와 흡사한 형태를 이루고 있다. 따라서 지금은 비록 옛날의 영화를 뒤로한 차분한 곳이지만, 언젠가는 다시

큰 도시가 될 것이라 믿어 의심치 않는다. 부여는 이곳 뿐 아니라 세도면 가회리에도 여러 물이 모이는 형태가 되었다. 따라서 이 일대는 잠재력이 풍부한 땅이라 할 수 있다.

난지도, 월드컵 경기장

필자의 고향 난지도는 이전에는 샛강 나루터에서 배를 타고 들어

가야만 했다. 섬은 온통 땅콩 밭이었고, 난지도 남쪽 한강변에는 고운 모래밭이 형성되어 수영을 하며 재첩을 줍던 아름다운 섬이었다. 그렇게 낭만적인 난지도는 1970년대 서울시의 쓰레기 매립장으로 바뀌면서 악취가 풍기고 파리와 모기 등으로 인해 매우 열악한 환경이 되었다. 그러나 쓰레기 매립이 포화상태에 이르고 난지도를 감싸던 샛강이 막히면서 난지도는 더 이상 섬이 아닌 거대한 산으로 변모하였다.

지형이 바뀌고 물줄기가 변하면서 난지도는 대규모 변신을 하게 되는데, 쓰레기 산이 공원으로 바뀌고 월드컵경기장이 들어섰으며, 배후에는 디지털미디어시티가 생기면서 그야말로 눈부신 탈바꿈을 하였다. 이곳의 물줄기를 보면 한강의 북쪽에서 흐르는 홍제천과 불광천이 합류하는 지점이고 한강 남쪽의 안양천이 한강과 합수되는 지점이다. 그리고 한강 하류에는 신곡 수중보까지 만들어져 잔잔한 호수와 같은 물이 난지도 앞에 가득 모여 있는 형태가 되었다. 물이 모이자 사람이 모이는 거대한 도시가 형성된 것이다.

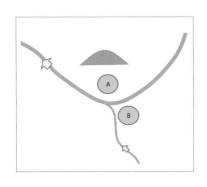

2개의 물줄기

모 지역에 두 줄기의 천이 흐르면서 합수되는 곳이 있다. 지점 A는 두 줄기의 물이 합수된 후 감싸주면서 포인트바를 이룬 지점이다. 특히 한 줄기 물은 앞에서 들어오는 형태가 되었으니 더욱 좋은 형태가 아닐 수 없다. 실제로 A지점은 인근에서 땅값이 가장 비싼 곳이다. 그러나 B지점은 합수된 물이 앞으로 길게 빠져나가는 불리한 형태가 되었는데, 불과 500m 사이로 땅의 성격이 크게 바뀌고 말았다. 따라서 합수된 물이라 해도 내 터에 어떠한 이해관계가 있는지 잘 살펴야 한다.

3개의 물줄기

역시 위와 비슷한 사례이다. A지점은 세 곳의 물이 모여 감싸주는 지형이지만, B지점은 세 줄기의 물이 앞으로 길게 빠지는 형태가 되

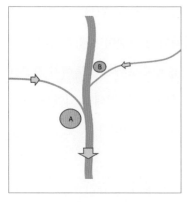

고 말았다. 우연인지 A지역은 넓은 평수의 아파트 단지가 형성되었으나, B지역은 영세한 주택들이 밀집되었다.

4개의 물줄기

경기도 모처의 4줄기 물이 합수되는 지점이다. 그러나 합수는 되었지만, A지점은 약 1.8km를 곧게 흐르고 있다. 그러다가 또한 줄기의 물과 합류한 뒤 B지역에서 넉넉한 포인트바를 이루었다. 여러 물이 모이면서 안정을 이룬 땅이니, 머지않은 장래에 크게 쓰여 질 잠재력이 충만한

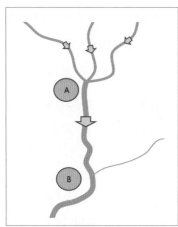

땅이라 할 수 있다. 물이 모이는 곳은 언젠가 크게 쓰임이 있기 때문이다. 현재 이곳은 넓은 논밭이지만, 만약 투자를 한다면 A지점보다는 B지점이 훨씬 유리할 것이다.

이상과 같이 지도를 활용한 땅 찾기는 매우 유용하게 쓰인다. 당신이 어느 곳에 투자를 한다면 반드시 물길을 먼저 살필 것이다.

물 水
물길을 알면
부자가 된다

12

무심한 무심천

청주는 우암산과 무심천이 조화를 이
루고 있는 유서 깊은 교육·문화 도시로서 충청북도의 도청소재지이
다. 통일신라시대에는 지리적 중요성으로 인해 서원경으로 불리었고
고려 우왕 때에는 세계 최고 금속 활자본 직지를 간행한 역사적인 도

| 1895 | 1918 | 2014 |

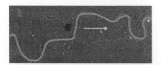

런던

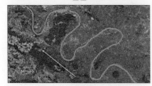

파리

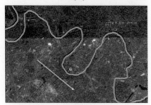

모스크바

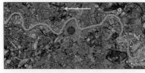

로마

베를린

청주

시이다. 2014년 7월 1일 청주와 청원이 통합하면서 면적은 5배 넓어지고 인구 수는 15만 명 증가한 82만 명으로 전국 시군구 중 7위권으로 확대되었다. 청주의 지세는 우암산을 중심으로 동고서저를 이루고 있으며, 무심천이 남쪽에서 북쪽으로 길게 흐르는 특징을 가지고 있다. 따라서 현재의 청주시는 절반 이상이 무심천 수계에 자리 잡고 있다.

한편 물길은 굽이침이 많을수록 좋지만, 곧게 흐르는 것은 가장 꺼린다고 하였다. 고지도를 보면 조선시대의 무심천은 현재와 같은 모습과 달리 수차례 굽이치는 형태였는데, 이러한 모습은 여느 유서 깊은 도시의 물길과 다르지 않았다. 그러나 무심천은 근대에 들어 여러 차례 공사로 인해 유로가 크게 바뀌었다. 이러한 직강공사 결과 무심천은 남일면에서부터 미호천 합류지점까지 약 14km가 청주시내에서 한차례 만곡에 그치면서 들어오고 나가는 물이 곧게 흐르고 있는데, 무심천이 말 그대로 무심한 형태가 되고 말았다.

　이러한 무심천의 형태는 유속이 빠를 뿐 아니라 바람도 강하기 때문에 청주시 발전을 위해 결코 바람직한 모습이라 할 수 없다. 뿌리가 얕은 나무는 비바람에 쉽게 꺾이듯이 지형조건이 불리한 곳에서는 성장에 한계가 있기 때문이다. 그러나 도시화가 깊숙이 진행된 상태에서 무심천의 옛 모습을 회복하기는 현실적으로 어려운 일이다. 따라서 현재의 도심을 유지하면서 무심천의 유속과 풍속을 저감하는 방안을 제시해 보고자 한다.

무심천 하류에 인공저수지 조성

　천년 동안 마르지 않는 물은 천년 동안의 재물이 된다는 말이 있다. 또 물이 감아준 것은 좋은 형태지만 물이 모인 것만 못하다고 한다. 즉 물은 잔잔하게 고인 상태를 최상으로 여기는 것이다. 이러한 이유로 묘소나 집 앞에는 인위적인 연못을 조성하기도 한다. 도시로서 이러한 사례는 워싱톤 백악관 앞에 타이들 베이슨이라는 거대한 인공호수

일산 호수공원

가 있다. 미국의 수도 워싱톤은 포토맥강과 에너코스티아강이 합류하여 곧게 빠지는 단점이 있지만, 타이들 베이슨은 이러한 결점을 보완하는 역할로서 풍수논리로 보면 비보의 일종인 셈이다. 국내 사례로는 일산 신도시의 호수공원 등이 있다. 이러한 인공저수지를 무심천 하류에 조성하면 다목적 용도로 활용할 수 있고 청주시민들에게 휴식공간을 제공하는 등 순기능을 담당할 수 있을 것으로 본다.

무심천에 수중보를 설치하는 방법

현재의 무심천은 직강으로 인해 유속이 빠르고 수량도 적다. 이러한 무심천에 보를 설치함으로서 물의 흐름을 완화시키고 수량을 풍부하게 하는 방법이다. 이는 1970년대 한강에 수중보를 설치하여 한강의 수위를 높이면서부터 서울이 비약적인 발전을 이룬 선례가 있음을 벤치마킹하는 것이다. 즉 이전까지 한강은 강폭도 좁고 서해안 조수간만의 차로 인해 수량의 증감이 컸으나 수중보를 설치함으로서 강폭을 넓히고 수량도 일정하게 유지할 수 있었다. 비슷한 사례로 춘천 서면은 하류에 의암댐이 생기면서 물의 유속이 완화되고 수량이 풍부해지면서 강변마을 서면에 박사가 집중적으로 배출되었다는 보고도 있다. 이러한 사례는 물길을 바꿈으로서 환경이 크게 개선된 것으로 무심천에도 시도해볼 가치가 있다. 물론 그에 따른 수질오염 문제는 충분한 검토가 따라야 한다.

무심천에 인공 섬 조성

풍수에서 말하기를 섬 하나는 작은 산 만개와 같다고 하였다. 유서 깊은 도시의 사례에서 보았듯이 도심을 지나는 강에는 약 3개의

섬이 있었다. 한강에는 노들섬·밤섬·선유도가 있으며, 평양에는 양각도, 세느강에는 생루이섬, 로마에는 티베리나섬이 있다. 이는 마치 성문

노들섬

을 굳게 지키며 재물의 출입을 통제하는 것으로 풍수에서 매우 귀하게 여긴다.

그러나 무심천은 강폭도 좁지만 물이 빠르게 흐르면서 변변한 모래톱도 형성하지 못했다. 이러한 관계로 무심천의 유

속은 더욱 빠른 것인데, 이것을 보완하기 위해서 무심천의 하류지점에 인공 섬을 조성하는 것이다. 특히 무심천은 하류로 갈수록 강폭이 넓어지면서 수구가 넓게 벌어진 모습이므로 이를 보완할 필요가 있다.

구체적인 위치는 무심천과 미호천 합수지점에 있는 작은 모래톱

을 활용하면 가능할 것으로 보인다. 인공 섬의 형태는 거북이나 물고기가 상류를 향해 거슬러 올라가는 모습이면 되고 평상시에는 시민들의 휴식공간이나 체육시설로 활용하면 일석이조의 효과를 기대할 수 있다. 그리고 이번 기회에 합수지점 일대를 문암생태공원과 연계해 종합 레져타운으로 조성하는 방안도 생각해 볼 수 있다. 물이 모이는 지점은 반드시 사람도 모이기 때문이다.

이와 비슷한 사례로 여주시는 남한강에 강천보, 여주보, 이포보 등을 만들어 남한강의 수량을 풍부하게 함으로서 지리적 조건을 최대한 활용해 관광 자원화하고 있다.

충북도청과 청주시청의 입지

풍수에서는 물의 형태를 우선하지만, 이 모든 것은 주산으로부터의 용맥을 의지했을 때 효과를 극대화할 수 있다. 즉 중요 입지는 용맥의 흐름을 타야함을 강조한 말이다. 용맥이 물끼지 다다르면 당연히 물길이 둥글게 환포하여 Point bar를 형성하게 되는데, 우암산의 정기는 용맥을 따라 성안동에 이르러 꽃을 피우는 형태인 까닭에 청주 읍성은 중앙공원에 위치했던 것이다. 그러나 일제시대에 이르러 읍성은 파괴되고 공원으로 조성된다. 이는 조선을 합병한 일제가 창경궁을 헐고 동물원으로 조성하여 조선왕실을 능멸하려한 경우와 흡사한 경우이다.

한편 산줄기 흐름을 중시한 고려인은 읍성 내에 용두사를 두었는

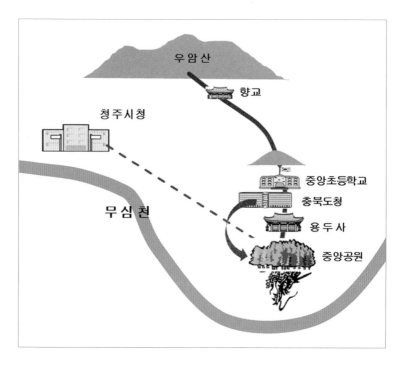

데, 용두사란 사찰명에서 하나의 추리를 할 수 있다. 우암산으로부터 무심천까지 면면히 이어지는 긴 능선을 용이라 본 것인데, 용의 머리가 무심천변에 있으니 이는 마치 목마른 용이 물을 마시려 내려온 듯한 갈룡음수의 땅이 되었다. 하지만 목마른 용이 물을 마시기에는 현재의 도청과 시청은 너무 멀리 떨어져 있다. 따라서 충북도청과 청주시청은 현재의 용두사지와 중앙공원으로 이전함이 마땅하다. 이럴 경우 청주읍성의 역사적 정체성을 되찾을 뿐 아니라 구도심의 슬럼화 현상과 인구감소까지 해소할 수 있을 것이라 본다.

배 모양의 청주시 청사

청주시 청사는 배 모양을 하고 있다. 이는 행주형으로 불렸던 청주의 이미지를 형상화한 것으로 당시로서는 큰 주목을 받았다.

설계자는 풍수지리적 요인을 염두에 두고 설계한 것이다. 하지만 아쉬운 것은 위 그림에서 보듯 청사건물은 우측이 뱃머리이고 좌측이 선미이다. 그 결과 현 청사는 뱃머리가 우암산을 향하고 있다. 그리하여 청주시라는 배가 항로를 잃고 산으로 가고 있는 것은 아닌지 모르겠다. 다행히 청주시 청사는 현재의 지점에 확장 신축한다고 하니 좀 더 신중한 재검토가 요구된다.

이상 살펴본 바와 같이 청주는 무심천의 변화로 일시적 도시화를 이루었는지 모르지만, 우리가 모르는 사이에 잃어버린 것도 적지 않다. 유정하게 굽이쳐 흐르던 무심천, 북풍을 방비하던 봉림, 그로 인한 잔잔한 바람과 여유로운 물길 등은 우리의 기억에서 영원히 사라지고 말았다. 그 대가는 청주의 경제·문화적 침체를 초래했으며, 청주를 상당구와 흥덕구로 편을 가르듯 갈라놓고 말았다. 따라서 현재와 같은 지형에서는 지속적 성장을 기대하기 어렵다.

이러한 갈등을 해소하고 청주가 미래를 위한 새로운 도약을 준비하려면 무심천의 개선은 반드시 이루어져야 한다. 무심천의 개선을 통해 무심한 무심천이 여유로운 물길을 되찾고 차가운 북풍을 방비한다면 직지의 영광을 재현할 수 있다고 본다. 그리고 통합 청주시로 새롭게 발돋움하는 이 시점 충북도청과 청주시청의 입지도 진지하게 재검토함이 필요하다. 일제에 의해 의도적으로 파괴된 읍성을 회복하여 청주의 역사적 정체성을 바로 세우기에는 지금이 최적기이기 때문이다. 결론적으로 이 시대의 무심천은 청주의 위기이자 기회가 된다. 청주시는 무심천과 미호천이라는 천혜의 자원을 긍정적으로 활용할 필요가 있다.

바람을 알면
건강하고
물을 알면
부자가 되며
땅을 알면
귀하게 되고
이치을 알면
실패하지 않는다

03 땅地

땅을 알면 사람이
귀하게 된다

01

할아버지 묘소와
로또 1등 당첨

2004년 9월 중순 S씨는(50세) 추석을
앞두고 할머니 묘소에 아버님과 함께 벌초를 하러간다. 이곳 산에서
S씨가 관리해야할 묘는 고조할아버지 이하 할머니까지 5기가 있다.
간단한 제를 올리고 따가운 햇살에 어머님은 나무그늘에서 쉬게 한
후 자신은 아버님과 함께 묘소를 손질하기 시작한다.

당시 S씨는 25년 동안 한 직장에 종사하여 어느 정도 위치에 올랐
지만, 이제는 구조 조정의 회오리에서 얼마나 더 버틸 수 있을지 하
루하루가 불안하기 짝이 없는 상태였다. 며칠 전에도 다른 부서의 입
사동기가 명예퇴직을 강요당했다 하여 밤늦도록 술을 함께 하며 위
로해 주었던 기억이 난다. 장손의 신분으로 연로하신 부모님 그리고
대학생 남매의 교육걱정에 S씨는 낫을 쥔 손에 맥이 풀릴 지경이다.

이때 불현듯 요즈음 성행하고 있는 로또복권에 생각이 미치자 S씨는 벌초하는 묘소마다 돌아가면서 마음속으로 간절히 기원을 한다.

"할아버지 요즈음 제 처지가 매우 어렵습니다.

제가 집안의 장손으로서 해야 할 일이 많은데 걱정입니다.

할머니! 부모님께 정성으로 효도하겠습니다.

제가 로또에 당첨될 수 있도록 해주십시오.

1등에 당첨된다면 당첨금의 절반은 어려운 친척들을 돕는데 쓰겠습니다."

하루 종일 아버님과 묘소 5기의 벌초를 마친 S씨 지친 몸을 이끌고 집으로 향한다. 돌아오는 차중에서 S씨는 자신이 1등에 당첨된다면 누구누구에게 나누어 줄 것인지 상상을 하니 피곤한 줄도 모른다.

S씨 다음날 출근하면서 어제의 기억을 되살리며 로또를 1만원어치 구입하지만, 결과는 모두 꽝일 뿐이다. 그러나 애초부터 큰 기대는 안했기에 실망도 없다. 그보다 자신이 일주일 동안 마음속으로나마 형제와 친척들에게 덕을 베풀었다는 생각이 들자 오히려 뿌듯한 것이다. 그리고 다시 며칠 후 추석날을 맞이하여 아버님 댁에서 형제 친척이 모두 모여 조상님께 차례를 모시는데, 이번에도 S씨는 차례 상에 절을 하면서 지난 벌초 때와 마찬가지로 기원을 드린다.

"할머니 진실된 마음으로 부모님을 공경하겠습니다.

그리고 형제 친척들도 도울 것입니다. 제가 로또에 당첨되도록 도와주십시오."

추석 연휴가 끝난 다음 주 금요일 S씨는 인근 은행에서 다시 한 번 만원어치의 로또를 자동선택으로 구입한다. 그리고 며칠 깜박 잊고 있었는데, 월요일 오후 친구로부터 흥분된 목소리의 전화를 받는다.

"친구야!

우리가 복권을 산 은행에서 1등이 나왔다고 하더라.

네 것 확인해 봤냐?"

그 말에 비로소 생각나 맞추어 보는데, 소설 속에나 있을 법한 마법 같은 일이 일어난다. 06, 07, 14, 15, 20, 36 실제로 자신의 복권이 1등에 당첨된 것이다.

"할머니!

정녕 이게 꿈이 아니지요?"

당시 1등 당첨자는 모두 9명이며, 세금을 제외한 실 수령액이 11억 원에 이른다. 예전의 몇 백억 당첨금에 비하면 큰 액수는 아니지만, 조상님이 자신의 애틋한 간청을 들어 주셨다는 사실에 전율과 함께 감동의 눈물을 흘린다. 이때 견물생심이라고 자신의 약속을 누가 들

은 것도 아니므로 모른 척하고 있을 수 있겠으나 S씨는 상당액의 당첨금을 애초의 생각대로 어려운 친지들에게 골고루 분배해 주는 것이다. 결코 쉽지 않

은 결정이었을 것인데, 참으로 아름다운 약속이 아닐 수 없다.

2005년 7월 부러운 마음과 풍수적 궁금증이 더해져 그곳을 답사해 보았다. 예로부터 이곳 산에는 선녀가 비단을 짜는 형국의 옥녀직금 명당이 있다는 소문 때문인지 이미 여러 묘가 있는데, S씨 조상묘는 명당과는 거리가 멀고 그저 흔하게 볼 수 있는 평범한 곳이다. 묘소를 아무리 둘러보아도 풍수적으로 단서가 될 만한 것은 없다. 그렇다고 우연의 일치라 하기에는 극적인 상황이고 보니 믿기 어렵지만 조상님과의 영적인 교감이 이루어진 것이라 볼 수뿐이 없는 상황이다. 이때 S씨 말하기를

"약 2년 전만 해도 묘소의 전망이 후련했었는데, 느닷없이 새로운 도로가 건설되면서 논 가운데로 지나고 있습니다. 전보다 갑갑한 형상이 되었는데 묘소에 탈은 없겠지요?"

그 말에 문득 물의 흐름을 살펴보니 도로가 만들어지기 전에는 좌우로 넓게 논이 펼쳐져 있고 물 또한 길게 빠지는 형태였는데, 어쩌면 실마리를 찾은 것인지도 모른다.

"혹시 지난 50년간 경제적으로 어렵지 않았습니까?"

"사실입니다.

3대 독자이신 조부님은(2000년 85세 사망) 판소리를 좋아하시면서 많은 땅을 처분하셨고, 아버님도 안정된 직장을 사퇴하시고 운수사업을 하시다가 큰 낭패를 보셨습니다. 그리고 작은 아버님 두 분은 모두 환갑 전에 사고와 병으로 할아버님보다 일찍 돌아가셨으며, 사촌 형제들 또한 형편

이 여의치 않은 편입니다. 저희들 5남매 또한 여기까지 오도록 숱한 고난이 있었습니다."

대충 들어보아도 고조할아버지 묘 이후로 적지 않은 어려움이 있었음을 짐작할 수 있는데, 아마도 물이 길게 빠지는 모습과 무관하지 않을 것이다. 그런데 2년 전 국도가 논을 가로지르면서 인위적인 백호가 형성되었으며, 수구가 좁게 이루어져 물 빠짐을 단속하는 형태가 되었다. 풍수에서는 이에 대해 다음과 같이 말하고 있다.

"물 빠지는 수구는 매우 중요하다. 수구에 있는 큰 다리, 숲, 사당 등도 길흉에 관계있는 것이므로 혹 수해로 인하여 교량이 손실되거나 또는 나무를 베어 버리거나 사당을 헐어 버린다면 흉한 일이 닥칠 것이다. 반면 수구에 기이한 바위나 모래톱이 느닷없이 생기면 부귀가 갑자기 이를 것이니 수구의 중요함이 이정도이다."

그러나 막상 고서를 인용해 짐작해 보았지만, 그때 그 시점 여러 묘의 많은 후손들 중에서 오직 S씨만의 불가사의한 행운에 대해서는 설명할 수 없다. 실제로 물길이 바뀜으로서 어떠한 영향을 준 것인지, 아니면 조상님과의 영적인 교감에 의한 것인지, 하늘이 S씨의 지극한 효성에 감응한 것인지, 그것도 아니면 단순한 우연의 일치인지 모르겠다. S씨의 끝말이 기억에 남는다.

"아마도 큰 금액이 당첨되었다면 마음대로 돌아다니기도 쉽지 않았을 것입니다. 조상님들께서는 제가 교만해지거나 또는 불편하지 않을 만큼만 복을 주신 것 같습니다. 조상님의 뜻을 잘 받들어 어려운 이웃을 헤아릴

줄 아는 사람이 되도록 노력하겠습니다."

02

좋은 터는 산의
앞쪽에 있다

살아있는 모든 물체는 앞뒤와 면배가 있게 마련이다. 사람의 앞에는 태아를 잉태하고 모유하는 생식기관이 있는 반면, 뒤에는 인체의 찌꺼기를 배설하는 기관이 있다. 따라서 만물을 생육하는 생기가 모인 곳은 앞부분이 된다. 그렇듯이 유기체인 산에도 앞뒤가 있으며, 좋은 땅은 반드시 산의 앞면에서 형성되는 법이다. 그러나 일반 사람들은 산의 앞뒤를 구분하기가 쉽지 않은데, 대체로 아래와 같은 기준으로 보면 된다.

북악산처럼 독립된 봉

구 분	앞(면)	뒤(배)
산의 경사	경사가 완만하다	경사가 급하다
산의 지형	유순하다	험한 골이 많다
물의 조건	여러 물이 모이는 지점	좁은 계곡이 많다
햇빛	일조량 풍부	일조량 부족
바람	바람 차분	계곡풍이 심하다
조망	조망 유리	답답하다
논밭	넓은 논밭	논밭이 좁다
평면형태	오목	볼록

우리의 경우 산 등 부분은 볼록 튀어나온 형태가 되고, 산의 앞부분은 오목한 형태로 마치 비행기 날개의 에어포일과 같은 형태를 이루게 된다. 이때 베르누이정리에 의하면 볼록한 부분에서는 오목한 앞면보다 바람이 빠르게 지나면서 상대적으로 저기압을 이루게 된다. 따라서 산의 뒷부분이 불리하다는 것은 기압차에 의한 이론적 설명으로 가능하였다. 특히 산의 가장자리에서 더욱 바람이 빨라지게 되는데, 현재의 청와대 지점은 자하문 고갯마루와 북악산 등 부분이 합쳐져 바람이 더욱 심한 곳이 된다.

서울에서는 북한산 보현봉을 기준하면 평창동 일대가 산의 앞쪽이 되고, 북악산을 중심으로 하면 삼청동과 성북동이 산의 앞면에 해당된다. 인왕산을 기준하면 청운효자동이 앞면이고, 서대문의 안산을 보면 연희동과 신촌동이 앞면에 해당된다.

남산을 중심으로 하면 용산지역이 앞이 되고, 강남의 우면산을 기준하면 서초동과 방배동이 앞쪽이며, 관악산을 중심으로 보면 봉천동과 신림동이 앞면이 된다. 수락산을 기준하면 상계동, 불암산을 기준하면 중계동 지역이 앞면이 된다. 구리시에 있는 검암산을 보면 동구릉이 있는 인창동 지역이 앞면이다.

한편 지방에서는 이러한 형태를 살펴 여유롭게 터를 정할 수 있지만, 인구가 밀집된 서울 등의 대도시에서는 그러한 것을 따질 여유가 없다. 서울에서는 비록 산 등에 속한 땅일지라도 금싸라기 땅이 되어 지방과는 비교할 수 없을 정도로 비싼 것을 보면 부동산의 가치와 풍수의 평가가 반드시 비례하는 것은 아니라는 것을 알 수 있다. 그럼에도 불구하고 좋은 땅은 반드시 산의 앞쪽 부드러운 면에서 형성된다는 사실은 잊지 말도록 하자.

산의 앞뒤와 면배를 보다 쉽게 구별할 수 있는 것은 산봉우리가 어느 쪽을 바라보고 있는지를 보면 된다. 예를 들면 경복궁과 청와대의 주산 북악산을 광화문에서 바라보면 북악산 봉우리를 오른쪽으로 틀고 있다. 마치 경복궁과 청와대를 외면하는 듯한 모습이다.

용맹한 매가 지키는 터 삼청동

북악산이 다소곳이 바라보는 곳은 삼청동 지역이다. 이곳을 남산에서 바라보면 마치 제비둥지 같은 오목한 형태를 이루고 있는데, 이러한 형태를 소쿠리와 같은 모습의 와혈이라 한다. 마치 그 형상이

용맹한 매가 머리를 고추 세우고 둥지를 바라보는 듯한 모습이다. 삼청동은 터가 다소 좁다는 것 때문에 아직까지 크게 주목을 받지 못했다. 그러나 현 시대는 왕조시대처럼 넓은 공간이 필요 없기 때문에 문제될 것은 없다. 이곳의 지형은 북한산과 북악산 줄기에 둘러싸여 천연적인 은폐와 엄폐가 잘 이루어진 곳이고, 강한 암석으로 이루어진 땅의 성격이 강력한 힘을 표방하기 때문에 국방부와 같은 군 시설이 들어서기에 안성맞춤의 땅이다. 따라서 작지만 강한 나라를 지향하고 주변 강대국들의 간섭에서 자주권을 지킬 수 있는 강건한 땅이라 할 수 있다. 현재 이곳은 이름 모를 군부대가 차지하고 있다.

03

좋은 땅은 주산이
좋아야

오형산의 형태

터의 길흉과 부귀빈천을 보려면 가장 먼저 주산의 봉우리를 살펴야 한다. 주산이 좋으면 이미 절반의 성공을 거둔 것이기 때문이다. 그러나 주산이 없다면 정상적인 맥을 받지 못한 곳이거나 계곡이기 때문에 바람을 막는데 불리할 수뿐이 없다. 이때의 봉우리는 대개 목·화·토·금·수 다섯 가지로 구분하는데, 각각의 산이 바람을 막는데 어떠한 영향을 주는지 살펴보자.

목형산은 마치 엄지손가락을 추켜세우듯 우뚝한 모습이다. 그 모습이 맵시가 있지만, 필연적으로 좌·우측은 V형의 깊은 고갯마루를 이루게 된다. 따라서 단순히 바람을 막는다는 측면에서 보면 오형산 중에서는 불리한 형태가 된다. 대표적인 형태가 북악산과 인왕산 사이 자하문고개를 들 수 있다.

화형산은 깊고 낮음이 예리한 모습을 띠고 있어 요풍의 발생이 가장 심한 형태다. 설악산, 관악산, 월출산 등과 같은 모습으로 명승지로서의 조건은 좋으나 주거지로는 마땅치 않다. 큰 산 밑에 마을이 형성되지 못한 이유인데, 이렇듯 크고 험한 산에서는 멀리 진행되어야 집터로서 가능하다.

토형산은 마치 병풍처럼 길게 늘어서 있는 형태로서 바람을 막는다는 측면에서 보면 가장 좋은 모습

이다. 그러나 토형산은 많지 않은데, 옥천에 있는 육영수여사 생가터 뒤에 토형산이 있다. 이 집은 일제시대 때 육종관씨가 당시 3만원이라는 거금을 주고 산 집이라고 하며, 그 이후 육영수여사가 이 집

에서 태어나게 된다. 이러한 토형산은 길게 이어져야 좋다. 만약 짧고 높다면 목형산과 흡사하여 또 다시 양옆은 깊은 고갯마루를 이루기 때문이다.

금형산은 종을 엎어 놓은 것과 같은 형상이니, 금형산의 중심점에 입지하였다면 등 뒤의 바람을 막는데 문제될 것이 없다. 그러나 금형산의 양쪽 측면에 이르면 다시 U형을 이룰 것이므로 주의가 필요하다.

수형산은 잔잔한 물결치듯 완만하고 유연한 형상을 말한다. 비록 크게 두드러지는 형상은 아닐지라도 바람을 막는 데는 유리한 형태

다. 한편 산이 부드럽다는 것은 주변의 바람 또한 잔잔하다는 것을 의미한다. 반면 바람이 센 곳은 화형산처럼 거칠고 험한 것이 특징이다.

이상 보았듯이 등 뒤의 바람을 막는다는 측면에서 보면 토형산, 수형산, 금형산이 유리하고, 화형산과 목형산의 형태는 고갯마루나 날카로운 계곡지형을 만들어 불리한 것이다. 가장 이상적인 형태라면 중심은 금형체에 좌우는 수형체로 이루어진 것이라 할 수 있다. 우뚝한 힘이 있을 뿐 아니라 바람을 막는데도 탁월하기 때문이다.

오형산의 성격

이번에는 오형산의 성격을 살펴보겠다. 간략하나마 산의 성격을 알아야 그 땅이 품고 있는 기운을 알 수 있기 때문이다.

목형산은 나무처럼 우뚝한 모습이기 때문에 반듯하면 크게 이름을 떨치게 된다. 그러나 삐딱하면 마음도 바르지 못한 고집불통이다.

화형산 불의 성정은 쇠를 녹이고 나무를 태우며, 물을 끓여 없애고 흙을 사막으로 황폐화 시킨다. 일어날 때는 불꽃같이 흥하지만, 망할 때는 불꽃처럼 흔적도 없이 사라지니 속성속패의 땅이다. 이러한 화형산에서는 멀리 지나서 곱게 살을 벗어야 좋은 터를 마련할 수 있다. 대표적인 화형산 관악산은 우면산을 지나 한강까지 길게 진행하면서 수차례 탈바꿈을 하고 나서야 압구정동의 좋은 터를 만들 수 있었다.

토형산의 흙은 대지이니 모든 만물을 포용해 준다. 또 흙은 어머니의 품속같이 편안하며, 성품 또한 중후하고 인자한 곳이다. 그래서 발응은 더디지만, 가장 오랫동안 발복을 유지해 주는 대기만성의 땅이다. 풍수에서는 드문 까닭에 지극히 귀하게 여긴다.

금형산은 마치 감투와 투구를 쓴 것 같은 형태이기 때문에 벼슬을 하거나 무인의 기질이 있다. 또는 노적봉이라고 해서 큰 부자가 나기도 한다. 그러나 금형산이라도 반듯하지 못하면 탐관오리가 되거나 포악한 기질이 된다.

수형산은 흐르는 물과 같이 행동이 모가 나지 않으며, 쓰임에 따라 형태를 달리하는 특성이 있다. 즉 수형산은 처세술이 능한 성향이라 할 수 있다. 반면 고인 물에서는 악취가 나듯 음란하고 주색을 좋아하는 기질이 있다.

한편 장수마을의 연구에 의하면 장수마을은 공통적으로 산세가 험하지 않은 지역에서 배산임수를 기본으로 산의 앞쪽 면에 위치했으며, 산이 적절하게 감싸준 곳이었다. 그리고 마을 뒷산의 생김이 바위가 많고 험한 화형산은 한 곳도 없다고 밝히고 있다. 즉 장수마을 뒷산은 대체로 둥글고 포근한 느낌의 흙이 두터운 산이라는 것이다. 따라서 건강하게 장수하려면 우선 마을 뒷산이 좋은 터를 골라야 한다. 백재권, 「장수마을의 풍수입지 연구」, 동방대학원대학교 박사학위 논문, 2011.

04

산이 무너지면 사람에게
슬픈 일이 생긴다

풍수에서는 산이 무너지면 사람에게 슬픈 일이 닥친다고 한다. 또 홀연히 산이 무너지는 것이 보이면 반드시 우연한 화가 생긴다고 한다. 요즈음 들어 무분별하게 석산을 개발하는 일이 많은데, 마을 인근에서 이러한 산의 파괴는 자제되어야 한다.

용문읍 석산

1970년부터 마을 건너편 산이 석산으로 개발되면서 평온하던 마을은 소음과 진동 분진 등으로 갑작스럽게 열악한 환경이 되었다. 그러자 주민들은 심한 스트레스에 시달리게 되고, 바로 그 무렵부터 마을에는 우연한 사고와 사건 등으로 많은 사람이 죽거나 다치게 된다.

전 이장 박모씨 증언에 의하면 특히 농약을 마시고 자살한 사람이 부지기수라고 한다. 물론 이 수치는 예전의 평균 사망률에 비해 몇 배나 높은 것으로 마을 사람들은 그 원인이 석산 때문이라 짐작하지만, 당시의 서슬 퍼런 시대상황에서는 항변조차 못했다고 한다. 2008년 7월 17일 SBS 미스테리추적 프로그램에 이 마을의 사연이 방영되기도 하였다.

온양 설화산

위 용문과 비슷한 경우로서 이곳도 석산이 개발되면서 바로 아래 위치한 마을 사람들 10여명이 죽거나 다치게 되자 석산과 마을 사람들 간에 법정공방으로 이어지게 된다.

양주의 참사

2002년 6월 온 나라가 월드컵 열기로 들썩일 때 두 여고생 효순과 미선이 훈련 중이던 미군 장갑차에 의해 목숨을 잃게 되는 끔찍한 사고를 접하게 된다. 사고 직후에 그 마을을 둘러보니 뒷산을 흉물스럽게 절개하는 공사가 한창 진행 중이었다. 현재 그곳은 폐차장으로 쓰이고 있다.

진주시 대곡면 중촌마을

여느 시골과 다름없는 평온하던 마을이 1991년과 1992년 2년 동안 멀쩡하던 동네 사람들 30여명이 잇따라 죽는 변괴가 벌어진다. 200명에 불과한 마을이기에 한 집 건너 줄줄이 초상이 나는 것이다.

갑작스런 죽음의 공포에 마을에서는 굿을 하기도 하였으나 사고는 계속되었다. 마을사람들 표현에 의하면 때 아닌 우박에 풋과일이 떨어지는 것처럼 사람이 죽어 나갔다고 한다. 그런데 그 시기를 알아

보니 마을에서 정면으로 바라보이는 산이 파헤쳐지면서부터 죽음의 공포가 시작되었다고 한다.

　이를 괴이하게 여긴 인근 마을의 풍수사가 진단해 보니 앞쪽의 석산은 호랑이를 닮은 형국인데, 호랑이가 석산으로 파헤쳐 지면서 다치게 되자 화가 난 호랑이가 행패를 부리는 것이라고 한다. 그리하여 호랑이를 제압할 수 있는 것은 코끼리이므로 코끼리 동상을 석산을 향해 세우면 될 것이라 해서 마을에 코끼리 동상을 세웠다. 그리고 석산측에서는 발파지점을 옮기고 파헤친 산에 나무를 심는 등 성난 인심을 달래려 했다. 마을 사람들은 그것으로 문제가 해결되고 죽음의 공포가 끝난 것으로 생각했지만, 그 이후에도 마을 구판장에 차가 들이닥쳐 5명의 사상자가 발생하는 등 우환은 계속되고 있다. 이 내용은 2006년 8월 MBC TV특종 놀라운 세상에서 방영되었다.

도로절개

　편안하던 마을에 예상치 못한 큰 도로가 생기면서 마을까지 이어지는 산줄기를 무참하게 끊어버렸다. 그러자 마을에서는 갑자기 사람이 죽고 다치는 일이 무수히 벌어진다. 어디서부터 어떻게 손을 써야 할지 모르는 상태에서 마을주민들은 도로건설을 찬성한 사람과 반대한 사람 간에 다툼이 벌어지고 갈등이 생긴다. 특히 이곳 마을에서 오랫동안 풍수일을 하던 사람은 자신이 경고했는데, 자기 말을 듣지 않았기 때문에 이러한 일이 벌어졌다고 분개한다.

묘소의 능선이 도로로 잘린 집

충청도 모처에 사는 어린 남매는 부모님이 일찍 돌아가시자 삼촌 밑에서 어렵게 공부를 마치고 제과점에서 일을 하며 근근이 지내고 있었다. 세월이 흘러 1970년대 중반 그 삼촌은 당시 서울의 유명한 풍수선생에게 풍수를 배우던 중이었는데, 어린 조카들의 앞날이 걱정되어서 자신의 스승께 조카들 부모 묘를 옮겨달라고 부탁을 한다.

"OOO선생님! 큰 욕심 바라지 않습니다.

그저 저희 조카들 밥이나 먹고 살 수 있게끔 도와주십시오."

자신에게는 친 형님 묘를 부탁한 것이니, 삼촌의 마음 씀이 참으로 고마운 일이 아닐 수 없다. 그러자 풍수선생은 모처 외곽에 있는 공동묘지 중 한곳을 골라 묘를 옮겨주었다. 그 터는 용맥이 두툼하게 내려온 끝 지점에 맥이 잘 뭉쳤다는 소리를 들을 만큼 넉넉한 터였다. 그리고 산 밑에는 큰 저수지가 있어 물이 가득히 고여 있는 형상으로 비록 공동묘지였지만 인근 산에서 가장 좋은 곳이라 해도 과언이 아닐 정도의 땅이었다. 참고로 좋은 묘 자리를 찾는 것은 산 능선 중에서 어느 지점이 가장 통통하게 살이 찐 곳인가를 찾는 것이다.

마치 임산부의 배처럼 능선의 좌우가 두툼하게 살이 찐 곳은 기가 뭉친 곳으로 간주하기 때문이다.

묘 자리가 좋았던 탓인지 그 후 남매는 풀빵장사부터 시작한 것이 점점 크게 확대되어 고향에서 유명한 맛 집을 운영하기에 이른다. 그리하여 묘를 옮긴지 30년 만에 빌딩을 몇 채 소유할 정도로 큰돈을 벌어서 갑부가 되었다.

그런데 몇 해 전 묘소 앞으로 4차선 도로가 만들어지면서 묘소의 백호 쪽 산이 크게 훼손되고 절개된 것이 흉물스럽게 보인다.

그 지역의 풍수가 그것을 보고 갑부의 지인에게 말하기를

"묘소의 백호가 저렇게 파헤쳐지면 필시 금전적으로 좋지 못한 일이 생깁니다. 매사에 조심하시기를 말씀드려 주십시오."

"바둑에 대마불사라는 말이 있어요. 그 분은 지역 유지이자 엄청난 갑부로서 웬만한 일로는 꿈적도 하지 않으니, 그런 걱정은 접어두세요."

당시 남매 중 오빠는 모 지역의 재개발 조합장을 맡고 있었는데, 어떠한 문제로 소송에 휘말리게 되었다. 그런데 사소한 문제로 금방 끝날 것 같던 소송은 걷잡을 수없이 진행되더니 급기야 자신의 소유 건물이 모두 압류되기에 이른다. 도로로 인해 산이 잘리면서 불과 몇 년 사이에 일어난 이 일은 현재까지도 진행 중이다.

풍수로 시작해서 큰 갑부가 되었으나 뜻하지 않은 풍수의 변수로 곤욕을 치르고 있는 것인데, 산이 무너지면 사람에게 우환이 생긴다는 것이 헛말이 아니었다.

05

기러기가 날아가는
땅의 비극

경북도청이 들어서는 안동시 풍산면 호민지(여자지) 저수지 뒤편에 자리한 경주최씨 묘소는 도청이전으로 인해 부득이 이장을 해야 하는데, 한 집안의 선영이 고스란히 남아 있어 조상의 묘소가 후손에게 어떻게 영향을 미치는지 길흉화복을 추리할 수 있는 곳이다.

의뢰인의 고조, 증조, 조부모 묘소

좌우 능선이 V자로 갈라지는 지점에 3대가 함께 모여 있다. 그야말로 좌청룡 우백호만 아는 전형적인 돌팔이 반풍수의 작품으로 어둡고 습하며 음침한 것이 이루 말할 수가 없다. 의뢰인이 어렸을 때의 기억으로는 어린마음에도 왜 이런 골짜기에 묘를 쓸까하고 의아

해 했다는 것이다. 그
러나 집안 어른들은
바람을 막아주는 아
늑한 곳이라며 좋아
했다고 한다. 그 후
의뢰인의 5남매는 이
곳의 증조와 조부 묘 이후에 태어나게 된다.

의뢰인의 어머니 묘소

이곳은 안동에서 지관 활동을 하던 의뢰인의 아버지께서 20년 전
에 인근 지역의 지관 4명과 경합을 벌인 끝에 40평을 고가에 매입한

땅이라고 한다. 터의
주변에는 문필봉과
노적봉이 어우러지고
호민지(여자지)에서
는 기러기가 무리지
어 날아가는 모습이

장관을 이루는 땅이다. 인근의 이름난 지관 4명이 서로 탐을 낼 정도
였으니 최노인은 하늘로 웅비하듯 집안이 일어날 것이라 믿어 의심
치 않았다. 그리고 이 땅에 자신의 부인이자 의뢰인의 어머니가
2004년 70세로 돌아가시자 최노인은 황망한 중에도 자신 있게 묘를

썼다. 그런데 묘를 쓰고 3년 뒤부터 우환이 시작되는 것이다.

2004년---최노인 처(의뢰인 어머니) 죽음

2007년---작은 아들 46세의 젊은 나이에 간경화로 죽음

2012년---큰 아들 55세에 간암으로 죽음

2012년---막내 딸 이혼 후 심장병으로 투병 중

2남 3녀 중 졸지에 두 오빠를 잃고 막내 동생까지 어려움에 처하자 가운데 두 딸은 아버지가 그토록 심혈을 기울인 어머니 묘소에 비로소 의문을 갖게 된다. 기러기가 날아오르듯 번창하는 땅이라면 어째서 집안에 우환이 그치지 않는 것인가?

아버지가 돌아가시면 이곳 어머니 묘에 함께 모셔야 하는가?

혹 자신들에게도 불행의 그림자가 드리우는 것은 아닐까?

심란한 마음에 점집을 찾으니 어머니 묘소 옆에 미리 장만해 둔 아버지의 신후지지가 탈이라는 말에 어렵게 필자와 동행하게 된 것이다.

필자가 보는 이곳의 지형은 다음과 같다.

• 묘소 뒤에 주산과 용맥이 없는 V형으로 바람이 많은 곳이다.

• 청룡·백호는 앞으로 나란히 하듯 길게 뻗어 도망간다. 그리고 그 사이로 물이 곧게 빠지고 있다.

"이러한 곳은 묘소 바로 뒤편이 허해서 장남에게 불리하며, 바람이 세서 풍파가 많은 곳입니다. 그리고 물이 곧게 빠지기 때문에 금전적 손실도 클

수밖에 없습니다.

따라서 이러한 곳에는 묘를 써서는 안 됩니다."

의뢰인의 아버지(78세)께 이와 같이 설명하자 노인은 4명의 이름 난 지관이 이구동성 좋은 땅이라고 했는데 믿을 수 없다며, 자신이 죽은 뒤에 이곳에 묻힐 것을 고집하신다. 자신의 두 아들을 잃는 아픔을 겪었음에도 자신의 생각만 고집하는 아버지를 바라보는 두 딸은 어찌할 바를 모른 체 발만 동동 구를 뿐이다.

필자가 보기에 이 집의 우환은 고조 · 증조 · 조부 묘에서 이미 싹트기 시작했다. 맥이 없는 음습한 환경은 후손들의 건강에 그대로 영향을 주었을 것이다. 그리고 어머니 묘소는 엎친 데 덮침을 최종 확인시켜 주는 최후통첩이었다. 그럼에도 최노인의 청룡 · 백호 타령은 변함이 없다.

어이할거나

어이할거나

땅을 알면 사람이
귀하게 된다

06

잉어명당의 미스터리

충청도 인근에 조선시대부터 조성된
김모씨 묘역이 있다. 묘역의 우측 골짜기에는 작은 샘이 있어 사시사
철 물이 마르지 않고 흐르는데, 이 물은 묘역 앞에서 작은 저수지를
형성하여 늘 물이 맑고 수량도 넉넉하였다. 저수지에는 잉어가 많아
김모씨 묘역은 잉어명당으로 불리게 된다.

이곳의 지형은 앞쪽의 수구가 길게 열려 자칫 물이 곧게 빠지는
지점이었지만, 다행히 천연방죽이 물을 가두어 줌으로서 김모씨 가
문은 이곳에 묘를 쓴 후 비록 큰 벼슬은 없어도 꾸준하게 지역에서
권세를 누리고 있었다.

그러던 어느 날 인근을 지나던 스님 두 분이 묘소 옆을 지나면서
하는 말이 이곳은 우측에서 시작된 샘물이 방죽에 쌓이면서 발복이

있는 것이므로, 샘물을 잘 관리해야 한다고 말하는 것을 숲에서 나무를 하던 그 집 하인이 듣게 되었다. 그러나 그 하인은 평소에 주인집의 인색함에 앙심을 품고 있던 처지라 그 말을 주인에게 거꾸로 전한다.

"제가 오늘 낮에 큰 산소 옆에서 나무를 하는데, 스님 두 분이 하는 말이 샘물의 물길을 반대로 바꾸면 더 큰 재물과 벼슬이 잇따를 것이라고 하더군요"

그 말을 들은 김모씨는 그날로 즉시 샘의 물길을 반대로 돌리게 되었다. 그러자 그 하인은 일을 마친 후 속으로 쾌재를 부르며 야반도주하였다. 샘의 물길을 돌리자 묘소 앞 방죽은 점차 물이 말라가더니 급기야 허연 바닥을 보이고 그 많던 잉어도 모두 죽고 말았다.

바로 그 시기부터 김모씨 집은 뜻하지 않은 구설수에 올라 벼슬과 재물을 급속하게 탕진하고 가문이 쇠락하기 시작하였는데, 가까이 거느리던 하인 한명의 믿음조차 얻지 못한 대가로 혹독한 시련을 맞고 말았다.

그 후 많은 세월이 흘러 이곳 후손 중 □ □씨는 곧 장성진급을 눈앞에 둔 전도유망한 군인이었다. □ □씨 조부 묘가 이곳 묘역의 한쪽에 있는데, 1982년 10월 갑자기 □ □의 아버님께서 조부 묘를 옮기겠다고 하신다. 옮기려는 이유는 선대보다 묘가 위쪽에 있어 조상님께 누가 된다는 것이다. 그러나 작업을 의뢰받은 △△△씨는 다른 명문가도 역장의 형태가 많을 뿐 아니라 묘소가 위치한 지점은 선대 묘소의 능선과 다른 별개이므로 전혀 문제되지 않는다고 설득하였지만, □□씨 아버지는 막무가내로 이장을 강행하였다. 그러자 할 수 없이 봉분을 헐고 횡대까지 접근하고 보니 소나무로 얼기설기 덮은 횡대는 마치 망자를 끌어안고 보호하려는 듯 신비스럽게 거미줄처럼 얽혀있었다. 경험 많은 △△△씨가 이상한 느낌을 차리고 다시 한 번 만류하였으나 자신은 독실한 기독교인이며, 풍수를 믿지 않는다고 하신다. 그리고 당신의 아버지 묘를 쓸 당시에 매우 가난하여 지관을 청할 입장도 못되었고 수의조차 장만하지 못해 망인이 쓰던 이불에 말아 나무꾼이 쉬던 곳에 묘를 쓴 곳이라며, 자식들 출세는 이곳 묘와 무관하다고 역정을 낸다. 이 광경을 지켜보던 □□씨와 그의 막내 동생은 멀쩡한 묘를 굳이 이장하려는 아버지를 설득하였으나 도저히 고집을 꺾을 수 없었다.

□□씨 아버지의 채근에도 일꾼들이 머뭇거리자 보다 못한 □□씨 막내 동생이 광중에 뛰어들어 곡괭이로 횡대의 한편을 들추자 갑자기 흰 기운이 강하게 솟구치는 것이었다.

잠시 후 광중 속을 들여다보니 백골을 둘렀던 이불은 흔적도 없고 황금 같은 백골이 깨끗하게 보존되어 있었다. 찬바람이 불던 계절 광중 속에 응축되었던 따뜻한 기운이 빠지면서 온도차에 의해 연기처럼 보였던 것인데, 사람들은 이 현상을 보고 학이 날아갔다느니 기가 빠졌다느니 말하는 것이다.

아래 사진이 파묘 터이며, 이곳은 이 과정을 처음부터 지켜보던

이웃 친척이 그날 밤 바로 차지하였다. 우여곡절 끝에 묘역의 가장 아래 구석진 곳으로 □ □조부의 이장을 마친 가족은 다음날 기분전환을 위해 새벽 일찍 낚시를 가기로 하고 저녁 8시에 헤어진다. 그런데 다음날 새벽 4시경 깨우러 가보니 어처구니없게도 □ □씨 아버지가 의문의 죽음으로 발견되었다.

주검에는 어떠한 외상이나 단서가 없으며, 옆방에서 잠을 자던 다른 가족들도 전혀 낌새를 알지 못했다고 한다. □ □씨는 이러한 일련의 일들이 조부 묘소의 무리한 이장 탓이라 생각되지만 이미 엎질러진 물이었다. 졸지에 아비를 잃은 □ □씨는 아비의 묘를 전날 이장한 조부의 묘소와 나란히 쓰고 겨우 마음을 추스르며 아비의 삼우제를 치르는데, 이번에는 그날 밤 막내 동생이 심장마비로 갑자기 죽는 변고가 일어난다. 막내 동생은 조부의 묘를 이장할 때 관을 들추던 그 사람으로 조부의 묘를 이장하고 불과 일주일간 벌어진 청천벽력 같은 일이었다.

그 후 엎친 데 덮친 격으로 □□씨는 장성진급 심사에서 탈락하자 그 길로 군복을 벗고 사업을 시작했으나 하는 일마다 실패하였다고 한다. □□씨 조부와 아비의 묘는 이곳 묘역 한쪽에 지금도 나란히 있다.

이상한 점은 조부와 아비의 묘 뒤에는 날카로운 바위가 정확히 조부 묘소를 향해 겨누고 있는데, 조부의 묘를 이장할 당시에 이 험한 바위는 흙에 덮여 보이지 않았으나 어느 순간부터 노출되어 흉하게 보인다. 편안히 계시던 조부가 느닷없이 험한 바위 아래로 오면서 연속적으로 발생한 일로 마치 소설속의 한 장면을 보는 것 같다.

07

욕심은 화를 부르고

지방에서 조경업으로 큰돈을 번 김모 씨가 있었다. 그러나 잘 나가던 사업에 자신을 갖고 중국으로까지 사업장을 확대했으나 그만 투자를 잘못해 무일푼이 되고 말았다. 귀국해서 돌아온 김모씨 곰곰이 생각해보니 자신의 이러한 불행이 조상의 묘 때문이라 생각이 들자 인근에서 이름난 지관에게 부모님 묘에 대한 감정을 의뢰한다. 그러자 지관 하는 말이 이곳은 물이 차는 흉지이니 자신이 보아둔 국유지로 옮기라고 권유한다. 국유지이므로 산을 매입하지 않아도 되고 명당이라는 말에 욕심이 발동한 김모씨 그 길로 부모님 묘를 국유지로 옮긴다.

그러나 물이 찼을 것이라는 우려와는 달리 부모님 묘는 양호한 편이었다. 한편 국유지는 남 몰래 암장하는 것이므로 장비도 사용하지 못하고 조심조심 작업을 할 수 밖에 없는데, 땅을 파보니 강한 암반이 깔린 곳이어서 겨우 겉흙만 걷어내고 묘를 쓸 수뿐이 없었다. 그래도 지관은 5년 이내에 수십억의 재산을 벌 수 있는 대명당이니 아무 염려 말라고 큰 소리 치는 것이다. 그 말에 잔뜩 기대에 부푼 김모씨는 멀쩡한 증조부와 조부님 묘소까지 이곳 국유지로 옮기게 된다. 모든 조상님이 한 곳에 있으면 좋은 터의 기운으로 불같이 일어날 것이라는 생각을 한 것이다. 조부님 묘를 파묘할 때 보니 유골이 누런 황골로 좋은 상태였는데, 새로 옮긴 곳에서는 땅속에서 물이 나 어쩔 수 없이 비닐을 깔고 모실 수뿐이 없었다고 한다. 그래도 김모씨는 지관의 말만 철썩 같이 믿고 다른 사람의 우려는 묵살한 체 모든 작업을 독단으로 처리하였다.

그러나 2년 후 들려온 소식은 김모씨 급작스럽게 간경화가 와서 병원에서 치료받다 52세의 나이로 죽고 말았다고 한다. 그 시기도 국유지로 이장을 한 직후부터라고 한다. 김모씨의 장사를 치룬 가족은 묘를 잘못 이장한 탓이라 생각해 국유지에 있던 모든 묘를 화장해서 흩뿌리는데, 박모씨의 죽음이 마치 묘소 탓인 양 조상에게 화풀이한 셈이다. 그 뒤 그 집안은 풍비박산이 나서 뿔뿔이 흩어지고 말았다.

요즈음 부쩍 풍수 도사들의 출현이 잦고 있다.

자신의 능력이 최고인양

자신이 도통한 양

자신이 모든 것을 다 아는 양

자신이 구세주라도 되는 양

근엄한 표정을 지으며 쯧쯧 혀를 차고 있다.

풍수계에 오래 전부터 전해지는 시 한 수 소개해 본다.

풍수선생이 공연히 말을 번잡스럽게 하고 있네

혹은 북쪽을 혹은 남쪽을 그리고 또다시 동쪽을 가리키네

눈앞에 보이는 천문도 아직 다 알지 못하는데

망망한 지리를 어찌 능통했다 하리요

조부님께서 명당을 찾는 까닭은 공연히 부자 되고 싶은 욕심에서요

풍수선생이 조부님을 찾는 까닭은 가난을 면해 보자는 뜻이리라

만약 청산에서 길지를 찾았다면

왜 당신의 아버지가 돌아가셨을 때 그곳에 장사지내지 않았는가?

땅地
땅을 알면 사람이
귀하게 된다

08

묘를 한곳에 모으는 것은
신중해야

유병언 일가의 선영

요즘 들어 여러 곳에 흩어진 조상의 묘를 한곳에 모으는 일이 많아지고 있다. 묘를 관리하는데 어려움이 있기 때문이다. 그래서 필자는 그러한 방법에 대해 어느 정도 이해하는 편이다. 멀리 떨어진 곳에 방치되다시피 관리가 되지 않는 것은 후손의 입장에서 보면 여간 죄스러운 일이 아니기 때문이다. 그러나 문제는 편리성만 강조하다보니 산자들의 통행이 쉬운 곳에 묘를 집단으로 모으는 경향이 있다는 것이다. 그러다보니 풍수적 고려는 뒷전이고 평평한 밭이나 길가에서 가까운 곳으로 이장을 하는데, 오로지 산자들의 이기적 생각 뿐이다.

얼마 전 세월호 참사의 여파로 유병언 회장 일가가 한 순간에 몰락하는 일이 벌어졌다. 제왕적 지위를 누리던 유병언 회장은 석연치 않은 죽음으로 발견되었고, 장남은 구속되었으며, 차남은 도피 중이다. 그리고 장녀는 프랑스 경찰에 구금중인 상태다. 그 많은 재산도 법원에 의해 모두 압류된 상태다. 도대체 무엇 때문에 신적인 권위를 누리던 그들이 한 순간에 추락한 것인가?

필자는 어쩔 수 없는 속물적 궁금증에 그의 선대 묘가 있는 곳을 둘러보게 되었다.

그들은 독실한 기독교신자로서 풍수를 부정하는 입장일 것이지만, 그들의 선대 묘를 보면 꼭 그렇지만은 않다. 몇몇 묘소는 전문풍수인에 의해 세련된 입지 선정을 하기 때문이다. 그 중에서도 6대조

모와 증조부 묘소는 용맥이 깨끗하고 균형감이 있으며, 산이 끝나는 지점에 안정적으로 자리하고 있어 범상치 않은 곳이다. 이 정도의 터라면 필시 명사의 작품이라 해도 과언이 아닐 정도로 좋은 땅이다. 그리고 다시 수구에는 연못을 조성해 물 빠짐을 방비하고 있다. 이 연못이 의도적인 것인지의 여부는 알 수 없으나 좋은 영향을 주었을 것은 분명해 보인다.

그들도 이곳 묘가 괜찮은 곳으로 알고 있었던지 이곳만은 집단으

로 조성한 건너편으로 옮기지 않고 그대로 두었다. 이것을 보면 유병언일가는 풍수를 부정했던 것이 아니라 오히려 풍수에 대해 상당한 지식과 식견을 갖춘 것으로 볼 수 있다.

그러나 문제는 그의 부모 묘소 이후부터이다. 1993년 유병언회장의 어머니가 74세로 돌아가시자 이곳에 묘를 쓰는데, 이때 타지에 있던 유병언회장의 부친 묘소를 옮겨와 함께 모신다.(부친 1979년 졸) 그리고 곧이어 고조부터 8대까지 선대 묘소를 모두 이곳으로 옮기게 된다. 각각 따로 떨어진 묘를 관리하기 쉽도록 하기 위함인데, 관리의 어려움을 충분히 짐작할 수 있다. 하지만 그 많은 작업을 인근 지역의 포크레인 기사가 혼자서 했다하니 작업의 수준은 굳이 말하지 않아도 될 것이다.

이곳 지형은 산골짜기 길가 옆에 8기가 집단으로 모여져 있는데, 계곡이 가까운 곳에 있다 보니 골바람이 매우 심한 곳이다. 거기에 더해 토질은 거칠고 습해 풍수적 고려는 전혀 하지 않은 오직 산자들의 편의만 따져 모은 것이다. 경제적 여유가 없던 것도 아닐 터인데, 어찌 이리 무심하단 말인가?

결국 이곳으로 묘를 모두 옮긴 후 20년 뒤 유병언 일가는 비극적인 일을 겪는데, 세월호의 참극을 떠나 한 가문의 추락을 거론하는 것이 필자 또한 마음이 편치 않다.

사진 속 부분이 부모님 묘를 비롯해 8기가 모여 있는 곳이다. 이곳에 부모님 묘를 쓰고 또 집단으로 묘를 옮긴 것으로 인해 유병언 일

가가 한 순간에 몰락한 것이라 단정할 수는 없다. 그러나 이곳 묘 터는 매우 좋지 못한 것이 사실이다. 거기에 더해 여러 묘가 한곳에 있으니 후손에게 나쁜 기운이 한꺼번에 몰리는 것은 당연하다 하겠다.

망인의 입장에서 보면 잘난 후손 덕에 호강은 못할망정 기가 막힐 정도의 푸대접인 셈인데, 죽은 자는 말이 없지만 서운함은 이루 말할 수 없다.

풍수의 동기감응 논리로 보면 유병언일가의 몰락은 이미 예고된 일이라 해도 과언이 아니다.

어찌 하늘이 없다 하겠는가?

이미 마음 씀이 탐욕으로 가득하다면 땅에서 주지도 않고 하늘에서 받아주지도 않는다고 하였다.

당신이 조상의 묘를 한 곳으로 옮긴다는 것은 언젠가 누군가 해야 할 일이기 때문에 주저하지 말라.

당신의 걱정을 자식에게까지 미루지 말고 당신이 매듭을 지어라.

단 선대의 묘를 한곳에 모으더라도 양지바르고 토색 좋은 곳을 골라 정성껏 모신다면 조상의 혼백도 편안할 것이니 이점을 유념할 필요가 있다.

09

조선시대 풍수는 신분
상승의 지름길

벼슬아치가 조선의 풍수에 끼친 영향
을 한눈에 조망한다면 경복궁과 조선왕릉을 보면 알 수 있다. 두 곳
은 모두 벼슬아치에 의해 입지가 결정되기 때문이다. 따라서 벼슬
아치의 풍수는 왕실 뿐 아니라 조선전체의 풍수를 대변한다고 할
수 있다.

조선초기

경복궁

조선을 개국한 이성계는 개성에서 한양으로 수도를 옮긴다. 당시
에 경복궁은 당대 최고의 유학자와 풍수인 등이 합심해서 명당이라
선정했으며, 유교적 이념에 의해 배치와 명칭이 정해졌다. 그러나 경

복궁은 조선왕조 518
년 동안 사용한 기간
(245년)보다 버려진
기간(273년)이 많음
에서 보듯이 기대와
는 달리 실망스런 결
과를 초래하고 있다. 선정 당시를 돌이켜 보면 그 시대의 풍수는 이
론적 지식의 벼슬아치들이 주도적으로 관여하면서 땅을 보는 관점이
대체로 전망이 좋은 곳에 화려함을 선호하는 것을 볼 수 있었다.

건원릉

흔히 야사에서 말
하는 건원릉은 무학
대사와는 아무 상관
없으며, 건원릉으로
정하게 된 것은 태종
의 지시에 의해 김인귀의 추천으로 하륜이 결정한 것이다. 하륜은 조
선 개국 당시에 도읍을 계룡산 신도안으로 옮기려고 진행 중이던 공
사를 풍수의 말 한마디로 무효화시킨 인물이다. 그 후 하륜은 조선의
실세로 등장하며 태종의 절대적 신임하에 건원릉 택지의 중책을 맡
게 된다. 하륜은 개국공신 정도전과의 마찰로 늘 변방을 떠돌았으나

풍수의 지식으로 단숨에 중앙정치에 입성하게 된 것이다.

태종의 명을 받은 하륜은 태조 이성계와 조선의 위엄을 상징적으로 표현할 수 있는 땅을 고르다보니 겉모습이 화려한 땅을 선택하였다. 그러나 건원릉 이후 많은 문제가 발생함으로서 터의 판단에 심각한 오류가 있음을 말해주고 있다. 그럼에도 불구하고 건원릉은 이후 500년간 명당의 모델이며 기준이 되어 조선의 풍수에 지대한 영향을 미치게 된다. 잠시 건원릉 이후의 조선왕실을 살펴보겠다.

1408년 건원릉을 쓰고 10년 후 느닷없이 태종의 장자인 양녕대군이 폐세자가 되고 만다. 당시 이일은 엄청난 정치적 혼란을 야기할 수 있는 사건이었지만, 이는 왕실 불행의 서곡에 불과할 따름이다

세종의 장자 문종(1414~1452) : 즉위 2년 만에 39세로 서거

수양대군, 세조(1417~1468) : 계유정란으로 조카의 왕위를 찬탈한 부도덕한 임금이라는 명에를 평생 짊어지게 된다.

안평대군(1418~1453) : 36세 때 계유정란으로 친형 수양대군에게 죽임을 당함.

임영대군(1419~1469) : 51세 졸, 대군들 중 가장 평탄한 삶

광평대군(1425~1444) : 20세로 요절

금성대군(1426~1457) : 32세에 역시 친형 수양대군에게 반역죄로 처형됨.

평원대군(1427~1445) : 19세로 요절

영응대군(1434~1467) : 34세로 졸

세종은 조선의 임금들 중에서 가장 뛰어난 왕으로 추앙 받지만, 그 자식들은 피를 나눈 형제간에 권력 다툼으로 죽고 죽이는 비극적인 일이 벌어진다.

　　문종의 장자 단종(1441~1457) : 17세에 삼촌 수양대군에게 죽음

　　세조의 장자 의경세자(1438~1457) : 20세에 요절

　　세조의 차자 예종(1450~1469) : 20세에 요절

　　예종의 장자 인성대군 유년에 요절

조선초기의 왕실은 마치 저주라도 받은 것처럼 극도의 혼란에 빠지게 된다. 이 모두 건원릉 이후 60년간 벌어진 일이다.

태종의 헌릉

헌릉 또한 건원릉과 마찬가지로 하륜이 터를 정한다. 헌릉의 특징은 대모산을 주산으로 삼은 모습에 초점을 맞춘 것인데, 이곳에서도 외형을 중시하는 하륜의 풍수관을 엿볼 수 있다. 즉 건원릉에서는 전방의 아름다움을 탐했다면 헌릉에서는 배경적 측면을 고려한 것이다. 그러다보니 정작 용의 상태는 부실하며, 물과 청

룡·백호까지 등 돌리는 형태가 되고 말았다.

조선초기의 풍수를 대표하는 경복궁, 건원릉, 헌릉의 특징을 보면 겉모습이 화려하다는 공통점을 갖고 있다. 하지만 보다 섬세한 분석에서 오류를 범하고 있는데, 이는 벼슬아치 풍수의 한계를 그대로 드러내고 있다. 한편 벼슬아치에 의한 왕실풍수 참여는 이후 전통이 되며, 조선의 풍수를 크게 좌우하게 된다.

조선중기

세종의 영릉 이장

조선중기에 이르러 8대 임금 예종이 등극하고 행한 첫 번째 일은 자신의 할아버지 세종의 영릉을 옮기는 것이다. 당시 영릉은 태종의 헌릉 곁에 자리 하였으나 세종이 승하하고 부터 많은 우환이 잇따르자 영릉에 문제가 있다고 판단해 전격적으로 이장을 결행했던 것이다. 여주로 이장은 당시 최고의 실력자인 정인지, 신숙주, 서거정, 노사신 등의 정치인과 풍수인 안효례가 당상관의 신분으로 결정한다.

그러나 물이 찼을 것이라는 우려와는 달리 영릉의 상태는 양호하였다. 문제는 건원릉, 광릉과 더불어 조선왕릉 중 3대 명당으로

불리는 이곳 여주로의 이장 이후에도 왕실의 비극은 끝나지 않고 계속 되었다는 점이다. 오히려 새로 옮긴 여주의 영릉은 연산군과 그의 후손들에게 치명적인 화를 초래함으로서 이장하지 않은 것만 못한 결과를 초래하였다. 결국 정인지, 신숙주, 안효례 등 고위 벼슬아치의 판단은 이번에도 실패하고 말았다.

여기서 잠깐 지배계급의 정치인이 풍수에 관여하는 것은 신분상 승의 지름길이기 때문이다. 국상에 참여하게 되면 국상이 끝난 후 논 공행상으로 이어지기 때문에 어떠한 방식으로든 풍수를 접하지 않을 수 없었다. 이러한 분위기에서 관료가 아닌 전문풍수인이 국상에 참 여할 수 있는 기회는 원천적으로 봉쇄될 수뿐이 없었다.

동작동 국립묘지 내 창빈안씨 묘소

이곳 동작동 국립묘지에는 선조임금의 할머니 창빈 묘소가 최초 로 자리하였다. 선조임금이 방계혈통으로서는 최초로 용상에 올랐기 때문에 많은 사람들이 이곳을 명당이라 부른다. 그러나 임금이 되었 다는 한 가지 사실만으로 그 땅의 전체를 말할 수는 없다. 오히려 이 묘 이후에 임진왜란과 병자호란을 겪으면서 힘없는 백성들은 수십만 명이 죽고 또 왜국과 청으로 끌려갔다. 두 임금은 도망 다니기 바쁘 고 분노한 백성들에 의해 궁궐은 불타며, 침략자들에게 수많은 문화 재를 약탈당하였다. 군주에게 버림받은 백성들의 생활은 극도로 피 폐해져 인육까지 먹는 지경에 이른다.

창빈의 묘를 쓰고 90년 동안 그의 직계 자손에게 일어난 사건들로
서 조선의 역사 중 가장 비참하고 굴욕적인 시기였는데, 명당의 발응
이 그렇게 극단적인 것인지 혈은 그토록 무서운 피의 대가를 치러야
하는지 묻지 않을 수 없다.

구 분	창빈안씨 1549년 묘를 씀	
아들	덕흥대원군	창빈 묘를 쓰고 10년 후 30세로 단명
손자	선조(1552-1608)	임진왜란(1592-1598)
증손자	광해군(1575-1641)	조카에게 폐위됨. 세자빈과 폐세자는 강화 유배지에서 자살
고손자	인조(1595-1649)	병자호란(1636)
5대손	소현세자(1612-1645)	아버지 인조에게 독살, 세자빈 사약
6대손	소현세자 세 아들	제주도 귀양 중 의문사

　이곳의 지형은 사진에서 보듯이 청룡·백호가 두 팔을 뻗듯 앞으
로 나란하게 형성되었다. 그러다보니 내수는 곧게 빠지고 외수인 한
강은 치고 빠지는 반궁수의 형태를 하고 있으니 매우 불리한 물길이
아닐 수 없다.

이 형태에서 내부갈등과 분열 그리고 외세의 침략을 유추할 수 있는데, 이번에도 풍수의 소응은 정확하였고 또 정직하였다.

광해군의 교하천도론

광해군은 임진왜란으로 황폐해진 국가를 쇄신하고 어수선한 민심을 수습하기 위해 파주 교하로 천도하려 하지만, 사대주의 세력에 의해 권좌를 빼앗기고 천도논의는 무산되고 만다. 인조반정으로 불리는 이 사건의 명분은 명나라에 대한 의리를 버리고 사대를 하지 않았다는 것인데, 연산군때의 반정과는 성격이 다른 반란이요 역모였다는 것이 후대의 평가다. 반정에 성공한 인조 등은 친명사대주의를 표방하지만, 오히려 청나라를 자극하여 병자호란의 굴욕과 치욕을 겪고 온 나라를 도탄에 빠뜨리게 된다.

이후부터 벼슬아치의 비석에는 유명조선(有明朝鮮)이라는 문구가 등장하는데, 죽어서까지 명나라에 대한 의리를 지키겠다는 것이다. 결과적으로 중국을 상국으로 섬기려는 사대주의 때문에 수많은 백성이 죽고 청나라에 끌려가는 수모를 당해야 했다.

조선중기 영릉의 이장과 동작릉에서 보듯이 벼슬아치에 의한 왕실 풍수는 또 다시 실패하고 말았다. 그나마 조선초기의 우환은 왕실에 국한되었지만, 중기에는 연산군 때 두 번의 사화로 조정에 피바람을 불렀다. 또 동작릉의 직계 손은 임진왜란과 병자호란을 초래해 왕실 뿐 아니라 전국토와 백성이 유린되는 고통을 겪어야 했다.

만약 선조와 인조가 임금이 아닌 평민이었다면 한가문의 몰락에 그치고 말았을 것을 제왕인 관계로 그 영향이 조선 전체에 미치고 말았다.

조선말기

남연군 묘소

조선후기 실학자들에 의해 풍수에 대한 각성이 개진되었지만, 개혁을 부르짖던 실학자들은 세도정치에 가려 힘을 얻지 못한다. 이 시기에 흥선군 이하응이 극적으로 권력을 잡는데, 이 과정에서 남연군묘가 전설처럼 등장하게 된다. 그러나 요란한 소문과는 달리 이곳에서도 이전에 보았던 건원릉, 영릉, 동작릉과 마찬가지로 외화내빈의 풍수관이 그대로 드러나고 있다. 특히 일견 웅장한 스케일은 실리보다는 형식과 외모를 따지는 사대의 면모를 여실히 드러내고 있다.

경복궁 중건

정권을 잡은 흥선대원군은 오랜 세월 세도정치의 그늘에 가려졌던 왕실의 권위와 유교질서의 재확립을 위한 상징적인 작업으로 경복궁을 중건한다. 그러나 273년간 버려졌던 경복궁을 사용하면서부터 또 다시 극심한 혼란의 소용돌이에 빠지는데, 마치 땅의 입장에서는 가만히 있게 내버려두지 못하는 것에 심한 거부감을 보이는 것 같다. 이미 한번 실패한 땅에 대한 집착은 조선의 법궁에 대한 명분이었지만, 결국 터의 불리함을 극복하지 못한 조선은 불과 45년 만에 역사 속으로 영원히 사라지고 만다.

우리 속담에 집짓고 3년, 이사 가서 3년이란 말이 있다. 그런데 집을 짓고 들어가자마자 부인이 1년 만에 죽고 자식들은 집안에서 칼부림으로 싸움박질을 해서 집을 피투성이로 만든다. **왕자의 난**

잠시잠깐 잠잠하더니 이번에는 삼촌이 느닷없이 나타나서 이 집은 내 집이니 나가라고 해서 쫓겨난다. 그리고 결국은 목 졸려 죽임을 당한다. **계유정란**

몇 년 지나자 이번에는 흉악한 도적이 들어와 금은보석을 빼앗고 집에 불을 지르는 바람에 할 수 없이 새로운 곳으로 옮겨간다. **임진왜란**

오랜 세월이 지나 이제는 잠잠하려니 해서 다시 집을 짓고 들어가지만, 이번에는 먼저 번 도적이 강도가 되어서 부인을 칼로 죽이고 집을 뺏는 어처구니없는 일이 벌어진다. **을미사변**

급기야 강도가 주인 되고 주인이 머슴 되는 기가 막힌 일이 벌어졌는데, 귀신이 곡할 노릇이 아닐 수 없다. **을사조약**

남연군 묘와 경복궁 중건에서 보듯이 흥선대원군 이하응도 겉치레를 중시하는 여느 벼슬아치의 풍수관과 다르지 않았다. 이러한 흥선군의 왕권회복을 위한 위험한 도박은 일시적이고 개인적인 승리감만 주었을 뿐 결국은 조선을 회생불능으로 내모는 결과를 초래하고 말았다. 특히 궁궐과 묘 터가 함께 불리함은 조선의 망국을 더욱 재촉하였다.

필자는 유교적 이념에 바탕을 둔 양반계급의 벼슬아치가 조선 500년을 이끌고 온 저력의 한 부분이었음을 부인하지 않는다. 그러나 이상 살펴본 바와 같이 벼슬아치에 의한 조선의 왕실 풍수는 초기부터 말기까지 번번이 실패와 좌절을 초래했다.

실패의 이유를 보면

첫째는 벼슬아치의 풍수관여가 가장 큰 문제였다. 즉 전문풍수인이 아닌 벼슬로서 접근한 것인데, 학자와 장인의 길은 엄연히 다른 것이다.

두 번째는 벼슬아치의 풍수는 신분상 산의 실체에 접근하기보다는 이론적 바탕에 의존할 수 밖에 없기 때문이다. 즉 풍수를 사서삼경 외우듯 배웠기에 이론에 능할 뿐 글 풍수의 한계를 극복하지 못했다.

세 번째는 조선의 신분계급제도에 있다. 철저하게 경직된 계급사회에서 기술과 상업에 종사하는 중인은 천대받고 멸시받는 분위기에서 당연히 풍수도 일견 화려한 듯 보이는 글 풍수가 성행할 수 밖에 없었다.

더 큰 문제는 이렇듯 고상한 글 풍수가 최선인양 너도나도 맹목적으로 추종하면서 조선 풍수의 질적 저하와 불신을 초래했다는 것이다. 따라서 필자는 조선의 풍수는 양반 벼슬아치에 의한 글 풍수고 겉치레 풍수이며, 실패한 풍수라고 규정한다. 이러한 실패를 거울삼아 앞으로의 풍수는 신비주의에서 합리주의로 탈바꿈 해야 한다.

땅地
땅을 알면 사람이
귀하게 된다

10

장묘문화 개선과
명혈의 활용방안

세상 모두가 장묘제도의 개선을 말하며 화장에 의한 장례방식의 전환을 소리 높여 주장한다. 현실적으로도 거의 70%를 상회하는 화장선호에서 보듯이 이제 매장에 의한 장례는 소수의 의식으로 겨우 명맥을 유지할 뿐이다. 2011년 국민의식 조사를 보면 약 73%가 본인의 사후 화장을 꼽았으며, 매장은 12%에 불과했다. 화장을 선호하는 이유는 사후관리 편리가 45%로 가장 많았고, 화장 후 유골의 처

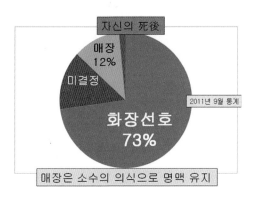

자신의 死後
매장
12%
미결정
2011년 9월 통계
화장선호
73%
매장은 소수의 의식으로 명맥 유지

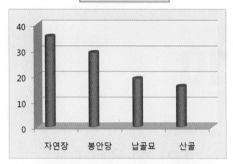

화장 후 처리

40
30
20
10
0

자연장　봉안당　납골묘　산골

83%가 화장후 보존되고자 함

리방법에 대해서는 자연장, 봉안당, 납골묘, 산골 순으로 전체 응답자의 83%가 흩뿌리기보다는 봉안되기를 원했다. 장묘문화의 이러한 변화에 능동적으로 대처하지 못하고 매장만을 고집하는 것은 시대의 흐름에 뒤쳐지는 것이고 대중과의 소통에서 외면당할 수뿐이 없다. 따라서 풍수인도 좀 더 현실적이고 실용적인 장묘의 방법을 제기하여 많은 사람들로부터 공감 받을 수 있어야 한다.

한편 요즈음 행해지는 매장을 보면 거의 모두가 대형장비에 의해 조성되기 때문에 땅속의 상태가 불량할 수뿐이 없다. 마치 폐기물을 묻듯 무성의한 장사방법으로 인해 망자가 물속에 잠겨있거나 혹은 나무뿌리에 휘감겨 고통스럽게 지내는 것이 절대 다수를 차지하고 있다. 그것을 목격한 사람들은 그럴 바에는 차라리 화장하는 것이 낫다고 말하는 것이니, 현재의 매장방법에 심각한 문제가 있음을 지적하지 않을 수 없다. 특히 이러한 상황은 상업적인 공원묘지나 규격화된 종교묘지에서 더욱 심한데, 고인에 대한 배려가 오히려 망자를 욕되게 하고 있다. 따라서 현재의 매장방법은 전면 재고되어야 하며,

군이 매장을 한다면 전통적인 방법으로 정교하고 정성스럽게 해야 고인의 유해를 온전하게 흙으로 보내 드릴 수 있다.

우리 산천은 명당의 보고

우리나라는 석유나 광물 같은 천연자원은 없지만 전세계적으로 드물게 명당이 많은 땅이다. 이는 이미 5천년 전 고인돌의 분포에서도 확인 할 수 있는데, 전세계 고인돌의 약 80%가 한반도에 집중되었다는 것은 한반도가 인류의 생활환경에 적합하였음을 말해주는 것이다. 한반도에 그러한 환경이 조성된 이유는 산줄기 흐름에 있다. 전 세계를 하나의 거대한 나무로 본다면 히말라야가 뿌리에 해당되고 히말라야는 다시 중국의 곤륜산을 거쳐 백두산까지 이어지면서 큰 줄기가 되며, 백두산은 금강산과 태백산을 거쳐 지리산에 이르니 작은 줄기가 된다. 그러므로 백두대간에서 파생된 산줄기가 열매를 맺는 최종 가지인 셈이다. 따라서 꽃과 열매가 있는 곳에 벌 나비가 모이는 것은 당연하듯이 고인돌이 한반도에 밀집된 것은 우연이 아니다.

한편 우리 인간이 자연에 의지하고 풍수에 기대하는 것은 지령인 걸론 때문이다. 좋은 땅은 인간을 편하고 이롭게 하여 훌륭한 인재를 양성하지만, 반대로 거칠고 황량한 땅은 인간을 포함한 모든 만물에 불리할 것은 자명한 이치다. 이는 묘지든 집터든 마찬가지이며, 서구 지리학의 환경결정론과 맥락을 같이 한다.

	집	묘
반응속도	신속하다	느리다
영향범위	거주자	후손모두
기간	거주할 때만	약 100년

묘가 집보다 길흉의 영향이 크고 길다.

이때 양택은 영향이 빠르지만 거주자의 경우에만 해당되고, 음택은 그 영향이 더디지만 자손 모두에게 오랫동안 미친다는 것이 차이점이다. 이 말은 풍수에서는 양택보다 음택이 길흉의 파급효과가 크고 넓고 길다는 것이다.

옛사람들은 이러한 땅의 가치를 알았기에 그 체험이 풍수라는 학문으로 수천 년을 이어지며 발전된 것이다. 그런데 우리는 전국의 산천을 다니며 보았듯이 한반도는 백두대간에 많은 명혈을 맺은 것을 볼 수 있었다. 이는 세계적으로 드문 사례로서 달리 말하면 묘를 쓰기에 한반도가 세계 어느 나라보다 훌륭한 조건을 갖추고 있다는 말이다. 바로 이 명혈은 인재를 배출하는 근원적 요인인 까닭에 우리 선조들은 유난히 음택에 치중했던 것인데, 그러한 사례를 소개해 보겠다.

연안이씨 이석형 묘소

이석형의 직계후손에서는 부원군3, 정승8, 대제학6, 판서42, 공신4, 청백리2, 문과급제자 120명을 배출하였다. 묘 하나의 후손 중에서 이토록 많은 인물이 배출되기는 드문 일로서 명혈의 소응을 말해주는 대표적 사례이다. 이러니 어느 누군들 땅을 소홀히 할 수 있겠는가.

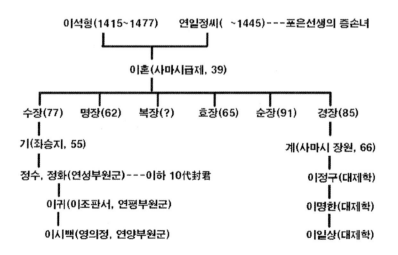

청풍김씨 김 징 묘소

깊은 산중에 꼭꼭 숨겨진 묘소로 제비집과 같이 둥그렇게 둘러싸여 와혈이라 부른다. 이 묘의 후손 중 손자대에서 김재로 · 김치인 부자가 영의정에 오르는 등 6명의 정승이 배출되어 가문의 최고전성기를 맞이하였다. 고전에서 말하는 명혈의 조건을 갖춘 곳이다.

묘 소	김징(관찰사)
아들	구(우의정), 유(대제학)
손자	재로(영의정), 취로(판서) 약로(좌의정), 상로(영의정)
증손	치인(영의정)
고손	종수(좌의정)

광산김씨 김반 묘소

대제학의 품계는 판서와 동등한 정2품이지만, 열 정승이 대제하

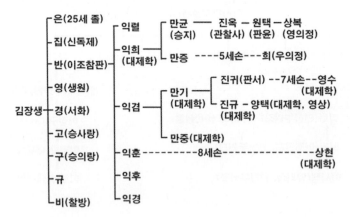

한명만 못하다는 말이 의미하듯 문치주의를 표방한 조선시대에는 최고의 영예로운 벼슬로서 정승·판서보다 높이 우대하였다. 특이한 것은 연안이씨 중에서도 이석형의 후손에서만 3대 대제학을 비롯하여 7명의 대제학이 나왔으며, 광산김씨는 김반의 자손에서만 역시 3대 대제학과 7명의 대제학이 배출되었다.

반남박씨 박소 묘소

반남박씨는 조선조에 문과급제자 215명과 정승 7명을 배출하였는데, 그 중에서도 박소의 후손에서만 127명의 문과급제와 5명의 정승이 나왔으며, 선조비 의인왕후와 4명의 부마를 배출하였다.

박소(1493-1534)	응천(부사)	동현(응교)
		동호(참봉)
		동노(승문원부정자)
		동준(도사)
		동민(참봉)
		동선(좌참찬)
	응순(부원군)	동언(좌랑)
		의인왕후(宣祖妃)
	응남(도승지)	동도(군수)
		동휴
		동점(현감)
	응복(대사헌)	동윤(익위사부솔)
		동열(참의)
		동망(목사)
		동량(판서)
	응인(부사)	동기(사마)
		동직
		동위(절충장군)

장수황씨 황균비 묘소

단군 이래 최고의 명재상으로 꼽히는 황희 정승은 이 묘 이후에 태어나며, 100년간 수많은 인재를 배출한다. 장수황씨의 자긍심을 갖게 한 아름다운 땅이다.

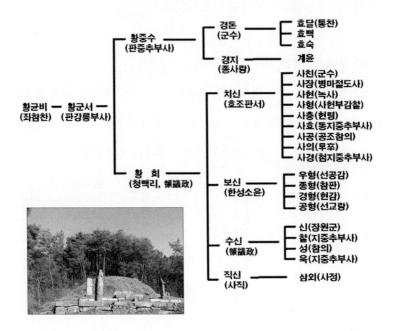

동래정씨 정난종 묘소

정난종의 직계후손에서만 13명의 정승을 배출하여 단일 가문에서는 최다 정승을 배출하였으며, 사화나 역모 등에도 휘말리지 않고 가문을 온전히 보존하였다. 이는 조선의 정치상황에서 유래를 찾기 힘든 사례이다.

정난종(판서)
3남. 광필(영의정)
증손. 유길(좌의정)
고손. 지연(우의정), 창연(좌의정)
6세손. 태화(영의정), 치화(좌의정), 지화(좌의정)
7세손. 재숭(좌의정)
9세손. 석오(좌의정)
10세손. 홍순(좌의정)
11세손. 존겸(영의정)
12세손. 원용(영의정)
14세손. 범조(좌의정)

이곳 묘역의 특징은 자식과 손주의 묘소가 할아버지 묘소보다 높은 곳에 있다. 이와 같은 형태를 일러 사람들은 불효 막급한 역장이며 집안이 뒤집어지는 난장이라며 호통이지만, 과연 누가 대학자였던 정난종 가문을 무례한 가문이라 말할 수 있겠는가?

그리고 역장임에도 수많은 정승 판서를 배출한 것은 어찌 설명하겠는가?

참고로 율곡 이이, 월사 이정구, 사계 김장생, 우계 성혼 등 같이 위대한 선현들도 이와 같은 역장의 형태를 하고 있지만, 그 가문들이 잘못되었다는 말을 듣지 못하였다.

만약 조상의 혼백이 있다면 어느 조상이 자식과 손주가 할아버지 머리맡에서 재롱부리는 것을 싫어하겠는가?

설사 자신보다 후손들이 좋은 땅에 들어간다고 해서 그 후손들을 시기하고 미워하겠는가?

요즈음은 대체로 가까운 친인척들이 극구 반대하는데, 아마 사촌이 땅을 사면 배가 아픈 것과 같은 연유일 것이다. 옛 선인들의 효심과 적극적인 땅의 활용을 새삼 본받을 필요가 있다.

여흥민씨 민기 묘소

경기도 남양주 일패동 선영에는 그의 선대 묘가 한곳에 있는데도 불구하고 굳이 머나먼 제천까지 왔을 때는 이곳의 땅에 대해 확신이 있었을 것으로 짐작된다.

1대	기(부윤)
2대	광훈(관찰사)
3대	시중(대사헌)
4대	진주(판서)
5대	응수(우의정)
6대	백창(승지)
7대	명혁(판서)
8대	치문(부사)
9대	달용(응교)

결국 이 땅은 그들의 기대를 저버리지 않고 9대 연속 문과급제와 3대 장원을 배출하였다. 증손 대에서는 숙종비 인현왕후를 배출하였고 구한말에는 명성황후, 순종효황후, 민영익, 민영환 등등 이루 헤아릴 수 없는 인재를 배출하면서 구한말 최고의 명문가를 이루었다.

3대장원 : 광훈(관찰사)-정중(좌의정)-진장(우의정)

이상 사례에서 보았듯이 음택 명혈은 약 100년 가까이 후손에게 좋은 기운을 유지하면서 뛰어난 인재를 배출함을 볼 수 있다. 이처럼 가문을 일으켜 세우고 존귀하게 장수하며 사는 방법이 땅에 있다는 것을 안다면 어느 누군들 명당에 대한 관심이 없을 것인가.

이것은 인간으로서 당연한 욕망이고 본능이다. 다만 천년 가까이 혈이 소진되다 보니 점점 희소가치가 높아지면서 그에 따른 부작용과 폐해가 만연되었기에 급기야 지금과 같은 대중의 외면에 이른 것이다. 따라서 어차피 화장이 대세이고 또 그것을 보관하고 추모하는 공간이 필요하다면 아무 곳에나 추모원을 만들지 말고 전국적인 명혈을 적극 활용하자는 것이다. 명혈은 사용기간이 정해진 것이 아니며, 샘물과 같이 근원이 마르지 않으면 얼마든지 새것처럼 재사용이 가능하기 때문에 그 어떠한 자원보다 긍정적 에너지를 갖고 있는 귀중한 것이다. 석유나 석탄처럼 사용할수록 엔트로피가 증가하는 것도 아니고 오히려 인간사회를 편안하게 해주는 지구상 최고의 자원이다.

개인 산에 명혈이 있을 수 있고 기존의 조상 묘가 있는 문중 산에는 더욱 많은 명당이 있을 것이다. 또 국유지에도 아름다운 땅이 많이 있을 것이다. 그러한 명혈을 찾아서 대중이 이용할 수 있는 중대형 규모의 추모원을 건립하자는 것이다. 그럴 경우 화장을 한 유골이 후손에게 어떠한 영향을 미칠 수 있을 것인지는 차선이다. 이 방법이 기존의 매장법에 의해 망자가 더러운 땅속에서 추하고 고통스럽게 있는 것보다 편안하다면 그것으로 이미 풍수가 추구하는 흉함을 피하고 길함을 따르는 피흉추길을 얻은 것이니 이것이 참다운 효일 것이다. 그런데 우리는 풍수고전에서 다음과 같은 말을 들은 적이 있다.

길한 기운이 망자에게 응하면 후손에게 복이 미친다.

땅이 아름다우면 신령이 편안하며, 자손이 번성한다.

여기서 신령의 사전적 의미를 볼 것 같으면 죽은 사람의 혼령, 조상의 혼백 또는 영혼이라 풀이하고 있다. 이것으로 미루어 보건데 옛사람들은 동기감응을 백골만의 문제가 아니라 혼백의 영향까지도 고려했다고 볼 수가 있다. 또 이런 말도 있다.

양균송 말하기를, 여러 묘를 합하면 오히려 대혈이 됨이니 작은 혈도 공후를 나게 할 수 있다. 특히 골고루 발복하려거든 혈 하나에 억매이지 말고 별도로 혈을 구하여 옷가지로 장사를 지내면 균일함을 얻을 수 있다.

혈이 작은 경우 또 다른 혈을 구해 그곳에 망자의 의복이나 유품으로도 접복이 가능하다는 뜻이다. 그것이 실제 가능한지 필자는 알 수 없다. 그러나 동기감응이 불가능하다면 최소한 무해무득일 것이고 만약 반쪽의 길함이라도 얻는다면 상당한 시너지효과를 기대할 수 있다. 그리고 장묘문화까지 획기적으로 바뀌게 된다.

추모원의 긍정적 측면

- 기존 묘와 마찬가지로 조상에 대한 추모의 기회와 공간이 제공됨으로서 한국인의 전통적 효사상과 정서에 부합된다.
- 묘를 잘 못 써서 망인이 고통에 처하는 환경을 근본적으로 방지할 수 있다.
- 개인 묘지로 인한 산림훼손을 대폭 줄일 수 있다.
- 유지관리비를 저렴하게 할 수 있다.
- 형제 친척 씨족간에 유대를 돈독히 함과 동시에 화합을 도모할 수 있다.
- 언제까지고 10대, 20대 조상의 묘를 관리하고 보존한다는 것은 현실적으로 어려운 일이다. 그렇다면 곳곳에 산재되어 있는 조상의 묘를 풍수적으로 좋은 땅을 선정해서 한곳에 취합하여 추모원에 모시는 것도 대안이 될 수 있다.

사실 이것이 가장 큰 걸림돌이 되는데, 전통적인 유교문화권에서 마치 조상에게 큰 불효를 저지르는 것 같기 때문이다. 하지만 기존의 묘지가 편안한 곳보다 불편한 곳이 절대다수를 차지하므로 이 방법은 망자에게 오히려 좋을 수가 있다. 물론 이 경우 상징적인 묘와 명혈은 후손들의 자긍심을 고취하고 가문의 명예를 위해 보호하면 된다. 그럴 경우 종중산이라는 이유로 누구도 취할 수 없이 방치되어 있는 귀중한 땅을 후손들이 효율적으로 활용할 수 있게 된다. 실제로 그와 같은 사례가 있는데, 조선초기의 무신 민무질 묘소의 아래에는 납골묘를 조성하여 그의 직계후손들이 안치되어 있다. 과연 누가 이 가문을 무례하다 손가락질 할 수 있겠는가.

추모원의 우려

- 이러한 추모원이 필자의 어리석은 논리처럼 동기감응이 가능하다면 최소한 수십명이 모셔지는 추모원의 위치는 매우 신중하

게 고려해야 한다. 개인 묘를 쓰는 경우 그 직계 자손만이 영향을 받지만, 추모원의 경우는 한 씨족이 공유하기 때문에 가문 전체가 길흉의 영향을 받기 때문이다.

- 중대형 규모의 추모원을 조성할 경우 또 다른 환경훼손을 조장할 수 있다. 따라서 추모원의 규모와 자재 형식 등에 대해서는 엄격한 기준이 필요하다.

사례

청주한씨 묘역

고양시 덕양구에 청주한씨 묘역이 있는데, 그곳에는 1555년 을묘왜변 때 왜구와의 전투에서 전사한 장흥부사 한온의 묘가 있다. 묘비에는 당시 전투에서 시신을 수습하지 못해 옷과 투구로서 묘를 조성했다는 기록이 있다. 그의 손자 중에서 한탁이 2품의 벼슬 오르는 등 후손이 많은 벼슬을 하였다.

중국의 추모원 사례

전국민적으로 화장을 하는 중국을 보면 납골묘를 좋은 곳에 쓰기 위해 우리 돈으로 무려 3억 이상을 투자하기도 한다. 그들은 화장을 하여도 동기감응이 가능하다는 믿음이 확고한 까닭이다. 심지어 좋은 땅을 국가로부터 장기 임대하여 개인 추모원을 만들기도 한다.

아시아 각국의 장례문화

범국민적으로 화장을 행하는 일본과 대만, 인도 등을 볼 것 같으면 문화적인 차이겠으나 일본과 대만은 납골당에 정성스럽게 안치하여서 때가 되면 부모 자식 간의 교류와 추모의 장소가 제공되지만, 인도, 파키스탄, 방글라데시, 네팔 등의 경우는 강물에 뿌림으로서 그러한 기회마저 영원히 끊어 버리고 만다. 전자의 국가는 일류국가를 지향하고 있는데 반해 후자의 국가들은 최빈국의 오명을 벗어나지 못하고 있다. 이러한 상황을 풍수적인 관점에서 유추 해석한다는 자체가 무리이고 비약일 것이다. 하지만 화장을 행하고 마치 기다렸다는 듯이 산천에 뿌리는 것은 우리의 윤리적인 정서에 맞지 않음을 부인할 수 없다.

명혈은 소중한 자원

묘지풍수가 풍수의 전부는 아니다. 마을을 정하고 관공서 입지를 논하며, 새로운 도시를 정할 때 풍수의 점검은 결코 소홀히 할 수 없다. 그러나 많은 지식인과 정치인들이 현실적인 장묘문화에 대해서 적절한 대안도 제시하지 못하면서 풍수전체를 매도하는 것은 올바르지 않다고 생각한다.

그리고 매장이든 화장이든 그것은 각자의 몫이다. 규제하거나 강요할 것도 없다. 또 화장을 한 후 수목장을 하건 산골을 하건 그것도 개인의 선택이다. 하지만 자신만의 추모공간을 필요로 하는 83%에게는 그러한 기회도 제공되어야하며, 앞으로 이 방법은 우리의 장묘문화를 주도할 것은 부인할 수 없는 사실이다.

한편 명혈은 크지 않다. 전 국토에 있는 모든 혈을 찾아 쓴다 해도 36홀 골프장 하나에도 미치지 못한다. 많은 돈이 드는 것도 아니고 심각한 부작용을 초래하는 것도 아니다. 산림훼손은 터널 하나에도 미치지 못한다. 그런데 이미 살펴보았듯이 명혈은 인재를 양성하는 소중한 천연자원이며, 그 어떠한 광물보다 값진 것이었다. 외국의 자원과 기술 인력을 값비싼 로열티를 지불하며 들여 올 것이 아니라 국가의 백년대계를 위해서 우리의 땅에 있는 고유의 천연자원을 적극 활용하자는 것이다.

중국과 일본이 그토록 집요하게 우리 산천의 맥을 파괴하고자 했던 의도를 간과해서는 안 된다. 그들은 우리의 땅에서 자신들을 위협할 인물이 나는 것이 두려웠던 것이다. 거듭 말하지만 그 어떠한 천연기념물보다 소중한 명혈은 적극 활용되고 또 보호되어야 한다. 명혈과 명당에 추모원을 만들면 망자와 산자가 모두 편안할 것이니 그것은 곧 국가경쟁력이 된다.

11

묘지 속에 물이
차는 경우

앞 장에서 현재의 매장방식에 문제가
많음을 지적했는데, 좀 더 구체적으로 지적해 본다. 한편 풍수고전에
서는 다음과 같이 말하며 묘지 속에 물이 차는 것을 경계하고 있다.
"땅속에서 물이 나는 것은 패가절손이요, 묘지 속에 물이 드는 것은 질병
이 많다."

• 지방으로 내려갈수록 매장의 깊이가 얕아지는 경향이 있다. 물이 나거나 돌이 나올 것을 우려한 까닭인데, 대개 60cm를 넘지 못한다. 이러한 경우 겨울에는 시신이 꽁꽁 얼고, 여름에는 물이 들었다 빠지기를 반복하게 된다. 이러한 곳은 파묘를 하게 되면 묘지 속에 물이 가득 찬 경우가 대부분이다. 혹 물이 없어도 유골에 진흙이 잔뜩 묻어 있거나 혹은 육탈이 안 되어 흉측한 모습을 하고 있는 것을 볼 수 있다. 이는 모두 빗물이 스며들어서 일어나는 현상이다.

좌우 능선이 갈라지는 오목한 장소는 바람을 막아주는 곳이라 하여 선호하는 경향이 있다. 그러나 계곡은 빗물과 바람의 통로라고 말한 바 있다.

• 작업의 편리함 때문에 장비를 이용하여 땅을 넓게 파고, 상대적으로 묘 봉분의 크기는 작음으로서 빗물이 쉽게 스며들게 된다. 따라서 광중은 정교한 방법으로 좁게 파는 것이 좋으며, 묘

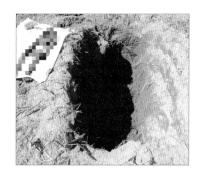

의 봉분은 높게 하는 것 보다는 넓게 하는 것이 빗물의 침투를 방지하는데 유리하다.

• 공원묘지 혹은 가족 묘지를 계단식으로 만들면서 묘를 쓰는 부분이 생토가 아니고 매립한 땅인 경우 땅의 밀도가 틀리기 때문에 빗물의 침투가 쉽게 된다. 이러한 곳은 장마철만 되면 좌불안석이다.

• 시신을 하관한 후 급하게 성의 없이 흙을 채움으로서 빗물뿐 아니라 벌레와 나무뿌리가 파고들 조건을 만들어 주게 된다. 이러한 때에는 고전적인 방법으로 힘주어 달구질을 함으로서 매립토를 견고하게 다져 주어야 하는데, 그마저도 힘들다고 포크레인으로 내려찧는다.

• 회를 쓰는 경우 회와 고운 흙을 6 : 4의 비율로 혼합하여 반드

시 물과 함께 사용해야 하지만, 귀찮고 힘들다는 이유로 물을 쓰지 않는 경우가 대부분이다. 이러한 경우는 석회성분이 빗물과 반응하여 시신을 딱딱하게 굳게 해서 육탈을 방해한다.

• 애초부터 땅을 팔 때 가느다란 물줄기가 마치 샘이 솟듯 하는 경우도 가끔 있다. 그러나 이것이 여유를 갖고 하는 작업이라면 다른 곳을 취할 수 있겠으나 장사 날 당일의 상황이라면 문제가 심각해진다. 이러한 경우 여유 공간이나 시간이 없기 때문에 어쩔 수 없이 그대로 장사를 치르는 것이 대부분이다. 그러면서 지금은 임시방편일 뿐 조만간 다른 곳으로 옮겨드리겠다고 다짐을 하지만, 거의 지켜지지 않는다. 어차피 정해진 자리였다면 미리 준비하고 확인하였다면 다른 대책을 강구할 수 있었을 것이다.

이상과 같은 경우는 모두가 묘소를 조성할 때 자식들의 무책임과 무관심, 무성의가 빚은 결과로 부모님의 육신이 땅속에서 고통 받는 경우이다. 조금만 신경 쓰면 막을 수 있는 것을 마치 기다렸다는 듯 일사천리로 진행하기 때문이다. 망자에 대한 배려는 없고 오직 산자들의 편리함만 있을 뿐이니 과연 누구를 위한 장사인지 묻지 않을 수 없다. 풍수고전에서는 이처럼 장사지내는 것은 시신을 버리는 것과 마찬가지라 하였다.

묘소는 돌아가신 부모님의 영원한 유택을 지어드림이다. 비록 땅의 위치선정이 미흡했다 할지라도 정성을 드려 장사지낸다면 반이나마 길함을 얻을 수 있을 것이다.

사진으로 보는 전통적인 묘소 조성방식

가장 먼저 터를 반듯하게 고르고

땅을 팔 지점을 정한 후 금정틀을
설치한다.

장비로 파지 않고 사람이 직접 광중을 판다. 그래야만 땅의 균열을 막을 수 있고
정교하게 작업할 수 있다.

광중을 반듯하게 정비한 다음 회반죽을 다시 넣는다. 회는 고운 흙과 물을 혼합
한 것이다.

회반죽을 단단하게 다진 후 다음날 다시 내광을 파낸다. 이때 바닥은 생토가 나오게끔 한다. 그래야 땅의 기운을 직접 받을 수 있으며, 결로현상으로 생긴 습기가 땅속으로 자연스럽게 배수가 이루어지기 때문이다.

내광을 완성한 모습. 이 형태는 한 사람이 사용하는 1광중 1실이지만, 부부가 함께 사용하는 1광중 2실의 형태로 할 수도 있다. 이러한 규격은 탈관을 전제한 형태이며, 망자를 모신 후에는 그 위에 횡대를 덮고 다시 회를 덮어 다진다.

그러면 망자의 바닥만 생토이고 나머지는 모두 회로 둘러싸인 구조가 된다. 후일 이것이 단단하게 굳으면 사방은 견고한 회곽이 되어 물과 나무뿌리 등 이물질의 침투를 근본적으로 차단할 수 있다. 회를 사용한 이 방법은 왕실과 사대부가에서 하던 전통적인 매장 방식이다.

둘레석을 설치하고 묘의 봉분을 최종 완성한 모습.
위 사례는 의뢰인이 둘레석을 원했기 때문이지만, 돌은 시간이 지나면서 깨지기 쉽기 때문에 가급적 하지 않는 것이 좋다. 위 사진은 필자의 의뢰인이 자신의 묘를 미리 만들어 놓은 경우였다.

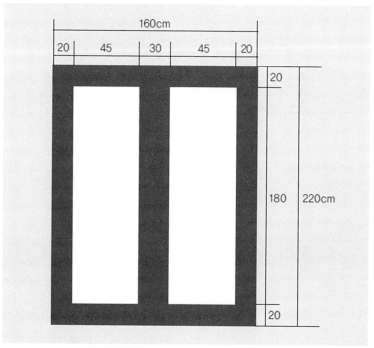

탈관했을 때 1광중 2실의 규격이며, 이장하는 경우는
전체적인 크기를 좀 더 작게 할 수 있다.

12

어느 가문의 묘소관리

해마다 한식 때만 되면 각각의 문중들은 조상의 묘소 관리에 많은 신경이 쓰이게 된다. 묘가 여기저기에 산재해 있다 보니 여간 힘이 드는 것이 아니다. 봄·가을로 사초와 벌초를 하느라 친인척을 소집하지만, 참석하는 사람은 노인들 몇몇일 뿐이다. 해가 갈수록 점점 묘의 상태는 부실해 지고 그것을 바라보는 집안 어른의 어깨는 심리적 중압감에 천근만근이 된다.

그래서 이 시기에 여러 곳에 흩어져 있는 묘를 정리하거나 한곳으로 이장하는 경우가 많다. 똑 같은 걱정을 자식들에게 물려주지 않겠다는 마음에서 당신 살아생전에 해결하고 싶은 것이다. 그런데 오래된 묘를 파보게 되면 대부분 백골이 흔적도 없는 경우를 목격하게 된다. 이럴 경우 후손들은 흔적도 없는 묘를 그토록 오랜 세월 관리하여 왔던가 하는 마음에 극심한 허탈감에 빠지게 된다. 한쪽에서는 이왕 이렇게 된 것 흙으로 돌아가도록 흩뿌리고 묘를 없애자 하지만, 다른 한편에서는 조상님께 불효를 저지르는 것 같아 차마 그럴 수 없으니 흙이라도 가져다 묘를 쓰자고 한다. 아마 이러한 갈등은 비단 한두 집만의 고충이 아닐 것이다

다음은 아산 어느 명문가의 종손으로 교장까지 지내신 매우 보수적인 한 집안의 실제 사례를 소개해 보겠다. 교장선생님의 연세는 78세로 당신이 직접 책임져야할 묘는 8대조까지 18위이시며, 묘는 15기이다. 그것도 여기저기 흩어져 있는 상태이다. 수십 년간 관리해 오다가 차츰 연세가 많아져 힘이 부치자 오랜 고민 끝에 증조이상 14위·12기를 한곳으로 이장하기로 한다(2006년).

그러나 막상 파묘해 보니 14기 중 백골이 남은 것은 단 3곳뿐이며, 나머지는 흔적도 없는 상태다. 백골이 있는 것도 거의 소골된 상태이므로 부피로 따지면 작은 약상자 하나에 불과할 따름이다. 어쩔 수 없이 백골이 없는 경우 검은 흙만이라도 옮겨올 수뿐이 없었다.

이 모든 상황을 지켜보신 교장선생님….

고뇌 끝에 총 14분의 조상을 3기의 묘로 축소하기로 결심한다. 즉 (8대·7대), (6대·5대), (고조·증조)식으로 부모와 자식을 묘소 한곳에 모시기로 한 것이다. 광중 속에 한줌의 흙과 망인의 지석을 함께 묻는 것이므로 여유 공간은 충분하다. 이때 작업의 묘를 살린다면 한곳에 2대 뿐 아니라 3대, 4대 까지도 함께 모실 수가 있다. 작업 후

보수적인 어른들과 가족들 모두 대단히 만족스러운 모습이다.

　이튿날의 작업은 조부모님의 묘소와 부모님 묘소에 억센 띠풀이 많이 자라므로 잔디를 새로 입히기로 하였다. 그리고 이참에 당신의 신후지지도 인근의 양지바른 곳에 마련해 두기로 한다. 이때 뜻밖의 난감한 일이 발생하는데, 잔디를 새로 심고자 묘소의 잔디를 걷어내고 보니 봉분은 물기를 잔뜩 머금은 상태이며, 흙에서는 역겨운 냄새가 배어 나온다. 경험 많은 일꾼은 묘지 속에 물이 가득 찼음을 직감한다. 그러자 교장선생님 이 상황에서 신속하게 판단하기를 할아버지·할머니와 부모님을 자신의 묘 자리를 조성하는 곳에 모시기로 한다.

　결국 네 분 모두 우려했던 대로 물이 가득하였으며, 많은 부분 소골된 상태였다. 그 광경을 지켜보던 노인은 구슬 같은 눈물을 흘리며 이제껏 호의호식하며 살아왔던 자신이 너무나 부끄럽다고 자학하고 계신다.

유골을 수습하는 동안 이곳의 묘소가 물이 차게 된 이유를 조사해 보았다. 물의 상태로 보아 빗물이 스며 들은 것인데, 조부모님의 묘를 쓸 당시 광중 크기를 측정해 보니 약 270×240으로 다소 크게 조성되었다. 그것이 처음부터 그렇게 된 것인지 아니면 후에 한 분을 같이 합장하면서 광중이 넓혀진 것인지는 알 수가 없다.

아무튼 그 후 묘에 4각형의 둘레석을 설치하였는데, 그 석물의 크기가 210×200에 불과하였다. 즉 광중의 크기보다 위를 덮은 봉분의 크기가 더욱 작았던 것이다. 당연히 빗물이 스며들게 되고 둘레석 주변의 땅은 점점 침하되는 현상이 생겼던 것이다. 이렇듯 묘에 석물을 설치하는 것은 깨끗해 보이며 관리하기 쉽다는 장점이 있지만, 자칫하면 위와 같은 위험이 따르게 된다. 특히 기존의 묘에 새로이 둘레석을 설치할 때는 이전 광중의 크기를 가늠할 수 없으므로 더욱 조심스럽게 해야 한다.

한편 인근에다 작업하던 당신의 신후지지에는 앞에서 했던 것과 마찬가지로 조부·조모·부·모 네 분을 함께 모셔드렸다. 비록 당신의 신후지지는 다시 구해야 하지만, 늦게나

마 할아버지·할머니와 부모님을 물속에서 건져 드렸다는 생각에 노인의 만감이 교차하는 듯하다. 이것이 소위 진정한 위선이며 효일 것이다.

결론적으로 결코 처음부터 의도했던 것은 아니지만, 18위·15기의 묘를 4기로 압축할 수 있었다. 이것이 현명한 방법인지는 알 수가 없다. 그러나 언제까지고 조상의 수많은 묘를 후손들에게 대물림 할수는 없는 노릇이다. 물론 백골이 성성이 있는 경우에는 예외일 것이지만, 특별한 땅이 아니라면 거의 소골되었다고 보았을 때 화장에 대한 거부감을 불식시키고 한정된 땅을 최대한 효율적으로 이용하면서 조상의 묘를 관리하기도 쉽다면 한번쯤 고려해 볼 필요가 있다.

13

문중산을 활용한
추모원 조성

2000년 대 들어 장묘문화가 급속도로
바뀌면서 대안으로 납골묘가 널리 확산되고 있다. 그러나 공원묘지
에서 분양하는 납골묘 또는 개인이 조성한 납골묘는 온도와 습도 조
절이 쉽지 않아 관리와 보존에 어려움을 겪고 있다. 빗물이 침투하기
도 하고 벌레와 해충이 유골함 속으로 들어가기도 한다. 조상의 묘를
유지하면서 관리도 편리하여 매장의 대안으로 선택한 방법이지만,
실상은 충격적인 경우가 비일비재하다. 그뿐 아니라 석물은 온도차
에 의해 자주 깨지고 틈이 벌어지기도 해 보수비용도 만만치 않은 실
정이다. 이에 추모원 조성에 대한 새로운 방법을 제시해 보고자 하는
데, 이는 매장과 화장의 장점을 고려한 방법이다. 기존의 납골묘 또
는 납골당이라는 어휘에 부정적 인식이 많으므로 필자는 이하 추모

원이라는 단어를 쓴다.

　참고로 필자는 포크레인 장비에 의해 속성으로 매장하는 방법은 심각한 문제가 유발되어 오히려 망자에게 불리하므로 그렇게 할 바에는 차라리 추모원에 모시는 것이 낫다고 주장하는 편이다.

　또 땅을 얕게 파고 석관을 사용하는 장사방법은 작업은 편리할지 모르지만, 배수가 원활하지 못한 경우가 많다. 따라서 지역의 오랜 관습이라는 것 때문에 무조건 따름은 지양되어야 한다.

　사례) 올해 77세 되신 모씨, 건강이 좋지 않아 자신의 생전에 자신이 묻힐 유택을 미리 조성해 두고자 하여 자신의 선산에서 좋은 곳을 골라 작업하기로 하였다. 이에 가족 모두가 찬동하여 12기를 수용하는 추모원을 조성하기로 하였다. 단 기존 분양되는 형태에 대해서는 부정적이므로 새로운 방법을 제시하였다.

기존의 납골묘 형태

묘지형태의 추모원 조성방법

• 부지를 정한 후 주변을 정리하고 평탄작업을 한 다음, 60cm 깊이로 땅을 판다.

• 상하가 개방된 함(직경 27.5cm, 높이 30cm) 12개를 배열한다. 그런 다음 다시 고운 흙으로 채운다. 시중에서 통용되는 유골함의 크기가 대부분 직경 25cm, 높이 25cm를 넘지 않기 때문에 모든 것을 넣을 수 있다. 유골함을 사용치 않을 경우는 통 하나에 부부가 함께 사용할 수도 있다.

• 회반죽을 그 위에 덮은 후 잘 다진다. FRP 통 위의 회는 제거하

여 통속에는 고운 흙만 채워져 있도록 한다. 사용 시 흙만 들어내고 유골함을 넣으면 된다. 이때 석회가 잘 성형되었으므로 FRP통은 제거해도 된다.

• 각각의 자리에 횡대를 규격에 맞게 덮는다. 통상 위에서부터 자리를 채우면서 내려오지만, 이곳은 필자의 권유로 가운데 안쪽부터 사용하기로 했다. 즉 가장 따뜻한 중앙을 상하로 부부가 사용하고 자식과 손주들은 그 주변을 감싸는 순서로 사용하기로 하였다. 사용한 곳은 횡대위에 지석을 덮어 기록해 두면 된다.

• 봉분을 완성한 모습

이 방법은 사용시마다 봉분을 헐어야 한다는 불편이 있다. 그러나 상을 치루는 것이 자주 있는 것도 아니고 10년에 한 번 씩 새롭게 사초를 한다는 마음이면 크게 불편한 것은 없다. 이때는 봉분만 헐고 다시 조성하면 되므로 인력과 경비도 거의 소요되지 않는다.

이 방법은 우선 이물질의 침입을 예방할 수 있으며, 지표에 드러나지 않기에 추위를 피할 수 있는 장점이 있다. 또 크기를 조절하면 더욱 많이 모실 수 있는 방법이므로 문중 산을 최대한 활용할 수 있는 방법이다.

한편 필자는 동기감응의 가능 여부는 백골만의 문제가 아니라 혼백까지 고려해야 한다고 보기 때문에 추모원도 동기감응이 어느 정도 가능하다고 생각하는 편이다. 따라서 추모원의 입지도 신중히 선택해야 한다.

14

파워스팟에 좋은 땅

파워스팟이란 어느 특정한 땅에 신비한 기운이 있어 그 기운을 체득하면 인체의 건강과 정신수양에 좋다는 곳이다. 파워스팟을 풍수에서는 혈처라 말하는데, 혈은 산 중에서도 따뜻한 지기가 응집된 곳으로 땅의 정기가 충만한 곳을 말한다.

즉 특정 지역에서 가장 건강한 지점을 혈처라 말한다. 이러한 장소는 온기가 밀집된 곳이다 보니 동물들이 보금자리로 이용하고는 한다.

요즈음 들어 각종 암이 생기고 불치병으로 고통을 받는 사람이 증가하고 있는데, 가끔씩 이러한 장소에서 땅의 기운을 온몸으로 체득하는 것도 그리 지루하지는 않을 것이라 생각된다. 혈처는 바람이 차분하고 풍광이 뛰어나며, 편안한 장소이기 때문이다.

천년고찰 마곡사와 군왕대

마곡사는 640년 신라 선덕여왕 때 자장율사가 창건한 유서 깊은 고찰이다. 대웅보전과 영산전 5층석탑 등이 보물로 지정되었으며, 세조임금의 친필 현판도 있다. 근세에는 백범 김구 선생이 황해도 해주에서 일본군 중좌를 처단하고 이곳 마곡사로 도피하여 잠시 승려생활을 하며 은둔하던 곳이기도 하다. 그런데 이러한 사실은 일반인들도 잘 아는 내용이지만, 이곳 마곡사에 군왕대가 있다는 사실은 잘 알지 못한다.

잠시 마곡사에 전해지는 이야기를 들어볼 것 같으면…

마곡사 대웅전 뒤쪽 터는 명당이라고 소문이 났기 때문에 일반인들이 그곳에 남몰래 암장을 하는 일이 빈번하였다고 한다. 그러나 그럴 때마다 천둥번개가 치며 큰비가 온다는 것이다. 그래서 스님들이 뒷산을 조사해 보면 어김없이 암장된 백골이 있더라는 것이다. 이렇듯 묻고 파내는 일이 몇 차례 계속되자 마곡사는 신령한 기운이 보호하는 영험한 곳이라 하여 그 후로는 밀장이 사라졌다고 한다. 그런데 얼마 전 마곡사 스님에게서 들은 바로는 말인즉 맞지만 위치가 대웅전 뒤가 아니고 영산전 뒷산이라는 친절한 설명을 들었다. 그곳에는 군왕대라는 푯말과 세조임금의 거동사실 그리고 계속되는 암장의 방지에 대한 설명이 되어 있다.

군왕대는 마곡에서 가장 지기가 강한 곳으로 가히 군왕이 나올만하다 하여 붙여진 이름이며, 이곳에 몰래 매장하여 나라가 어지러워지는 것을 막기 위해 조선 말기에 암매장된 유골을 모두 파낸 후 돌로 채웠다. 조선 초에는 세조께서 이곳에 올라 내가 비록 한 나라의 왕이라지만, 만세불망지지인 이곳과는 비교할 수 없구나하며 감탄했다고 한다.

군왕대 안내판

이곳 마곡사는 두 곳의 물이 만나 산태극수태극을 이룬 지점에 위치하고 있다. 그 중에서도 군왕대까지 이르는 용세는 우뚝한 주산으로부터 교과서적인 흐름을 보이고 있으며, 특히 굽이치는 용틀임은 매우 역동적이다. 대체로 이렇듯 깊은 산중의 능선은 험한 것이 보통이지만, 이곳은 문무를 겸비한 듯 후덕하고 기품 있는 모습이다. 그리고는 살포시 치솟아 적당한 크기의 둥그런 당판을 형성하였는데, 바로 이 당판의 중심에 집중적으로 암장이 이루어졌다. 비록 암장일 지언정 정확한 혈심을 취했던 것이다.

이렇듯 웅장하고 우뚝한 지세는 거의 예외 없이 조선왕실의 태실로 징발되곤 하였으나 이곳은 어떠한 이유인지는 몰라도 비워져 있으니 영험한 산이 맞는 모양이다. 얼마 전 이곳에서는 G20 정상회의 참가국의 주한대사와 가족들을 위한 템플스테이가 있었는데, 그들은 이곳 군왕대에 누워 지기를 받는 유쾌한 체험을 하였다고 한다. 스님의 말로는 외국인들은 이러한 경험을 소중하게 여기고 긍정적으로 받아들이지만, 우리는 오히려 미신이라 배척하며 멀리하는 현실이 안타깝다는 말을 하고 있다. 백범선생께서도 이곳 영산전과 군왕대를 오르내리며 구국의 길을 고뇌하였을 것이니 마곡사를 방문하는 사람들은 반드시 군왕대를 답사하여 태화산 정기를 온몸으로 체험하기를 권한다. 건강한 땅에서는 건강한 에너지가 발생하기 때문이다.

회룡고조의 땅 경산시 임당동 고분

임당동 고분군은 이곳을 도굴한 도굴범이 유물을 일본으로 밀반출하려다 잡히면서 우연하게 알려지게 되었다. 이에 1982년 영남대 박물관에서 발굴하였는데, 무덤 속에는 피장자와 순장자의 유골이 함께 있었고 금동관 등 수많은 유물이 나와 당시 학계를 놀라게 하였다. 석실묘 등의 묘제로 보아 이곳 임당동 고분은 삼국시대 초기의

무덤 양식이며, 당시 이 지역을 지배하던 압독국 지배자의 무덤으로 추정된다고 발표하였다. 복원된 형태를 보면 이곳의 고분들은 대체로 영남대학교를 바라보는 남향으로 석실을 조성하였다. 전체적인 입지는 좌우에 청룡·백호가 없다. 따라서 장풍을 강조하는 풍수논리로 보면 다소 허전해 보인다. 그러나 풍수고전에는 평지의 바람은 두렵지 않다고 했으며, 또 말하기를 산골짜기에서 부는 음풍이 두려운 것이지 넓은 곳에서 부는 양풍은 해가 없다고 하였다. 이러한 맥락에서 보면 이곳 임당동 고분은 비록 청룡·백호가 없으나 염려할 바는 아니다. 즉 기가 흩어지지 않는 지형이라면 청룡·백호가 없어도 아무 관계가 없다. 반면에 청룡·백호가 둘러주었어도 어느 한 곳이 허전하여 산곡풍이 분다면 기가 흩어지기 때문에 오히려 청룡·

백호가 없는 편이 나은 것이다. 즉 청룡·백호는 풍수에서 필수적인 조건은 아니다.

청룡은 있고 백호가 없어도 역시 길함이요. 백호만 있고 청룡이 없어도 흉함이 아니니, 단지 바깥 산이 연이어서 응해주면 분명 혈이 있어 복이 늘 풍성하리라.

이곳 고분군의 위아래를 거닐다가 문득 오랜 된 은행나무 한 그루가 눈에 띄는데, 족히 수 백 년은 됨직한 의젓한 자태를 하고 있다. 마치 자신의 그늘에 와서 쉬고 가라는 듯 넓은 그늘을 마련해 주고 있다. 그런데 그곳이 통통하고 안정적인 모습을 하고 있어 필자의 눈에는 심상치가 않다.

처음부터 차분하게 점검을 해 보면 대구한의대 뒤 백자산에서 영남대를 거쳐 달려온 용세는 불현 듯 180도 몸을 뒤집으며 회룡고조의 형태를 하고 있다. 회룡고조는 선조를 바라보는 형상으로 효자가 나고 조상의 음덕으로 부귀를 이룬다는 땅이다. 그리고 더욱 좋은 것은 멀리서부터 물이 이곳을 향해 구불구불 들어오는 것인데, 만일 당신이 빨리 발복을 하고 싶으면 물이 들어오는 땅을 구하라는 말이 이러한 형태를 말함이다. 산세는 길게 이어지면서 순하게 살을 벗었고 고분의 뒤쪽에는 높지 않지만 넉넉한 주산을 형성하였다. 다시 은행나무가 서 있는 지점은 뒤편에서 잘록한 형상을 이루고 미세하게 솟구친 형태를 이루고 있다.

만약 이곳이 지배계급의 묘 터가 아니라면 능히 묘 하나를 수용할 수 있는 적당한 크기지만, 지배계급의 입장에서는 자신의 위엄을 과시하기에는 턱 없이 작은 관계로 선택받지 못하고 이제껏 살아남은 것으로 보인다. 즉 진혈의 당판은 이처럼 크지 않은 것이다. 그러고 보니 은행나무의 자태도 예사롭지 않은데, 이곳 고목 밑에서 몸과 마음을 치유하는 힐링을 권유하고 싶은 곳이다. 진혈은 인체에 유익한 생기를 발현하는 파워스팟(Power Spot)이기 때문이다.

김성우장군 묘소

장군은 고려 말 장군으로 지금의 대천 보령 지역에서 왜구를 수차례에 걸쳐 크게 섬멸하였다. 1392년 이성계가 위화도 회군으로 조선을 건국하면서 새 나라에 참여할 것을 수차에 걸쳐 회유하였으나 거절하였고 오히려 자신의 군대로 이성계를 치려고 했으나 세가 불리하여 뜻을 이루지 못하였다. 장군은 크게 탄식하며 "하늘은 나를 세상에 태어나게 하고 이성계는 또 어찌하여 탄생케 했는가" 하며 자결하여 고려에 대해 끝까지 충절을 지켰다. 장군은 동시대를 활약한 최영 장군보다는 12년 후배이고 이성계 보다는 7년 앞선 장군이었다.

이곳 묘소를 보면 가느다란 능선에서 이어진 맥이 산 끝에 와서 크게 뭉친 모습을 하고 있다. 마치 호박넝쿨이 가늘게 이어지다가 열매를 맺듯이 고밀도로 농축된 결정체를 이룬 것이다. 묘소 앞에는 널따란 논밭을 이루었고 청룡·백호는 겹겹이 묘를 향해 감싸주고 있다. 그리고 그 너머로는 웅장한 산이 펼쳐져 있으니 참으로 아름다운 땅이 아닐 수 없다.

위치 : 보령시 청라면 라원2리

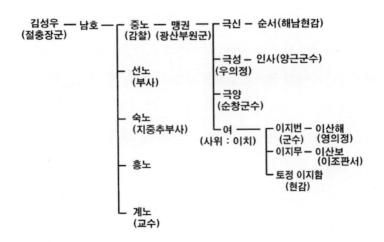

김성우 — 남호 ┬ 중노 — 맹권 ┬ 극신 — 순서(해남현감)
(절충장군)   │ (감찰) (광산부원군) │
             │   ├ 극성 — 인사(양근군수)
             │   │ (우의정)
             ├ 선노   ├ 극양
             │ (부사)   │ (순창군수)
             │   └ 여 ─── ┬ 이지번 — 이산해
             ├ 숙노   (사위 : 이치) │ (군수)   (영의정)
             │ (지중추부사)   ├ 이지무 — 이산보
             │   │   (이조판서)
             ├ 흥노   └ 토정 이지함
             │   (현감)
             │
             └ 계노
               (교수)

　광산김씨 족보를 살펴보면 장군의 5손자는 당시로서는 매우 드물게 장수하고 있다. 따라서 건강과 장수에 어울리는 파워스팟 장소라 할 수 있다.

도의선사와 일연스님이 수도하던 거북바위

　강원도 양양 둔전리에는 도의선사가 40년 간 머물며 선종을 전파하던 진전사지가 있다. 지금은 비록 폐사되어 삼층석탑만 남아있으나 석탑의 형태는 단아하면서도 기품 있는 자태로 국보 제122호로 지정되었다. 둔전사지 앞에는 설악산 대청봉에서 발원한 물치계곡이 흐르는데, 여름이면 피서객들로 발 디딜 틈 없을 정도로 물 맑고 시원한 계곡이다. 물치계곡에는 거북바위라 불리는 기암괴석이 물 한 가운데 우뚝 서 있는데, 마을 사람들에 의하면 거북바위는 조계종의

종조로 불리는 도의선사와 삼국유사를 지은 일연스님이 수도하던 곳
이라고 한다. 도의선사는 중국의 달마대사와 비견될 정도로 명망 높
은 스님이며, 일연스님은 이곳 진전사에서 14세부터 7년간 수행하면
서 구족계를 받았다. 거북바위라는 이름은 바위 상류에서 보면 거북
의 머리가 뚜렷하며, 거북의 꼬리에는 알의 형상도 있기 때문이다.
이는 마치 동해바다의 거북이 알을 낳으려 뭍으로 올라와 이곳에서
알을 낳는 형상을 하고 있다. 그런데 거북의 등에는 무언가 잔뜩 실
려 있는 형태를 하고 있다. 이는 마치 영험한 거북이가 재물을 등에
지고 있는 모습이다. 그 힘이 얼마나 강렬한지 인근 펜션에 놀러 온
사람들은 멀리서 보고는 반드시 이곳 바위까지 이끌려 온다. 그리고
는 영험한 거북에게 자신의 소원을 비는데, 거북바위의 기를 받으면
신비한 일이 생길 것 같다는 믿음이 간다는 것이다.

　이렇듯 사방이 물속에 잠긴 바위를 풍수에서는 물의 출입을 단속
하는 역할이라 해서 귀하게 여긴다. 바위가 물속에서 물 빠짐을 통제
하는 역할을 하기 때문이다. 풍수에서는 또 말하기를 만약 물속에 이
와 같은 기암이 보이면 반드시 그 안쪽에 좋은 땅이 있을 것이니 찾
아보라고 하였다. 이러한 형태의 바위는 명당의 존재를 알려주는 증
거인 것이다. 이곳과 비슷한 사례로 경남 의령의 남강에는 강 한 가
운데 다리가 셋 달린 솥 바위가 있어 남강 상류에서 삼성그룹 이병철
회장, LG그룹 구인회회장, 효성그룹 조홍제회장이 태어났다고 전해
진다. 그리하여 인근을 지나는 사람들은 다리 밑에 차를 세우고 꼭

위치 : 양양군 강현면 둔전리 산6번지 물치계곡

들렀다 가고는 한다. 자신들도 솥 바위의 영험한 기운을 나누어 받고 싶은 마음일 것이다.

여름철 양양을 여행한다면 한번쯤 들러 진전사 삼층석탑과 거북바위에서 파워스팟 체험을 하는 것도 그리 시간낭비는 아닐 것이다.

고려의 충신 오국화 묘소

본관은 해주 호는 금산. 예의전서 · 경상도안렴사 등을 역임하였다. 정몽주가 죽었다는 말을 듣고 며칠 동안 통곡하다가 문소(현재의 의성)의 금산에 숨어서 벼슬에 나가지 않았다. 이성계가 건국한 뒤 그의 절의를 높이 평가하여 몇 번이나 불렀으나, 그 때마다 더러운 소리를 들었다 하여 냇물에 나가서 귀를 씻었다 한다. 후인들은 그

냇물에 세이천이라는 이름을 붙였으며, 유림에서는 그의 충절을 추모하여 우곡서원을 짓고 배향하였다.

이곳의 산세는 한 마디로 천하절경을 이루고 있다. 높은 곳에 있어 뭇 산들이 발아래 있으면서도 허전하지 않고 물 빠짐 또한 보이지 않는다. 이곳에 오면 꽉 막힌 가슴이 한 순간에 뚫릴 것 같은 곳이어서 마음이 절로 통쾌해진다. 그러나 현재의 묘소는 약간 밑으로 내려가 있다. 즉 파워스팟을 하기에는 묘소 뒤편이 가장 좋은 곳이니 예를 표한 다음에는 묘소 봉분에 올라가지 말라는 뜻이다. 이곳의 용세는 다소 역동적이지 못한 것이 흠이지만, 그 또한 지엽적인 문제일 뿐 파워스팟에는 최적의 장소라 할 수 있다.

위치 : 의성군 의성읍 업리

바람을 알면
건강하고

물을 알면
부자가 되며

땅을 알면
귀하게 되고

이치을 알면
실패하지 않는다

04

이치 理

이치를 알면 실패하지
않는다

01

각 방위의 성격을 알아야

일반적으로 풍수에서 사용하는 방위는 24방위지만, 동서남북과 8방위만 정확히 알면 실내 인테리어에 얼마든지 응용할 수 있다.

건강에 응용

간이 좋지 못한 사람이라면 간은 녹색을 의미하므로 녹즙이나 올갱이를 섭취하면 도움이 된다.

심장이 좋지 못한 사람이라면 심장은 빨간색을 의미하므로 산딸기나 연어와 같은 붉은 음식을 먹으면 도움이 된다.

폐가 좋지 못한 사람이라면 폐는 흰색을 의미하므로 도라지나 우유와 같은 흰 음식을 먹으면 도움이 된다.

신장이 좋지 못한 사람이라면 신장은 검은색을 의미하므로 검은 쌀이나 오골계와 같은 음식을 먹으면 도움이 된다.

	오행	색상	가족관계	맛	시간	계절	인체장기	특징 및 성격
동	목	녹색	장남	신맛	아침	봄	간장	성장 희망 진취적 발전적 충동적 신경질적
동남	목	녹색	장녀	신맛	오전	봄 여름	쓸개	결혼 신용 인맥 교제 여행
남	화	빨강	중녀	쓴맛	대낮	여름	심장 눈	명예 재능 화려 사치 낭비 자유분방
남서	토	황색	어머니	단맛	오후	여름 가을	위장	검소 성실 보수적 침착함 정적(靜的)
서	금	흰색	삼녀	매운맛	저녁	가을	폐	휴식 결실 숙면 기쁨 희열 센티멘탈 감상적 금전운
북서	금	흰색	아버지	매운맛	밤	가을 겨울	머리	남편 가장 우두머리 권위 출세 금전운
북	수	검정	중남	짠맛	한밤중	겨울	신장	학문 지혜 냉정 차분함 침착
북동	토	황색	삼남	단맛	새벽	겨울 봄	허리	자손 건강 상속 금전운 이사 변화

성격에 응용

우리 집 아이가 지나칠 정도로 활동적이고 정신집중이 산만하다면, 남쪽의 화려한 방위보다는 다소 정적이고 어두운 북쪽에 배정할 필요가 있다. 방의 인테리어도 다소 차분한 색으로 꾸며주면 좋다.

반면에 우리 집 아이가 내성적이라면 오히려 밝은 기운이 있는 동남쪽이나 남쪽으로 방을 배정하면 좋다. 방의 인테리어 역시 밝고 환한 색상으로 꾸며주면 된다. 이때 아이의 옷 색상도 각각의 성격에 맞게 선택할 수 있다.

방의 배분

표에서 보듯 아들은 동쪽이 좋고 딸에게는 동남쪽 방위가 가장 좋다. 두 곳은 성장하는 아이들에게 신선한 에너지를 주기 때문이다.

가장의 서재는 북서쪽이 좋다. 북서쪽은 8방위 중 가장 힘이 큰 건괘로 남편과 우두머리를 뜻하기 때문이다. 그러나 아이들 방이 이곳에 있다면 오히려 그 아이가 집 안의 우두머리가 되는 셈이다. 따라서 가급적 북서쪽은 남편과 가장의 공간으로 배치함이 좋다. 만약 부엌이 북서쪽에 있다면 주부가 가장이 되므로 부인의 주장이 강한 집일 가능성이 있다.

교제에 서투르고 인맥이 부족하다면 동남쪽의 밝고 경쾌한 기운을 받으면 도움이 된다.

숙면을 취하지 못한다면 서쪽의 공간을 이용하거나 또는 침대 머리의 방향을 서쪽으로 바꾸면 도움이 된다.

음악이나 미술 등 재능을 요하는 사람은 남쪽의 번뜩이는 기운이 알맞은 곳이다.

수험생은 공부에 집중할 수 있는 차분하고 정적인 방위가 좋으므로 북쪽이 가장 좋은 곳이다.

그러나 집은 이미 나의 의사와 관계없이 지어진 것이기 때문에 현실에 맞게 적용하기는 쉽지 않다. 이때는 각 방의 인테리어를 활용하여 각자의 분위기에 맞게 꾸미는 것도 방법이 된다. 예를 들면 성장기의 어린이들이 쓰는 공간이라면 밝고 환한 것이 좋고 중년 이후의 사람들은 차분한 분위기로 꾸미는 것이 도움이 된다.

이상과 같이 8괘의 성격과 특징을 이용해 설명해 보았지만, 이것의 응용은 다양하다. 이는 전문가가 아닐지라도 누구나 손쉽게 활용할 수 있으므로 각 방위의 성격만 잘 이해하면 된다.

오행상생상극

앞에서 오행 상생상극을 말했으니 그 정도는 기본적으로 이해하고 가도록 하자. 우리 일상에서 활용이 무궁무진하기 때문이다.

오행이란 인간의 생활에 가장 필요한 다섯 가지를 말하는 것으로 나무 · 불 · 흙 · 쇠붙이 · 물을 말한다. 이것은 서로 긴밀한 협조를 이루기도 하고 때로는 적대관계에 있기도 한다. 사주도 오행으로 풀이하는데, 다섯 가지가 고루 분포되어 있는 경우를 좋은 사주로 간주한다. 상생상극은 한의학에서 특히 자주 활용한다. 예를 들면 간이 안좋은 사람은 폐의 기운이 강하기 때문에 폐를 진정시키는 처방을 하기도 한다. 간은 오행으로 목이고 폐는 금이기 때문에 금극목하여 간이 좋지 않은 경우도 있기 때문이다. 그러나 이에 대해서는 정확한 진단이 선행되어야함은 물론이다.

상생

목생화 : 나무는 불을 살리고

화생토 : 불은 재가 되어 땅을 기름지게 하고

토생금 : 흙은 금 · 은 등의 광물을 만들고

금생수 : 암반에서는 물을 생성하고

수생목 : 물은 나무를 성장 시킨다.

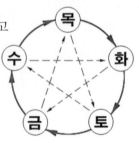

상극

목극토 : 나무는 흙의 영양분을 빼앗고

토극수 : 흙은 제방이 되어 물길을 막고

수극화 : 물은 불을 끄고

화극금 : 불은 쇠붙이를 녹이고

금극목 : 쇠는 나무를 자른다.

한편으로는

목생화하지만 불이 거세면 나무가 죽고

화생토하지만 흙이 많으면 불이 꺼지고

토생금하지만 광석이 많으면 상대적으로 흙이 적고

금생수하지만 물이 많으면 광물이 물속에 잠기고

수생목하지만 나무가 많으면 물이 줄어든다.

목극토하지만 흙이 많으면 나무가 묻히고

토극수하지만 물이 많으면 흙이 사태가 나고

수극화하지만 불이 거세면 물이 줄어들고

화극금하지만 금속이 많으면 불이 약해지고

금극목하지만 나무가 많으면 오히려 쇠붙이가 무뎌진다.

이상 보았듯이 오행은 상호 보완적으로 유지했을 때 좋은 것이지 어느 한쪽이 없는 것은 힘의 균형을 잃은 것이고, 반면 어느 한쪽이 지나치게 많은 것도 마땅치 않으니 과유불급이라 하였다.

02

요철이 심한 건물은
잡음이 많고

산과 강을 유기체로 여기는 풍수이론은 넓은 의미에서 애니미즘적 사고에 바탕을 두고 있으며, 철학적으로는 물활론과 상통하고 지구과학 가이아이론과 맥락을 같이 한다. 애니미즘은 생물이거나 무생물이거나를 막론하고 모든 것은 혼이 있다는 사상을 말하고 물활론 또한 모든 물질은 그 자체로 살아 있다고 보는 철학체계이다. 가이아이론은 지구를 하나의 생명체이자 유기체임을 강조하는 이론이다. 이때 가이아이론이 지구전체를 유기체로 보는 거시적 성격이라면 풍수지리론은 지구를 구성하는 산과 강을 살아있는 존재로 인식하는 미시적 안목이라 할 수 있다.

풍수지리는 사람의 관상을 보는 인상학과도 유사한 면이 있다. 다만 인간의 심성은 겉과 속이 다를 수 있으나 산과 강 등의 자연은 자신의 내면적 모습이 외면에 그대로 투영된다. 즉 풍수지리는 모든 사물은 내면적 성질이 곧 외형이며, 외형은 내면의 성질과 일치한다는 인식체계이다.

그리하여 풍수고전에서는 산의 모습에 따른 길흉을 다음과 같이 설명하고 있다.

산의 형상이 수려하면 수려한 기가 있고, 추악하면 추악한 기가 있을 뿐이다. 이것을 응용하면 다음과 같이 정리할 수 있다.

둥근 것은 부드럽고, 예리함에는 날카로운 기운이 있다.

복잡함은 어지러운 기운이 있고, 반듯함은 단정한 기운이 있다.

기운 것은 의지함이요, 안정적인 것은 편안함이 있다.

등을 돌림은 미워함이고, 마주보면 기뻐함이다.

뚫린 곳이 많으면 기가 빠져나가고, 뿌리가 취약함은 불안함이다.

홍콩상하이은행

중국은행

이렇듯 풍수에서는 건물을 산으로 간주하기 때문에 집과 건물을 보는 것이 다르지 않다. 몇 가지 사례를 소개해 보겠다.

홍콩 상하이은행과 중국은행의 풍수전쟁은 유명한 일이다. 1989년 지어진 중국은행 건물은 영국 총독관저와 영국계인 상하이 은행을 제압하기 위해 의도적으로 날카로운 칼 모양으로 지었다는 설이 있다. 그러자 영국 총독관저는 살기를 피하기 위해 나무를 심었고, 칼의 형상인 중국은행에 맞서기 위해 상하이 은행 옥상에 대포 형태의 구조물을 설치해 맞대응하였다.

무케시 암바니 사저 안틸리아

인도 최고 갑부 '무케시 암바니'는 약 1조원이 넘는 막대한 돈을 들여 27층 규모의 사저 안틸리아를 지었으나 풍수가 좋지 않다는 이유로 입주하지 않고 가끔 별장으로만 쓰고 있다. 인도 풍수가의 말에 의하면 안틸리아는 건물의 형태가 매우 불안정할 뿐 아니라 동쪽의 창은 작고 서쪽 창이 크기 때문에 좋은 기를 받지 못하는 형태라고 한다. 이는 전두환 대통령이 청와대 현관을 서쪽에서 남쪽으로 바꾼 것과 같은 이유라 할 수 있다. 마치 성냥갑을 쌓은 듯한 매우 기형적인 형태를 하고 있다.

1936년 미국의 건축가 '프랭크 로이드 라이트'가 펜실베이니아 산속에 자연을 최대한 활용해서 지은 건물로 많은 건축학도가 답사하는 세계적인 건축물이다. 작은 폭포 위에 건물을 지어 낙수장(Falling Water)이란 이름으로 불리는데, 폭포에 포인트를 두다보니 건물이 필로티 형태가 되었다. 그러자 물길은 바람길이 되어 물소리 바람소리 요란한 집이 되었으며, 마치 집 내부에서 금전이 새는 듯한 형태가 되고 말았다. 좋은 집의 조건이란 외형적 아름다움도 중요하지만,

그곳에 거주하는 사람의 심신을 편하게 하는 기능이 선행되어야 한다. 결국 이곳에 사는 사람은 심한 소음을 견디지 못해 떠나고 지금은 박물관으로 이용될 뿐이다. 사람이 살도록 설계되었지만 사람이 살 수 없는 집이라면 좋은 집이라 할 수 없다.

　조선을 침탈한 일제는 총독부 건물을 의도적으로 경복궁 근정전 앞에 크고 높게 지어 조선왕실을 탄압하고자 하였다. 풍수에서 앞산이 억누르듯 높으면 매사에 되는 일이 없다고 하는데, 실제로 조선왕실은 반세기 동안 일제에 의해 철저하게 유린당하고 말았다.

명암타워는 청주시 상당구 용담동 시유지에 민자를 유치하여 2003년 준공되었다. 디자인적인 측면에서 보면 신선하고 획기적인 모습일지 모르지만, 건물의 뿌리가 약해 매우 불안정한 형태를 하고 있다. 또 날카로운 예각은 보는 사람의 심성까지도 예민하게 만든다. 시공사인 모 건설사는 이 건물을 완공 후 부도로 도산했으며, 설계자는 급사하여 흉흉한 소문이 돌기도 한다. 현재는 컨벤션 센터가

용산구청

입주하여 있으나 대부분 비어있는 상태다.

용산구청사는 밑변이 좁고 상부가 넓은 가분수적 형태를 하고 있어 뿌리가 취약한 모습이다. 이곳을 지나는 사람들은 불편한 한마디를 꼭 한마디씩 한다.

"무슨 건물을 저렇게 지었어?"

종로타워

종로타워는 가슴이 뻥 뚫린 형태를 하고 있다. 이는 바람길이 되어 외풍에 취약한 형태가 됨으로서 마치 기가 빠져 나가는 듯한 모습이 되고 말았다.

POST TOWER로 불리는 중앙우체국의 외면적 형상은 두개의 건물이 서로 갈라지는 형상을 하고 있다. 그래서 일각에서는 마치 도끼로 맞은 것 같다고 하는데, 상생이 아닌 분열을 조장하는 것 같다고 말한다.

얼마 전 모 신문사가 건축전문가 100명에게 설문조사를 했는데, 최악의 건축물에 서울시청사가 1위를 차지했다.

중앙우체국

서울시청

많은 사람들이 이것을 보고 대형 쓰나미가 연상된다고 하는데, 시민들의 휴식공간인 서울광장을 덮치듯 한 형상이다.

우리 속담에 말이 씨가 된다는 말이 있다. 많은 사람의 구설수에 오르내리면 결국에는 그렇게 되고 만다는 의미이다. 비슷한 사례로 물에게 따뜻한 말을 건네면 결정체가 아름답게 나타나지만, 부정적인 말을 들은 물은 기괴한 형상으로 변한다고 한다. 우리가 보기에 생명이 없는 하찮은 것조차 사람의 말에 민감하게 반응을 하는데, 하물며 사람이 생활하는 집은 그에 못지않을 것이다.

이러한 맥락에서 보면 사람이 살고 생활하는 집과 건물은 좀 더 차분하고 안정적인 형태를 함으로서 편안한 느낌을 주는 것이 나을 것이다. 특히 수많은 국민을 책임지는 공공건물은 구설수에 오르내리는 형태보다는 겸손하고 편안한 형상이 되었으면 하는 아쉬움을 금할 길 없다.

03

모난 돌이 정 맞는다

시내 중심지 도로의 양쪽에는 높은 빌딩이 줄지어 서 있다. 그러나 자세히 보면 건물이 약간씩 차이가 남을 볼 수 있다. 어떤 건물은 좀 더 돌출된 형태이고 또 어떤 건물은 약간 들어가 숨은 형태를 하고 있다.

서울시내에서도 가장 번화한 강남 테헤란로 인근의 사례다. 모 외국계 회사가 강북에 있다가 사세가 늘어나자 이곳 테헤란로의 한 건물에 세를 얻어 입주를 하게 되었다. 그러나 그림에서 보듯이 주변의 건물은 모두 일정라인을 지키고 있는데, 이 빌딩은 인도 쪽으로 튀어나와 돌출된 상태다. 그 중에서도 대표 이사실은 튀어나온 창가 쪽을 차지하고 있는데, 튀어나온 곳이 전망이 좋기 때문이었다. 그러나 이곳으로 입주하고 부터는 사세가 내리막길을 걸을 뿐 아니라 크고 작

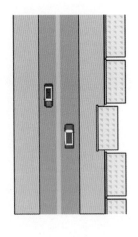

은 불협화음으로 인해 하루도 편한 날이 없을 정도로 긴장의 연속이라고 한다. 거기에 더해 대표이사는 심한 스트레스가 쌓여 중병까지 걸리게 되었다.

모난 돌이 정 맞는다고 하였다. 자신들은 전망 좋은 곳이라 생각했지만, 주변과 달리 돌출된 모습은 세찬 바람을 맞을 뿐 아니라 이웃과 화합하지 못하는 형태가 되고 말았다. 따라서 건물을 정할 때는 이웃과의 관계를 주의 깊게 살필 필요가 있다.

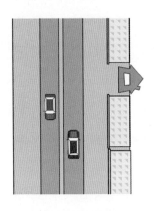

반대로 주변과 달리 움푹 들어간 곳에 자리한 건물도 있다. 도로에서 잘 보이지 않기 때문에 사람들은 그곳에 무엇이 있는지 알지를 못한다. 20년 전 강남에서도 부촌으로 이름난 이곳에 터를 잡은 노부부는 어떠한 이유인지 모르지만 도로보다 약간 들어간 곳에 집을 지었다. 그러나 집을 짓고 몇 해 살지 못하고 연쇄살인범에 의해 무참히 살해되고 만다. 그 다음에는 연예기획사가 그 건물로 입주하지만, 모 연예인은 그곳에서 은밀한 성 접대를 해야 하는 시달림 끝에 유서를 남기고 자살하고 만다. 당연히 그 연예기획사는 언론으로부터 숱한 지탄을 받고 잠적하고 말았다. 이러한 건물은 외부에서 눈에 잘 띠지 않기 때문에 오히려 범법자에게는 좋은 표적이 된다. 안에서 무엇을 해도 외부에서는 전혀 모르기 때문이다. 또 남들과 어울리지 못하는 음성적인 모습이므로 은밀한 거래와 탈법적인 장소로 안성맞춤인 셈이다. 이러한 곳은 일반적인 가정집보다는 룸살롱이나 요정 혹은 심부름센타에 적합한 곳이다.

따라서 건물은 이웃과 차별화된 독창적인 디자인도 좋지만, 주변과 어울리는 조화가 우선되어야 한다.

건물도 이웃을 잘 만나야

필자의 친구 중에는 여의도에서 10여명의 직원을 두고 회사를 운영하는 고교동창생이 있다. 이 친구가 갑자기 연락이 와서 회사를 방문하니 자신이 근자에 이러저런 문제가 생겨 약 30억 정도의 큰 손해를 보고 있는데, 무

슨 문제가 있는 것은 아닌지 답답한 마음에 필자에게 연락을 취해 보았다는 것이다. 평소에 풍수에는 별로 관심이 없던 친구이다 보니 아마도 다급했던 모양이다. 대화를 나누다 우연히 창밖을 보니 약 30m 맞은편 건물이 날카롭게 사무실로 향하는

형태가 보인다.

"친구 저 아파트는 언제 지어진 것인가?"

"음! 전에는 5층짜리 낡은 아파트였는데, 재개발해서 고층아파트를 짓고 입주한 것이 아마 3년쯤 되었을 것이야"

"저 아파트의 날카로운 모서리가 마치 칼날 같이 정확하게 자네 사무실을 향하고 있구먼..."

"그러고 보니 그렇네?"

"혹시 자네 회사가 곤경에 빠진 것이 저 아파트의 완공과 시기가 맞지 않는가?"

"맞네 맞아. 저 아파트가 완공되고 입주가 시작되면서부터 크고 작은 문제가 생겨 거래처에서 크레임을 제기하고, 직원이 사고를 치는 등 여러 가지 문제가 연이어서 터지더군"

"믿기 어려운 말이겠지만, 건물도 이웃을 잘 만나야 하네.

저 고층 아파트는 마치 칼날 같은 형상이 되어서 큰 칼로 자네 건물을 내려치는 듯한 형상이기 때문에 별로 기분이 좋지 않아.

자네 혹 밥상 모서리에 앉지 말라는 얘기 들어보았을 것이야

뾰족한 모서리에는 예리한 힘이 몰려 있어 내 몸에 비수를 꼽는 것처럼 몸을 상할 수 있기 때문에 그런 말이 나온 것이야

따라서 자네 회사의 문제도 그러한 맥락에서 이해하면 빠를 것이네."

"친구 말이 맞는 것 같아. 그러면 나는 어떻게 해야 하는가?

"어떻게 하긴 다른 곳으로 사무실을 옮겨야지"

"알겠네. 당장 사무실을 옮기겠네"

다음 주 그 친구는 인근으로 전격 이사를 하게 된다. 사무실을 얻기 전에 필자가 먼저 주변을 자세히 살펴주었음은 물론이다.

04

출입문과 정면으로
마주 앉지 말아야

사례1

필자가 한때 강의를 나가던 경기도 모 대학의 사례다. 첫 강의 때 인사차 들른 책임자의 사무실은 좌우가 길고 앞뒤가 짧은 형태의 구조였다. 아래 그림 보듯이 출입문과 정면으로 마주하는 곳에 책상이 있으며, 문을 열고 보면 긴 복도의 끝에 앉아 있는 것이다.

이것저것 실무적인 대화를 나누고 필자가 묻기를

"이곳에서 근무한지 얼마나 되었습니까?"

"10개월 쯤 되었습니다만 병원에 6개월 있었으니, 실제 이 사무실을 사용한 것은 4개월 되었습니다."

"병원에는 무슨 일로 갔는데요?"

"이 자리에서 근무하다 3개월쯤 지나서 갑자기 심근경색이 와서 병원에 응급으로 실려 갔습니다. 병원에서 말하기를 조금만 늦었어도 큰일 날 뻔 했다고 하더군요. 병원에 입원했다 나온 지 얼마 되지 않았습니다."

"책상은 그때 그대로 인가요?"

"네 그렇습니다만 무슨 문제 있나요?"

"지금처럼 앉아 있게 되면 문을 열 때마다 바람이 들이치게 됩니다. 이 러한 바람은 극풍이라 하는데, 마치 길고 날카로운 창에 찔리는 듯한 모습 입니다. 풍수에서 매우 꺼리는 배치로 좋지 못한 일이 자주 일어나게 됩니 다."

"그래서 그런지 밥을 먹어도 소화가 안 되고 늘 초조하고 불안합니다.
집에서도 잠을 잘 때는 자주 악몽에 시달리곤 해서 늘 피곤한 상태입니 다. 제가 업무가 바뀌어서 스트레스를 받아서 그런가보다 생각하고 있어 요."

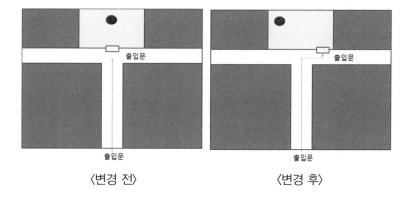

〈변경 전〉   〈변경 후〉

"실내에서는 출입문과 책상을 마주보고 앉는 법이 아닙니다. 출입문을 바꾸고 책상 위치도 변경해야 합니다."

"제가 쓰러진 게 책상위치와 관계가 있나요?"

"그것 때문이라 단정할 수는 없습니다.

그러나 풍수에서 매우 불리하게 여기는 것은 틀림없습니다."

"알겠습니다. 당장 내일 책상부터 옮기고 출입문을 바꾸겠습니다."

출입문을 바꾸고 책상을 새로 배치한 2년 후 책임자는 건강을 완전히 회복하였다고 한다.

사례2

인천 00동 합판을 파는 점포 사례다. 점포의 좌우에 합판을 쌓고 가운데 통로를 만들었으며, 끝 지점에 내실을 만들어 사람의 출입을 볼 수 있도록 배치를 하였다. 그러자 위 사례와 마찬가지로 출구가 좁고 긴 형태가 되었다.

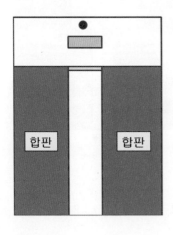

첫 번째 주인은 1997년 개업했으나 2년 후 IMF 때 7억이라는 큰돈을 빚지고 부도가 나고 말았다. 두 번째 주인은 경매에 나온 것을 헐값에 인수하여 그 상태 그대로 합판가게를 운영하였다. 그러나 인수한지 3개월 만에 부부싸움 끝에 가게 앞 도로에서 분신자살하고 말았다. 이 소문은 순식간에 퍼져 터가 나쁘다는 소문이 퍼지게 된다. 점점 집값이 떨어지자 싼 값에 매력을 느낀 김모씨가 필자에게 감정을 의뢰한 것이다.

"선생님 이 가게가 정말 재수 없는 터인가요?"

"이곳에서 무엇을 하려고 합니까?"

"저는 세탁소를 하고자 합니다."

"그러면 전에 하던 합판가게와 달리 내부구조가 전혀 달라지겠군요?"

"그렇습니다. 전혀 달라집니다."

"그렇다면 아무 염려 말고 자신 있게 계약하십시오."

그리고는 합판가게의 구조와 그러한 사례에 대한 설명을 자세히 해주었다. 그 후 가게를 인수한 김모씨 영업이 잘 되어서 집도 몇 채 샀다고 한다.

사례3

1990년 대 어느 한의원의 실제 있었던 일이다. 청량리에 침을 잘 놓기로 소문난 한의사가 있었는데, 입 소문이 퍼져 TV에도 출연할 정도로 유명인이 되었다. 그러자 손님이 밀려들어 이웃 큰 건물로 병원을 옮기게 되었는데, 한의사 원장실의 내부구조가 그림과 같이 좌우 폭은 길고 앞뒤로 좁은 구조였다. 필자의 스승은 그분과 친분관계가 있었던 터이기에

"장원장 출입문과 책상이 이렇게 마주보고 있으면 좋지 못해. 더군다나 이곳처럼 서쪽에 앉아서 동쪽을 바라보면 오행상 금과 목이 서로 상극이

되어서 불리한 것이야"

"하하하! 김풍수 내가 한의원만 20년 넘게 한 오행 전문가 아닌가? 당신이 나한테 오행 상생상극을 말하니 어째 좀 어색하구먼.

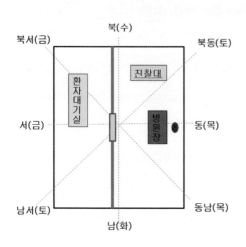

그리고 김풍수 저 밖을 보시게 저토록 손님이 밀려들어오니 정신이 하나도 없구먼. 나중에 따로 이야기 함세"

그러나 이곳으로 옮긴 지 3년 되던 해에 건강하던 장원장은 갑작스럽게 심장마비로 죽고 말았다. 직접적인 원인은 과로였지만, 스승께서는 사무실 구조에 대한 아쉬움이 남는다고 늘 입버릇처럼 말씀하던 곳이다.

이러한 배치인 경우 혹 다르게 좌향이 다르다고 해서 달라질 것은 없다. 출입문과 마주보는 형태로 가까우면 화가 빠른 것이고 멀면 다소 더딜 뿐 화를 피해갈 수는 없다. 이럴때는 출입문과 병원장 사이에 바람을 차단할 수 있는 칸막이 등의 소품을 활용하면 어느 정도 피해갈 수 있다. 그러나 궁극적으로는 자리를 옮기는 것이 좋다.

사례4

모 부처의 고위급 인사 사무실이다. 이곳으로 새롭게 발령을 받아 필자에게 점검을 부탁한 것인데, 1번 지점에 앉아 있었다.

"왜 이곳에 책상을 놓았습니까?"

"전임자들 책상이 늘 이곳에 있었다고 합니다. 그래서 옮기지 않고 있는 것입니다."

"전임자들은 어떠했다고 합니까?"

"이것저것 부서 내에서 잡음이 많아 대부분 불명예스럽게 퇴진하거나 더 이상 승진하지 못했다고 합니다. 사실은 그래서 선생님을 모시게 된 것입니다. 무슨 문제가 있는게 아닌가 해서요"

"최고책임자는 앉는 위치부터 기품이 있어야 합니다.

지금은 아랫사람이 보고하러 들어오면 고개를 좌측으로 90도 돌려서 바라보는 형태가 되는데, 매우 부자연스러울 뿐 아니라 힐끗 쳐다보는 것이 바람직한 모습이 아닙니다.

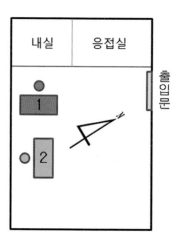

최고책임자는 고개를 똑바로 들고 당당하게 바라보는 모습이 되어야 위엄 있게 통솔할 수 있습니다.

따라서 책상을 2번 지점으로 옮기십시오."

"그러면 이곳에서 책상만 돌리면 되지 않습니까?"

"그렇게 되면 출입문과 정면으로 마주치는 형태가 되므로 더 좋지 못합니다."

책상을 필자의 권유대로 바꾼 후 그는 조직 내 막강한 위치로 승진하여 승승장구하고 있다.

05

음식점은 내부 구조가
좋아야

2002년 필자의 후배가 경기도 모처의
단독주택에서 한식집을 개업하였다. 당시는 경기가 좋던 때였기 때
문에 후배는 직장을 그만두고 관공서 인근의 음식점을 인수했던 것
이다. 나름대로 상권 분석을 해보니 전에 하던 주인은 모두 실패했는
데, 그 이유는 맛에 문제가 있었기 때문이라는 것이다. 따라서 자신
은 차별화된 전략으로 일류 요리사를 고용해 최고의 맛집으로 승부
를 내겠다는 것이다.

음식점이라는 것이 누구나 다 개업할 때는 자신은 성공할 것이라
는 희망을 갖고 하지만, 현실은 전혀 야박하다는 것을 아직은 모를
때이기 때문에 내심 걱정을 안고 개업식에 참석하였다.

"형님! 잘 오셨어요. 어때요 가게가 근사하지요? 시청 근처라 공무원들

의 출입이 많은 곳입니다."

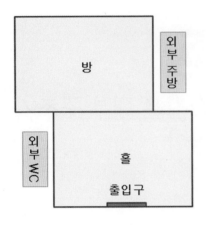

그때 필자의 눈에 들어오는 것이 내부가 홀과 방으로 이루어졌는데, 두 공간이 마치 톱니바퀴가 어긋난 것처럼 보인다. 그리고 양쪽의 공간은 가건물을 지어 주방과 화장실로 사용하고 있었다. 그러자 순간적으로 생각나는 것이 불협화음이다.

무언가 두 세력이 서로 화합하지 못하고 반목하고 질시하는 모습이 연상되는 것이다.

"어때요! 왜 아무 말씀 없어요?"

"잠은 어디서 자는가?"

"새벽부터 장사 준비하려면 이곳에서 잠을 자야지요. 아이들은 장모님이 봐주기로 하셨으니 주말에 한 번씩 집에 들르기로 했습니다."

"그런가…

아무튼 가게를 좋은 곳에 얻었구먼. 빨리 돈 많이 벌어서 더 큰 데로 옮겨야지"

"하하하 그렇지요 가게가 좋지요. 제가 상권분석을 오래 해서 고른 겁니다. 권리금만 3억을 준 곳입니다. 자자! 그만 안으로 들어가서 술 한 잔 하시지요."

그로부터 정확히 1년 6개월 뒤 후배는 권리금은 고사하고 보증금까지 다 까먹고 무일푼으로 쫓기듯 나올 수뿐이 없었다.

처음 3개월은 그런대로 손님이 많고 지인들이 아름아름 방문해서 괜찮았다고 한다. 그런데 주방장과 사사건건 트러블이 생겨 주방장을 바꿀 수 밖에 없었는데, 새로 오는 주방장과도 마찰이 많더라는 것이다. 그래서 자신의 부인이 직접 주방을 맡게 되었지만, 이번에는 부부사이가 다툼이 잦더라는 것이다. 사소한 것 때문에 언쟁이 높아지고 그러다보니 매출은 점점 떨어지면서 걷잡을 없는 지경에 이르게 되었다.

"형님 어쩌면 좋아요?

장사는 점점 안 되서 빚은 늘어나고 매일 부부싸움입니다.

이제는 지쳤습니다. 집 사람과 이혼하려고 합니다."

"가게를 처분하게. 미련 없이 가게를 정리하고 이혼은 절대 안 되네."

"도대체 무엇이 문제지요?

나름대로 열심히 일을 했습니다.

위치도 좋고 손님들 말이 맛도 좋았다고 합니다."

"혹시 내가 처음 한 말 기억나는가?

빨리 돈 벌어서 더 크고 좋은 곳으로 가자고 말이야"

"그거야 형님이 저에게 덕담한 것 아닙니까?"

"맞네! 그 말은 덕담이었어. 그러나 더 크고 좋은 곳으로 가라고 말한 것은 이곳의 두 공간이 서로 엇갈리는 형태를 하고 있어서 어쩐지 느낌이 좋지 않았기 때문이야."

그러자 볼멘소리로 후배가 하는 말이

"그럼 왜 진작 말씀해 주시지 않았어요?"

"개업식 날 와서 그런 말 하면 자네가 그 말을 곧이듣겠나?

아마 자네는 턱도 없는 소리라고 내게 오히려 면박을 주었을 것이야."

"그렇기도 하네요.

그럼 지금이라도 그만두면 집사람과 사이가 회복될 수 있을까요"

"그렇구 말고 그것은 내가 장담하지. 이곳을 벗어나면 두 사람은 반드시 좋아지네."

그 길로 후배 내외는 보증금으로 밀린 집세와 인건비를 지불하고 음식점 집기는 고물상에 헐값으로 처분한 후 처갓집으로 들어가게 되었다. 한 푼의 돈도 건지지 못하고 거액을 모두 잃은 뒤였다.

그 후 소식이 없다가 다시 2년 후 고속도로 휴게소에서 두 부부를 우연히 만나게 되었는데, 부부금슬이 이전처럼 회복되었다고 한다.

"형님! 그때 미련이 남아서 가게를 붙들고 있었다면 아마 더 큰 사단이 났을 겁니다. 과감하게 정리하기를 참 잘했어요.."

06

사람은 산을 닮는다

인간은 주변의 산수와 풍광 풍토 등에 큰 영향을 받는다. 대체로 문필봉이 있으면 학자가 많고 노적봉이 있으면 부자가 많으며, 귀한 봉우리가 있으면 귀인이 난다고 한다. 반면에 산이 기울고, 허물어지고, 험하고, 악하면 인물도 볼품없이 추하고 비루하다고 여기는 것이다. 즉 유유상종이란 말은 산에서도 여지없이 적용된다. 그리하여 풍수고서에서는 다음과 같이 말하고 있다.

산이 살찌면 사람이 살찌고

산이 수척하면 사람이 굶주리고

산이 맑으면 사람이 귀하고

산이 무너지면 사람에게 불행이 생기고

산이 감싸주면 사람이 모이고

산이 떠나가면 사람도 떠나고

산이 크면 사람이 용감하고

산이 작으면 사람이 옹졸하고

산이 밝으면 사람이 지혜롭고

산이 어두우면 사람이 미련하고

산이 순하면 효자가 나고

산이 등 돌리고 있으면 사기꾼이 나온다.

귀한 봉우리의 대표적인 사례는 안동 봉정사와 영주 부석사가 그러하며, 이언적과 손중돈을 탄생시킨 양동마을 서백당의 앞산도 수려한 형태를 하고 있다.

부석사 무량수전 앞산

봉정사 극락전 앞산

경북 영양 주실 마을은 한양조씨 들의 집성촌으로 마을 앞에는 삼
각형의 형태를 한 문필봉이 있다. 그래서 이곳 주실 마을에서는 청록

양동마을 서백당 앞산

안성 양성면 해주오씨 오정방 고택 문필봉

주실마을 문필봉

파 시인 조지훈을 비롯해 많은 학자와 문인이 배출되었다. 또 안성 양성면에 있는 해주오씨 종택도 수려한 조산과 가까이 하고 있음은 우연이 아닌데, 이 곳들은 모두 오랜 세월 기품 있는 자태를 유지할 수 있었다. 이렇듯 산의 형상은 뒤편의 주산도 좋아야 하지만, 바라보이는 산세 또한 중요한 것이다. 이것은 개인 집뿐만이 아니라 아파트, 학교, 공장, 사무실, 묘소 등에서도 마찬가지이다.

07

사람은 집을 닮고, 집은 사람을 닮는다

사람은 환경에 자유로울 수가 없다. 그래서 환경은 절대적이라는 환경결정론을 주장한다. 반면에 환경은 인간의 의지로 얼마든지 극복할 수 있다는 환경가능론적 입장도 만만치가 않다. 환경결정론을 말하는 사람은 사막처럼 건조한 곳은 사람이 살기에 부적합하다는 논리이고 환경가능론은 라스베가스를 예를 들며 인간의 힘으로 사막도 옥토로 바꿀 수 있다는 주장을 한다.

풍수에는 지령인걸이라는 말이 있다. 이 말은 땅이 인물을 키운다는 것으로 좋은 땅은 인간을 훌륭하게 만들지만, 나쁜 땅은 인간도 나쁘게 한다는 환경결정론적 사고가 지배적이다. 하지만 어느 정도 불리한 땅은 비보라는 행위로 개선할 수 있다는 환경가능론적 사고가 가미된 논리체계이다. 이때의 환경은 자연환경만을 말하는 것은 아니다. 자신이 사는 집과 생활하는 건물 등 인간이 늘 접하는 모든 것이 포함된다. 항상 먹을 가까이 하면 먹물이 묻어 자신도 검게 된다는 근묵자흑이라는 말이 있듯이 인간은 자신과 늘 함께하는 주변에 점차 물들게 마련이다.

필자는 군대생활을 예비군 훈련장에서 조교생활을 했었다. 그 때 느낀 것은 훈련소에 들어오기 전에는 양같이 얌전하던 사람도 예비군복을 입으면 통제불능의 고문관으로 바뀐다는 것이다. 오죽하면 예비군복만 입으면 누구나 개가 된다는 말이 있었겠는가?

그러나 이 사람이 다시 민간인 복장으로 돌아가면 언제 그랬냐는 듯 다시 점잖은 사람으로 돌아간다.

요즈음은 등산인구가 늘어나 아웃도어 시장이 폭발적으로 증가하였다. 그런데 한결같은 것은 등산복만 입으면 예비군복을 입은 시절로 돌아간다는 것이다. 이는 남자고 여자고 예외가 없으며, 지위와 연령고하도 없다. 마치 일탈의 꼬투리를 잡은 것처럼 많은 사람의 말과 행동이 거칠어지고 기본적 예의와 도덕이 풀어지게 된다. 물론 그렇지 않은 사람도 많이 있다.

필자가 말하고 싶은 것은 옷차림 같은 사소한 변화도 인간의 행동을 지배한다는 사실이다. 하물며 인생의 절반을 보내는 집은 인간의 심성에 적지 않은 영향을 줄 것은 자명한 일이다.

독자들은 혹 햇빛 한 점 들어오지 않는 지하실에서 살아보았는가?

지하실에서는 언제 해가 떴는지 밖의 날씨가 어떠한지 전혀 알 수가 없다. 외부와 단절된 공간에서 살면 스스로 폐쇄적인 인간으로 변해 간다. 사람을 만나기도 싫고 누가 나를 보는 사람도 없으니 차림도 용모도 헝클어지게 마련이다. 반면 번듯한 건물에서 늘 이웃과 함께하는 사람이라면 이웃의 눈을 의식하지 않을 수 없을 것이니 차림새에 신경을 쓸 수뿐이 없다. 이러한 것은 모두 환경이 그 사람을 지배하기 때문이다.

한편 집을 보면 그 주인의 심성을 짐작할 수 있다.

늘 대문 앞이 깨끗하고 예쁜 화분이라도 놓여있다면 다정다감하고 친절한 사람일 것이라는 생각에 어쩌다 마주치면 반갑게 인사를 건네고 싶다. 그 집 사람이 어쩌다 반바지에 슬리퍼를 신고 나오면 참 소탈한 사람이구나 하고 긍정적으로 생각하게 된다. 그러나 어느 집 앞에는 늘 술병이 어지럽게 널려있고 지저분하다면 제 아무리 말쑥한 양복을 차려 입고 나와도 색안경을 끼고 보게 된다. 이것은 당신의 편견이고 선입견일 수도 있지만, 어쩔 수 없는 인간의 본성이다.

늘 보아오던 것이 잠깐 본 것에 우선하기 때문이다.

그렇듯이 집은 인간의 내면 양식을 고스란히 보여주고 있다.

집이 기울면 사람도 기울고

집이 요란하면 사람도 요란하고

건물에 요철이 많으면 잡음이 많고

뾰족한 형태가 많으면 사람이 예민하고

천장이 낮으면 사람이 옹색하고

지붕의 중심이 낮으면 가장의 권위가 추락하고

두 건물이 서로 등 돌리고 있으면 서로가 반목하고

본채 앞 좌우 건물이 V자로 벌어지면 자식이 불효하고

집이 크면 허풍이 세고

담이 높으면 의심이 많고

대문이 크면 앞에 나서기를 좋아한다.

앞에서 보았지만 모난 집이 정 맞고 숨은 집은 음성적인 일이 많게 된다. 집과 건물은 그 곳에 사는 사람과 고락을 함께한다. 그러면서 집은 사람을 닮고 사람은 집을 닮는다. 비근한 예로 사람이 살다 떠난 폐가는 금방 허물어지고 만다. 사람이 살지 않으면 누가 간섭하는 사람이 없으니 오래갈 것 같지만, 오히려 사람의 체취를 받지 못한 집은 금방 무너지고 만다. 집은 인간과 함께 호흡을 함께 한다는 반증이다. 그래서 집은 늘 쓸고 닦고 만져주어야 집도 주인에게 보답한다.

집에는 못질과 같은 상처를 주지 말라는 것인데, 집도 살아있는 존재라는 인식에서 풍수는 출발하기 때문이다. 그러므로 내 집 가꾸기를 게을리 하지 말아야 한다. 처해진 환경에서 외부를 바꿀 수 없으면 내부라도 깨끗하게 정돈하고 청소를 하자. 집은 당신의 고마움을 반드시 기억한다.

08

마당에는 가시 돋친
나무를 심지 말아야

필자의 지인은 고향에서 오래된 단독
주택을 음식점으로 개조해 장사를 했는데, 고향 사람들 뿐 아니라 인
근고장에까지 소문난 맛 집이었다. 대지가 70평 쯤 되다보니 마당도
반듯하게 넓은 편이었다. 그래서 손님이 많을 때는 마당에 돗자리를
깔고 장사를 할 정도로 손님이 밀려드는 것이다.

그러자 지인은 손님들에게 운치 있는 모습을 연출하려고 마당 곳
곳에 넝쿨장미를 심었다. 기대했던 대로 6월이면 형용색색의 장미꽃
이 온 집을 뒤덮는 형태가 되었다. 손님들이 말하기를 마치 꽃밭에
온 것 같다고 다들 즐거워하는 것을 보니 지인도 마음이 흡족하더라
는 것이다.

그런데 넝쿨장미에는 가시가 많다보니 음식을 나르거나 또는 이

동하면서 자주 가시에 옷이 찢기는 일이 발생하였다. 그 뿐 아니라 꽃이 지고 낙엽이 질 때는 온 집안이 낙엽으로 뒤덮여 지저분할 뿐 아니라 이웃집과 도로에까지 낙엽이 날리면서 청소하기도 만만치 않 더라는 것이다. 결국 아름다운 시기는 잠깐이고 겨울이면 날카로운 가시가 집 안 전체를 감싸는 형국이 되고 말았다.

넝쿨장미를 심고 2년이 지난 봄 지인은 사소한 일로 싸움이 벌어 져 큰 폭력을 행사하게 되고 그 길로 도망을 친다. 보름간을 도망을 다니다 수배가 내렸다는 소식에 검찰에 자수한 지인은 그에 따른 변 호사 비용과 벌금 등 막대한 금전적 손실과 심적 고통이 적지 않았 다. 호되게 곤욕을 치르고 집에 돌아온 지인은 넝쿨장미부터 모조리 뽑아버리고 만다. 도망 다니면서 곰곰이 생각해보니 넝쿨장미를 심 고 나서부터 자신의 행동이 예민하게 바뀌었다고 생각한 것이다.

옛날 집들은 담장에 철조망을 둘러 도둑이 들어오지 못하도록 했

다. 그러나 철조망을 하지 못한 집들은 깨진 병 조각을 담 위에 날카롭게 꽂아 넣은 집도 있었다. 그렇지 않으면 탱자나무를 빽빽하게 심은 집들도 있었다. 어린 시절 그런 집을 보면 저 집의 주인은 얼마나 지독하면 저렇게 표독스럽게 해 놓았을까 하는 생각에 흉을 보았는데, 실제로 그런 집들은 대체로 이웃과 사이가 원만하지 못하거나 인심을 잃은 집이 대부분이었다는 것이다. 돌이켜 생각하면 별것도 아닌데, 과민하게 반응한 것은 자신의 집이 가시 돋친 환경으로 변한 때문이라 생각한 것이다.

지인의 판단은 자신의 행동을 합리화 시키고자 하는 군색한 변명일 것이다. 하지만 사람은 집을 닮는다는 어른들의 말씀이 생각났던 것이다.

비슷한 말로 등나무나 포도나무를 마당에 심지 말라고 한다. 등나무는 빠르게 넝쿨을 이루어 그늘을 만들어 주는 고마움도 있지만, 한편으로는 스스로 몸을 꼬면서 올라가기 때문에 집안에 꼬이는 일이 생긴다고 한다. 필자 또한 초등학교 시절 운동장 한편에 있는 등나무 그늘에서 놀 때면 이것들이 어떻게 위로 올라가는지 내 몸을 꼬면서 바라보던 기억이 난다. 널따란 운동장이나 연수원 같은 곳이라면 쉼터를 제공하기에 좋지만, 좁은 마당에 등나무나 포도나무를 심는 것은 삼가 해야 한다. 주인에게 그늘을 제공하지만, 몸도 마음도 실타래 엉키듯 꼬이는 일이 많다면 소탐대실일 것이기 때문이다.

09

큰 바위 근처는
피해야

경기도 모처에는 흉가로 소문난 집이
있다. 마을 사람 말에 의하면 멀쩡한 사람도 그 집에 들어가면 병에
걸려 죽거나 또는 사업이 실패하는 등 거의 모두가 망해서 나온다
는 것이다. 그러한 까닭에 그 집은 집 주인이 보통 3년이면 바뀐다
고 한다. 도대체 집터가 어째서 그러한 것인지 호기심에 그 집을 둘
러보았다. 흉가라는 선입견에 집은 폐가 수준일 것이라 예상했지만,
의외로 기와지붕의 평범한 집으로 말끔한 집이었다. 그러나 산 끝에
위치한 집은 집 뒤에 거대한 바위가 서 있었다. 집체만한 바위는 모
습도 울퉁불퉁 험상궂게 생겼는데, 그 집은 거대한 바위의 강한 기운
을 견딜 수 없었던 것이다.

참고로 바위의 형상이 아담하면 아담한 기운이 서린 것이고, 험하

면 험악한 기운이 뭉친 것이며, 날카로운 형태면 예리한 살기가 있는 것이다. 바위는 자신이 품고 있는 기질이 겉으로 고스란히 드러난 것이기 때문이다.

한편 만약 당신이 어느 집의 형편을 알고자 하면 먼저 등기부등본을 확인할 것이다. 대체로 흉한 일이 빈번한 집은 주인이 자주 바뀔 것이고 반면 편안한 집이라면 오래 거주하는 경향이 있기 때문이다. 등기부등본은 그 집의 내력을 말해주는 단서가 된다.

비슷한 사례로 필자의 초등학교 동창생은 자신의 집들이에 필자를 비롯한 여러 친구들을 초대하였다. 경기도 모처의 연립주택이었는데, 집에 도착하자 친구는 우리에게 보여줄 것이 있다며 거실의 창을 활짝 여는 것이다. 그러자 기이한 광경이 목격되었는데, 거실 밖에는 기암괴석 같은 큰 바위가 가까이 있는 것이다. 그 바위의 생김은 뾰족뾰족하여 마치 화산암처럼 생긴 형태였다. 동창생 하는 말이 여러 채 중에서 이 집을 고른 것은 거실 밖의 바위가 좋아서 일부러 이집을 선택했다는 것이다.

"친구들 어때 저 바위 참 보기 좋지?"

친구는 자신의 선택이 대견한 듯 자랑스러운 말투였다.

필자는 바위가 너무 날카롭다는 생각이 들었지만, 새집을 장만해서 들떠있는 친구에게 차마 불편한 말을 할 수는 없었다.

"그래 잘했다 친구야!

그런데 참 희한하게 생긴 바위구나…"

6개월 후 갑자기 그 친구는 폐암에 걸려 투병 중이라는 소식이 들려왔다. 평소 담배를 피우지 않으며, 근무하는 곳도 환경이 나쁘지 않은 곳이었기에 모두 의아하게 생각하고 병문안을 하였다. 그 때 불현 듯 필자는 집들이 때 본 거실 밖 큰 바위가 생각나는 것이다. 그러나 이미 암이 깊숙이 진행한 친구에게 집 문제로 또 다른 걱정을 끼칠 수는 없었다. 병원에서 투병하던 친구는 결국 그 집에 이사한지 2년 만에 생을 달리하고 말았다.

친구의 갑작스런 폐암 발병이 무엇 때문인지는 알 수 없다. 그러나 필자의 눈에는 거실 밖의 날카로운 바위가 못내 마음에 걸린다.

충청도 계룡시 인근 국도변에는 10년 넘게 폐가로 방치되는 집이 있다. 그 집 뒤에는 큰 바위가 서 있는데, 이 집 또한 거대한 바위의 억센 힘을 견디지 못해 망하고 나간 집이었다. 벌써 오래전에 경매로

나왔지만, 누구도 거들떠보지 않는다는 것이다. 이들 세집의 공통점
은 집 가까운 곳에 크고 험한 바위가 있다는 것이다.

노무현 대통령은 2008년 퇴임 후 부엉이 바위 아래 사저를 지었
다. 어떠한 이유로 그곳에 터를 정하게 된 것인지 알 수 없으나 집 뒤
의 바위가 지나치게 크고 위압적인 것이 마음에 걸렸다. 큰 바위 근
처는 기가 강한 곳이기 때문에 기도처로 자주 이용되는 곳이지만, 사
람이 거주하는 공간에서는 좋지 못한 일이 생기는 것을 자주 보았기
때문이다. 왜 하필 저 곳에 터를 정했을까?

퇴임 후 1년 뒤 2009년 4월 9일 노무현 대통령 사저 뒷산에 산불
이 발생했다. 산불은 신속하게 출동한 소방헬기에 의해 1시간 만에
진압되었지만, 그 광경이 그날 밤 9시 뉴스를 통해 방송되는 순간 무

언가 알 수 없는 불길한 예감이 스쳐 지나가는 것이다. 당시 노무현 대통령은 퇴임 후 OOO게이트에 휘말려 검찰의 수사를 받는 등 곤욕을 치르던 시기였는데, 필자가 보기에 돌연한 산불은 무언가를 예고하는 징조 같았기 때문이다. 산불이 나고 40일 후 노무현 대통령은 사자바위에서 투신하였다. 불길한 예감이 현실로 닥친 것이다.

2009년 4월 9일 봉하마을 고 노무현 대통령 사저 뒷산에 산불이 발생했다.

　이상 보았듯이 험한 바위가 많은 곳은 암 발생률이 높고 흉사가 잦은 등 여러모로 불리한 것을 볼 수 있었다. 그러한 맥락에서 보면 정원과 거실에 큰 바위를 많이 두는 것도 좀 더 신중하게 접근할 필요가 있다.

　당신이 편하게 살기를 원한다면 큰 바위 근처는 피할 것이다.

10

국회의사당 해태의
머리를 돌려라

국회의원이 폭력에 연루되고 뇌물수
수 관행은 그치지 않는 등 국회에 대한 국민들의 불신이 도를 넘고
있다. 물론 이는 어제 오늘의 얘기가 아니지만, 개선될 기미가 보이
지 않는 것에 국민들의 냉소는 더해갈 뿐이다. 정치인 개개인의 면면
을 보면 좋은 학벌에 남부럽지 않은 재력과 훌륭한 인품을 소유하고
있다. 그런데 어째서 여의도로 출근만 하면 국민들로부터 국해의원
(國害議員)이란 핀잔을 듣는지 참으로 알 수 없는 일이다. 정녕 국민
들로부터 존경받는 국회가 될 수 없는 것인지 그들의 요람 여의도 국
회의사당의 입지를 다시 한 번 말하지 않을 수 없다.

물은 생명의 원천인 생기를 의미한다. 그런데 여의도 서쪽 끝 강
물을 등지고 자리한 국회의사당은 샛강과 한강물이 합쳐져 길게 빠

져 나가는 지점이다 보니 물 빠짐은 속수무책이고 세찬 강바람까지 불어 풍수지리의 기본적 요건에 정반대되는 땅이다. 따라서 허구한 날 바람 잘 날 없는 국회는 당연히 풍파가 잦을 수뿐이 없다. 특히 더 물러날 곳 없는 배수진의 절박한 입지는 여유와 상생을 따질 겨를이 없으니 자신의 생존을 위해서는 눈에 불을 켜고 필사적일 수뿐이 없다. 즉 사람의 문제 이전에 근본적으로 터에 심각한 문제가 있음을 지적하지 않을 수 없다.

한편 풍수에서는 물이 내 몸으로 유입되는 지점을 득수라 하고 내 몸에서 물이 빠지는 곳을 파구라 하는데, 득수처를 영양분을 섭취하는 곳이라 한다면 파구는 찌꺼기를 배설하는 곳이다. 여의도 지형에서 국회의사당은 파구 터로서 온갖 탁한 것이 모이는 지점이다. 실제로 국회의사당 터는 여의도가 개발되기 전까지 양마산이라는 야트막한 언덕이 있던 곳으로 조선시대에는 이곳에서 말과 양을 방목하였다는 기록이 있다. 당연히 짐승들의 배설물로 파리가 들끓고 악취 나는 곳이었으며, 여름철 장마 때면 섬 전체가 물에 잠겨 양마산만 고개를 내밀어 상류로부터 떠내려 온 쓰레기가 쌓이는 지점이었다.

땅에도 부귀빈천의 타고난 팔자가 있다고 보는 것이 풍수지리인데, 이 터는 이렇듯 오물이 모이는 땅인 것이니 어쩌면 지금과 같은 온갖 잡음이 난무하는 것은 땅의 입장에서 보면 지극히 당연한 일이라 하겠다. 이러한 땅에 눌러앉은 정치인들에게서 고상한 품위를 기대한다는 것은 백년하청일 뿐이다.

따라서 국해의사당이 아닌 진정 국민을 위한 민의의 전당이 되기 위해서는 국회의사당을 이전해야 한다. 그런 다음 이곳에는 여의도에서 발생하는 모든 오물을 모아서 정화한 뒤 한강으로 흘려보내는 하수종말처리장을 지으면 이 땅의 팔자에 적격이다.

해태의 머리를 돌려라

국회를 옮기기 전에 시급하게 할 것이 있다.

국회의사당 앞에는 해태 두 마리가 눈을 부릅뜨고 앉아있는데, 애초에 이곳에 해태를 설치한 것은 국회의사당을 화재로부터 보호하기 위해서였다고 한다. 그러나 해태가 본래 상징하는 것은 시시비비를 가려 불의를 응징하고 정의를 수호하는 동물이다. 대원군이 경복궁

여의도 국회의사당

을 중건하면서 세운 광화문 앞의 해태는 길 양 옆에 도열한 육조의 관아를 지켜보고 있는데, 이는 관료들의 높은 도덕성을 기대하는 염원이 담긴 것이라 할 수 있다. 하지만 국회의사당의 해태는 국회 밖을 쳐다보면서 정작 국회는 모른척한 체 거꾸로 국민들을 노려보는 형태가 되었으니 마치 국민들로부터 국회를 수호하려는 듯 보인다. 그래서인지 누구보다 겸손하고 엄격해야할 국회가 국민 위에 군림하는 치외법권의 사각지대가 되고 말았다.

도대체 언제까지 우리는 그들을 인내해야 하는가?

국회를 옮기기 전에 우선해야 할 것은 국회의사당 앞에 있는 해태상의 머리를 돌려놓는 것이다. 눈을 부릅뜬 해태가 국회 쪽을 바라보게 함으로서 국회의원들의 행태를 낱낱이 지켜볼 수 있도록 해야 한다.

이치理
이치를 알면
실패하지 않는다

11

군사령부를
천황봉 아래로

신도안은 조선 초 도읍으로 선정되어
궁궐 공사가 한창 진행되던 곳이다. 그러나 갑자기 등장한 하륜은 새
로운 풍수이론 지리신법으로 천도불가론을 주장해 10개월간 진행된
공사가 중지되고 천도는 무산되고 만다.

"계룡산은 남쪽에 치우쳐 있어서 동·서·북과는 너무 멀리 떨어져 있
습니다. 또 신이 일찍이 아버지 장사를 지내면서 여러 풍수서적을 조사해
보았습니다. 그런데 지금 듣기로 현재 건설되는 계룡산의 땅은 산은 북서
쪽에서 오고 물은 동남쪽으로 흘러간다 하니 이것은 풍수의 수법에 맞지
않아 흉한 곳이니 도읍으로 적절치 못합니다."

여기서 그의 상소에 주목할 필요가 있는데, 하륜의 상소는 "지금
듣기로…"시작하고 있다. 이는 하륜이 현장을 보지 않고 말로만 듣고

천도 불가를 주장하는 것으로 보인다. 만약 그것이 사실이라면 중대한 문제가 아닐 수 없는데, 이는 마치 의사가 환자를 보지도 않고 진단하는 것과 다르지 않기 때문이다.

만약 하륜이 신도안을 직접 점검하고 상소를 올렸다면 "신이 계룡산을 살펴보니…"라는 문장이 되어야 한다. 따라서 신도안에 대한 하륜의 평가는 전면 재검토되어야 한다.

현재 일반인들이 쉽게 확인할 수 있는 신도안의 모습은 계룡대 제1정문 입구이다. 그곳에서 보았을 때 숫용추와 암용추 양 계곡에서 발원한 물은 계룡대 1정문 앞에서 합류하여 엄사리 방향으로 길게 빠지는 형태를 띠고 있다. 하륜의 지적처럼 궁궐을 중심으로 계룡산 천황봉은 북서쪽에서 오고 두계천 물길은 동남쪽으로 흐르는 지형이

다. 그러나 실제 신도안 안팎에서 점검하면 전혀 다른 국세를 이루고 있다. 즉 신도안 중심지는 청룡·백호가 감싸주어 적당한 크기의 국세를 이루고 있으며, 외부에서 보면 신도안 중심지가 전혀 노출되지 않는다. 위 사진에서 보듯이 신도안의 백호가 길게 감싸주었기 때문이다. 따라서 하륜이 우려한 것처럼 신도안의 물길이 동남쪽으로 빠지는 것은 맞지만, 궁궐터에서는 전혀 물 빠짐이 보이지 않는다.

한편 오래된 사진을 보면 신도안의 청룡에 해당하는 장구산이 깊숙하게 신도안 궁궐터를 감싸주고 있다. 그러한 까닭에 계룡산에서 흘러온 물은 크게 S자 형태로 흐르는 형태가 된다. 따라서 신도안 전체는 장군봉을 경계로 석계리의 내명당과 정장리의 중명당 그리고 엄사리의 외명당으로 구분할 수 있다.

　이러한 지형이라면 도시계획 전문가가 아닐지라도 내명당에 궁궐을 앉히고, 종묘·사직은 장구산 밖 중명당에 배치하며, 민가와 시장 등은 외명당 두계면에 자리하게끔 계획했을 것이다. 그렇게 되면 궁궐은 두계천의 직수를 걱정하지 않아도 되고, 천황봉을 중심으로 청룡·백호가 감싸주는 넓은 분지를 이루기 때문에 군사상의 지리적 이점도 따르게 된다. 따라서 하륜이 지적했던 쇠패의 땅이라는 단정은 우려일 뿐이다.

두계천과 위왕산

　풍수에서는 내치를 주관하는 내명당 물을 중요시 한다. 이때 신도안 내부는 우측 숫용추에서 나오는 물을 좌측 장구산이 깊숙하게 감아줌으로 해서 기본적인 자급자족에는 어려움이 없다. 그렇다고 외명당의 물 또한 쉽게 넘길 수 없는데, 궁궐에서는 물 나가는 모습이 보이지 않는다 할지라도 지도에서 보듯 약 6km를 곧게 나가는 것 또한

사실이다. 만약 이와 같은 상태가 계속된다면 내명당과 중명당은 풍요롭지만, 외명당은 빈곤하기 때문에 도읍으로서 장구한 세월을 기약할 수 없으니 하륜은 이점을 염려했던 것으로 보인다. 그러나 일정거리를 길게 빠지던 두계천은 원정동의 위왕산(257m)에 이르러 갑자기 급격하게 꿈틀대고 있는데, 마치 무엇에 놀란 것 같은 모습이다.

이는 위왕산이라는 북진 때문인데, 북진이란 물을 단속하는 수구막이의 일종이며, 국경을 지키는 장수와 같은 역할로 극히 귀하게 여기는 산이다. 이때 북진의 형태는 바위가 많아 험상궂게 생길수록 좋다. 그래야 철저하게 출입을 통제할 수 있기 때문이다. 즉 위왕산은 신도안을 수호하는 장수의 역할로 안성맞춤의 산이다.

따라서 신도안의 물은 곧게 빠지는 것 같지만, 실은 위왕산으로 인해 철저히 통제되고 있던 것이다. 아무 것도 아닌 것처럼 말없이 서있는 산 하나가 두계천의 물길을 완전히 바꾸어 놓았는데, 산과 강이 살아있는 듯한 놀라운 광경이 아닐 수 없다. 그럼에도 불구하고

위왕산

두계천이 외명당에서 직수로 흐르는 것은 하륜의 말대로 좋은 형태
는 아니다. 따라서 이곳은 약간의 비보가 필요하다. 즉 두계천이 곧
게 흐르는 중간지점에 대형 호수를 조성하는 방법이다. 이는 물의 안
정적인 확보와 함께 시민들의 휴식 공간 등 다양한 용도로 활용할 수
있다. 풍수에서 말하기를 아무리 훌륭한 땅일지라도 완벽한 땅은 없
다고 한다. 그러나 작은 허물로 인해 전체를 단정하는 것은 올바른
판단이라 할 수 없다.

계룡대 입지

신도안의 현재 모습은 1983년 전두환 대통령시절에 국토의 균형
발전과 군사적 목적으로 3군사령부 이전이 추진되면서부터이다. 그
러나 3군사령부건물은 조선왕조가 계획했던 천황봉을 주산으로 삼

는 동남향의 입지와는 다르게 노적봉을 주산으로 삼아 동향으로 배치하였다. 하지만 노적봉을 주산으로 삼다보니 사령부 건물 좌우에서 합수된 물이 정면으로 약 1km정도 곧게 빠지는 형태가 되었다. 위에서도 언급했지만 내명당의 물은 내치를 관장하는 매우 중요한 사항인데, 한 나라의 국방을 책임지는 사령부건물로서는 치명적인 결함이 아닐 수 없다. 따라서 이곳에도 앞에서 제시했던 인공 호수나 저수지를 조성해 물 빠짐을 방비할 필요가 있다. 그러한 방법으로 완충지대를 두면 군인들의 휴식공간과 조경적인 측면에서도 좋을 것이다.

한편 차제에 장구산의 옛 모습을 복구해야 한다. 지금은 비록 군 시설물로 훼손되었으나 정성껏 복원한다면 신도안이 형성될 당시의 고유한 모습을 어느 정도 회복할 수 있을 것이다. 그리고 현재의 3군사령부를 아예 천황봉 아래로 옮기는 방법도 고려해 볼 수 있다. 그 이유는 3군사령부 주산인 노적봉이 파수하는 위왕산에 비해 한참 부족하기 때문이다. 산의 기세와 역량에서 주종이 어긋나는 모습인데, 위왕산이 장수라면 그를 거느릴 산은 두계천 상류에서는 계룡산 천황봉 뿐이 없으므로 당연히 천황봉을 주산으로 삼아 군사령부를 배치해야 한다. 그렇게 되면 천황봉의 웅장한 형태가 열강의 틈바구니에서 강력한 군사력을 표방할 것이며, 장구산과 노적봉의 긴밀한 환포는 천연적 성곽이 되어 군작전상의 은폐 · 엄폐 그리고 보안을 유지하는데 최적지라 할 수 있다. 특히 위왕산에 의한 두계천 물의 긴밀한 교쇄와 방비는 어느 누구도 쉽게 넘볼 수 없는 전략적 요충지임을 말해 준다.

계룡산과 위왕산은 능히 그러한 능력을 품은 내유외강의 땅이니, 수많은 사람들에 의해 그토록 오랜 세월 회자된 땅이라면 다시 한 번 진지하게 접근할 필요가 있다.

군사령부를 천황봉 아래로 옮겨라.

한편 앞장의 「땅」 편에서 북악산 아래 삼청동을 용맹한 매가 지키는 터라고 한바 있는데, 두 곳의 분위기가 천연적인 요새를 이룬 것 하며 매우 흡사하게 닮았다. 따라서 국방부는 북악산 밑 삼청동으로 옮기고, 군사령부는 천황봉 아래로 옮기면 이상적인 배치가 되어 강력한 군사력을 표방할 수 있을 것으로 본다.

12

청와대를 옮겨라

대한민국은 수도 서울이 북한산과 한강이 어우러진 배산임수의 명당이기 때문에 세계에서 유래가 없는 단일왕조로서 518년을 이어왔으며, 세계 10위권의 경제대국으로 성장해 올림픽과 월드컵 등을 훌륭하게 치렀다고 말하고 있다. 이에 대해서는 일정부분 공감한다. 서울은 풍수에서 요구하는 바람과 물에 관한 조건을 모두 갖추고 있는 세계에서 몇 안 되는 도시 중 한 곳이기 때문이다.

그러나 긍정적인 면만 부각시키다보니 부끄러운 과거는 외면하는 것은 아닌지 모르겠다. 사실 조선왕조 518년은 중국과 일본 등 주변 강대국들의 간섭과 침탈로 점철된 역사였으며, 해방 이후의 근·현대에서는 청와대를 거쳐 간 대통령들은 대부분 말로가 불행하였다.

경제 · 과학 · 문화 · 스포츠 등에서 두각을 나타내며 다이나믹 일등 코리아를 외치고 있지만 최고지도자와 그들의 정치수준은 늘 지탄받고 있다. 물론 그러한 상황을 청와대 터 때문이라 말하는 것은 아니다. 그러나 우리는 경복궁과 청와대가 명당이라는 고정관념에 오랜 세월 집착했던 것은 아닌지 두 곳을 자세하게 살펴보고자 한다. 즉 본 글은 서울이라는 지역적(area) 관점이 아닌 경복궁과 청와대라는 특정 장소(site)를 언급하고자 함이다. 두 입지에 대한 맹목적 쇼비니즘(chauvinisme)적 사고는 많은 사람들에게 가치관의 혼란을 초래할 수 있기 때문이다.

쇼비니즘 : 국가의 이익을 위해서는 수단과 방법을 가리지 않는 맹목적 애국주의나 국수적 이기주의

경복궁과 청와대의 역사

조선을 창업한 이성계는 수도를 개성에서 한양으로 옮기고 북악산 밑에 경복궁을 창건한다. 그러나 경복궁에서의 출발은 이방원에 의한 왕자의 난부터 시작하여 급기야 수양대군의 왕위 찬탈과 단종의 비극적 죽음으로 이어지며, 결국에는 임진왜란으로 전 국토가 유린되고 경복궁은 폐허가 된다. 그로부터 약 270년간 버려진 체 방치되던 경복궁은 고종대에 이르러 대원군이 중건하지만, 극심한 내우외환 끝에 500년을 이어온 조선은 일제의 식민지로 전락하고 만다.

해방 이후 대한민국 정부를 수립한 이승만 대통령은 조선총독부 관저를 대통령 관저로 사용했으나 곧이어 6.25라는 동족상잔의 참극

을 맞게 되며, 자신도 4.19혁명으로 권좌에서 물러나게 된다. 그리고 그곳에 들어가는 윤보선, 박정희, 최규하, 전두환 대통령까지 모두가 순탄치 못했다.

계속되는 대통령들의 불행에 노태우 대통령은 관저를 새로 옮겨보지만, 그 또한 전임자들과 다르지 않았으며, 이후로는 김영삼 대통령의 IMF 사태 초래, 김대중 대통령의 자식들 구속, 그리고 노무현 대통령의 자살로까지 이어지고 있다. 한두 번도 아니고 그곳에 들어가는 사람마다 매번 그러하다면 심각한 문제가 아닐 수 없는데, 최고 통치자의 잇따른 불행은 개인의 문제에 그치지 않고 국가 이미지와 국민 모두에게 커다란 영향을 미치기 때문이다. 혹자는 그러한 문제는 터의 문제가 아닌 사람의 문제라고 하지만, 사람의 문제라면 번번이 잘못된 지도자를 선출한 우리 국민들이 더 큰 문제가 될 것이다. 그렇다면 두 가지로 요약할 수 있다. 풍수지리 자체가 신뢰할 수 없거나 아니면 경복궁과 청와대가 명당이 아니거나 둘 중 하나일 것이다. 그러므로 당시에 터를 선정함에 있어 문제가 있었던 것은 아닌지 재점검해 보겠다.

주산, 북악산

풍수에서 주산은 터의 길흉을 판단하는 가장 중요한 항목이다. 경복궁과 청와대는 북악산을 중심으로 궁궐이 자리했으나 배산임수의 지세만으로 모든 것이 해결되는 것은 아니다. 한편 모든 물체는 앞뒤

가 있게 마련인데, 사람의 앞에는 태아를 잉태하고 모유하는 생식기
관이 있는 반면 뒤에는 인체의 찌꺼기를 배설하는 기관이 있다. 따라
서 만물을 생육하는 생기가 모이는 곳은 앞부분이다. 그렇듯이 산에
도 앞뒤가 있으며, 좋은 땅은 반드시 산의 앞에서 형성되는 법이다.
주산의 앞뒤를 가리는 가장 분명한 방법은 봉우리가 어느 쪽을 바라
보고 있는가가 우선인데, 북악산의 봉우리는 확연히 동쪽을 향하고
있다.

북악산은 엄지손가락을 곧추 세우듯 힘 있게 우뚝 솟은 모습이
만, 산의 정상 머리 부분을 동쪽으로 잔뜩 꼬고 있으며, 경복궁과 청
와대를 철저하게 외면하고 있다. 어머니로부터 외면당한 품안이 편
안할 수 없듯이 주산으로부터 버림받은 땅은 결코 좋은 땅이 될 수가

없는데, 경복궁과 청와대는 이것이 치명적인 결함이다.

청룡, 낙산

청룡·백호는 좌우에서 부는 바람을 막아주는 역할로 너무 크고 높은 것은 핍박하는 형태이기 때문에 마땅치 않고 너무 낮은 것은 바람을 막아주는 기능을 수행치 못하기 때문에 불리하다. 따라서 바람을 막아주는 높이에 균형 있는 상태를 좋게 여긴다. 이때 근접한 산이 직접적인 영향을 주게 되어 가장 중요한데,

주산	북악산	342m
청룡	낙 산	125m
백호	인왕산	338m
안산	남 산	262m

감사원에서 한국일보사까지 이어지는 내청룡은 가늘고 낮아 유약한 모습을 하고 있다. 또 낙산도 인왕산에 비해 많이 낮음으로서 좌우의 균형이 맞지 않는다.

백호, 인왕산

청룡·백호의 소임은 바람을 막아 주는 것이지만, 경복궁에서는 자하문 근방이 깊이 함몰하여 바람의 통로가 되었다. 조선 초 궁궐 선정과정에서 풍수인 윤신달은 이 부분이 허한 것을 지적하였다. 이러한 형태의 고갯마루바람을 풍수에서는 음풍, 요풍, 질풍, 살풍 등 온통 부정적으로 부른다고 하였다.

한편 자하문에는 현재는 없지만 색다른 특징을 엿볼 수 있는데,

바로 추녀에 나무로 만든 닭의 형상을 달아 놓은 것이다. 그 까닭은 문밖의 지형이 독을 품은 지네와 닮은 모습이기에 그 기세를 제압하자면 지네와 상극인 닭의 형상을 달아 놓아야 한다는 속설에 따른 것이다. 이러한 이유로 자하문은 북한산과 양주 방면으로 통하는 중요 교통로였으나 풍수지리상 이곳의 통행이 왕조에 불리하다 하여 문을 닫은 채 일반의 통행을 금지하기도 하였다. 그러나 인조반정 때는 능양군을 비롯한 반군들이 이 문을 부수고 궁 안에 들어가 반정을 일으켰고, 6.25때는 북한군의 서울 침공 루트였으며, 1968년 1월 21일에는 김신조를 비롯한 북한군 무장공비 31명이 청와대를 습격하려고 넘어오다 군경과 치열한 교전을 벌이던 곳이기도 하다. 즉 궁궐의 입장에서 보면 풍수적인 우려가 현실로 자주 나타나는 취약지점인 셈이다.

안산, 남산

안산은 전면으로부터 부는 바람을 차단하고 물이 곧게 빠지는 것을 막아 주는 역할이다. 즉 전방의 위협으로부터 방어 장치인 셈이므로 너무 높아 고압적인 것은 마땅치가 않다. 그래서 안산은 주산보다 낮아서 다소곳한 형상을 좋은 것으로 간주한다. 반대로 나의 집 앞에 큰 건물이 가로막고 있다면 일조권의 침해 뿐 아니라 답답함을 이루 말할 수 없을 것이다. 실제로 일제는 1910년 대한제국을 병탄한 후 왕실을 탄압하고자 근정전 앞뜰에 높다란 조선총독부 건물을 지어 핍박하고자 했는데, 당시 조선인들에게 신앙과도 같았던 풍수를 역으로 활용한 탄압이었다. 이때 안산은 오목거울 같은 형상으로 깨끗해야 하며, 골이 많거나 지저분한 형태는 등을 보인 것이라 해서 흉하게 여긴다. 하지만 남산은 등을 진 상태에서 골이 많아 지저분한 형상을 하고 있다.

조산, 관악산

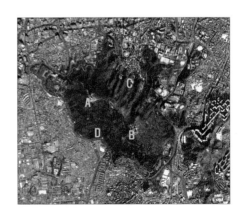

조산이란 주산·청룡·백호·안산을 제외한 모든 산을 일컬음이다. 인간은 주변의 산수와 풍광·풍토 등에 큰 영향을 받는 까닭에 바

라보이는 산세도 중요한 것이다. 관악산은 산봉우리의 모습이 불꽃이 타오르는 형상처럼 뾰족뾰족하여 화형산이라 한다. 그래서 관악산을 정면으로 바라보는 경복궁의 입장에서는 화재가 두려워 여러 가지 비보를 하게 된다.

- 관악산 정상에 연못을 판다.
- 관악산의 불기운을 막는다는 풍수설에 따라 숭례문의 바로 앞에 남지라는 연못을 팠다.
- 숭례문의 현판은 세로로 되어 있는데, 숭(崇)과 례(禮) 두 글자는 불꽃같은 형상이므로 불로서 불을 막겠다는 것이다.
- 경복궁을 중건하면서 광화문 앞에 물을 상징하는 해치석상을 세웠다.
- 경복궁 서쪽에 경회루를 파서 물을 저장하였으며, 경회루 난간에는 불을 잡아먹는다는 불가사리를 새겼다.
- 경복궁의 곳곳에 놓인 무쇠항아리 '드므'는 화재진압 용도로 물을 담아 두었다.

이러한 노력에도 불구하고 경복궁은 화재가 잦았으며, 특히 고종 대에 이르러 유난히 화재가 많았다.

그러나 경복궁의 화재가 관악산 때문이라 여기는 것은 무리가 있다. 만약 관악산 때문에 화재가 잦을 수뿐이 없다는 논리라면 관악산이 정면으로 바라보이는 용산과 한남동 등에도 화재가 잦았어야 하며, 또 월출산·설악산·북한산·도봉산 등 화형산 근처의 도시는 모두 화재의 위험이 많음을 입증해야 한다. 따라서 경복궁의 화재는 관악산과 무관하며, 다른 요인으로 접근해야 한다.

명당

일반적으로 명당이라 함은 좋은 땅을 말한다. 하지만 풍수에서 고 유명사로 쓰이는 명당의 개념은 혈처 앞에 넓게 펼쳐진 논밭·들판·마당을 말한다. 주산과 청룡·백호·안산이 둥글게 감싸주어 산과 물이 모이는 지점으로 용상이 혈처라면 신하들이 도열하는 마당이 곧 명당이다. 한양국세에서는 북악산이 주산이고 경복궁이 혈처라면 광화문 밖 종로거리가 명당인데, 경복궁의 명당은 주산인 북악산의 외면으로 그 가치를 상실하고 말았다.

수세

풍수에서 물은 생기와 재물을 관장하는데, 한양에서는 인왕산의 물과 삼청동의 물, 그리고 남산의 물이 모여 청계천을 형성하였다. 그러므로 청계천을 중심으로 동대문시장·평화시장·중앙시장·중부시장·벼룩시장 등이 형성된 것도 우연이 아니다. 그러나 중요한 것은 경복궁은 주로 인왕산에서 발원한 물이 궁을 감싸고 흐르는데, 이물은 객수(客水)가 된다는 점이다. 북악산이 다정하게 고개를 숙여 경복궁을 보살핀다면 주산으로부터 공급받는 안정적인 물이 되겠지만, 북악산이 경복궁을 외면함으로서 품안의 물을 받지 못하기 때문에 부득불 인왕산의 물에 의존할 수뿐이 없기 때문이다. 비유하면 마치 내 집 안에 물이 없어 이웃집 우물을 눈치 보며 먹는 격이다. 이는 매우 의타적이고 피동적인 형태로서 한 나라의 주권과 경제적 자립을 엿볼 수 있는 대단히 중요한 사실임에도 비중 있게 인식되지 못하고 있다.

인왕산을 주산으로 궁궐을 정했을 때

전하는 말에 의하면 무학대사는 인왕산을 주산으로 하여 동향으로 궁궐터를 지었으면 좋을 것이라 했다고 한다. 그러한 이유 때문에 아직까지 많은 사람들이 그 말을 추종하기도 하는데, 그것의 사실여부를 떠나 인왕산을 주산으로 하여 지금의 옥인동 인근에 동향으로 궁궐을 지어 보겠다.

인왕산을 주산으로 삼으면 북악산이 좌청룡이 되지만, 북악산은 고개를 돌리고 있어 인왕산과 궁궐을 쳐다보지도 않게 된다. 그리고 또 마찬가지로 자하문 근방이 심하게 꺾여 심각한 불안정 요소가 된다. 좌향만 바뀌었을 뿐 북악산의 외면과 궁궐 북서쪽의 결함은 마찬가지이다. 주산이 바뀌고 좌향이 바뀌었지만, 기존의 경복궁과 비교하여 별로 나아진 것이 없다.

천하제일복지

구 청와대에 대해 풍수적으로 불길하다고 여겨 개조를 한 것은 전두환 대통령이 최초였다. 1980년 12월 이전까지 청와대는 서향이었으나 서향의 현관은 기가 빠져나가 좋지 않다는 주장이 제기되어 청와대의 현관을 남향으로 변경한다. 그러나 전두환 대통령의 처방에도 불구하고 그마저도 백담사로 가게 되자 이를 지켜본 노태우 대통령은 청와대의 불길함은 현관을 바꾸는 소프트웨어적 방법으로는 한계가 있다고 보아 아예 터를 옮기게 된다. 이에 따라 노태우 대통령은 구청와대가 손님을 맞기 협소하다는 표면적 이유로 약 200m 서쪽으로 이동한 현재의 위치에 새로운 청와대를 건립하게 된다. 다음은 청와대 홈페이지에 실린 글이다.

총독관저 자리 물색에 내몰렸던 조선의 풍수사들은 고의적으로 용맥에서 약간 벗어난 위치에 자리를 잡아 주었다고 합니다. 일제의 만행을 도저히 그대로 볼 수 없다는 생각에서 나온 행동이었다고 하는데, 그 때문인지 조선총독을 지낸 사람들뿐 아니라 그 후에 이곳에서 생활한 대통령까지 불행한 말년을 맞았다고 풍수지리에 밝은 사람들은 말하고 있습니다. 이런 주장은 90년 2월 20일 대통령 관저 신축공사 중 천하제일복지라는 표석이 청와대 건물 뒤에서 발견됨으로써 신빙성을 더해주고 있습니다. 이 표석은 암벽 전면이 풀에 가려져 보이지 않는 상태로 방치돼 있었습니다. 화강암 암벽을 깎아 만든 이 표석은 가로 2m 50cm, 세로1m 20cm 크기에 글씨 크기는 세로 가로 50cm였으며, 획의 평균길이는 9cm입니다. 글씨체는 해서체였고 낙관자리에는 '연릉오거' 라는 글을 쓴 사람의 것으로 보이는 이름까지 있었습니다. 당시 전문가의 결론은 글이 약 3백~4백 년 전인 조선조 중기 것으로 보인다는 것이었습니다.

그러나 천하제일복지 표석이 발견된 지점은 고려시대에는 남쪽의 궁궐로 사용되었고 조선시대에는 궁궐의 후원으로 사람의 발길이 잦았으며, 청와대 시절에는 수많은 경호원이 매일 같이 수색하는 곳인데도 불구하고 그토록 오랜 세월 발견되지 않았다가 그 시점에 갑자기 발견된 것에 대해 의구심을 품는 사람도 많았다.

1989년 노태우대통령 재임 시 24명의 각계 전문가로 자문위원회를 구성하였으며, 건축 · 설비 · 조경 · 방송 · 미술 등 5개 분야에서 주로 대학교수들의 참여로 이루어졌다.

위 사진에서 보듯이 북악산이 정삼각형을 이루는 중심점에 청와대 집무실을 배치하였다. 따라서 북악산과 청와대가 균형감 있게 자리 잡은 것처럼 보인다. 그러나 산은 사람과 달라서 처음의 마음을

바꾸는 법이 없다. 이 현상은 산의 옆구리에 억지로 배치한 것으로 그런다고 북악산이 청와대를 다정스럽게 바라보는 형상이 되는 것은 아니다. 결국 새로 옮긴 천하제일복지에서도 노태우 대통령을 비롯한 그 후의 대통령들은 이전과 달라진 것 없다.

산의 구분	내 용
북악산	경복궁과 청와대를 철저히 외면하고 있다
낙산	인왕산과 좌우균형이 맞지 않는다
인왕산	자하문 근방이 크게 함몰하여 북서풍에 노출되었다
남산	경복궁에 등 돌리고 있다
관악산	경복궁의 화재가 관악산 때문이라 볼만한 근거가 없다
명당	북악산의 외면으로 편안한 품속이 될 수 없다
물줄기	인왕산의 물에 의존함으로서 피동적인 모습이다

이상을 종합해보면 경복궁과 청와대는 터에 적지 않은 문제가 있다는 것을 알 수 있다. 특히 주산의 외면으로 모든 것이 덩달아 배척하는 지세가 되었으며, 물의 모습은 한 나라의 주체성과 경제적 자립을 엿볼 수 있는 중요한 사실임에도 비중 있게 다루지 못하였다. 이러한 오판의 구체적 원인을 알 수 없으나 하륜이 끝까지 반대하였고 무학대사의 여러 사람의 의견을 따라 결정하라는 다소 책임회피성 말에서 풍수논리가 정치논리에 묻혀 제 역할을 못했다고 짐작할 수 있다.

과학이론에 의거한 입지의 재해석

이상 보았듯이 경복궁과 청와대는 입지 전반에 많은 문제가 있었다. 그럼에도 불구하고 경복궁과 청와대가 명당이라고 주장하는 것은 오랜 고정관념에 따른 감성적 인식체계이며, 좀 더 이성적인 풍수논리가 개발되지 못한 탓이다. 따라서 이번에는 청와대 입지와 현상에 대해 풍수논리가 아닌 다양한 이론으로 재해석해 보고자 한다.

가이아이론과 북악산

가이아이론은 동양의 풍수지리론과 흡사하다. 가이아이론이 지구 전체를 유기체로 보는 거시적 성격이라면, 풍수지리론은 지구를 구성하는 산과 강을 살아있는 존재로 인식하는 미시적관점이다. 이러한 유기체적관점에서 북악산을 보면 북한산에서 보현봉을 거쳐 남서진하던 산줄기가 북악에 이르러 갑자기 방향을 바꾸면서 우뚝 멈추

었다. 이때 발생하는 물리적 관성으로부터 균형을 유지하기 위해서
서쪽 경사면 A는 암석이 단단하게 박혀 두툼하고 B는 오목한 현상이
생겼다. 만약 A지점이 빈약하다면 관성에 의해서 북악산은 서쪽으로
크게 기울었을 것이다. 이것으로 보아 북악산 자체는 매우 견실하고
합리적인 상태임을 의미한다.

한편 많은 사람들이 북악산과 경복궁의 배치를 보면서 명당이라
생각하는 것은 주산을 비롯한 청룡·백호의 입체적 구성만 맞으면
된다는 기계론적 관점에서 북악산의 겉만 보기 때문이다. 그러나 산
의 면배와 향배를 도외시한 채 진위를 판단하는 것은 사람의 겉모습
만 보고 평가하는 것과 다르지 않다.

피로파괴

재료역학에서 말하는 피로파괴는 기계장치나 구조물에만 해당되는 것이 아니며, 인체에도 그대로 적용됨을 볼 수 있다. 특히 인간이 자각할 수 없는 미미한 변화에 의한 피로누적은 서서히 몸의 불균형과 이상을 초래하기에 위험한 것이다. 청와대 경우 초창기보다는 늘 집권 후반기에 크고 작은 잡음이 생기는 이유도 불리한 환경에서 오는 피로누적의 일종으로 보인다.

엔트로피[Entropy] 관점에서 본 현상

엔트로피법칙은 열역학 제2법칙으로 에너지가 소멸되면서 매연과 공해 등이 상대적으로 많아지는 것을 말한다. 따라서 사회현상에서 엔트로피가 증가한다는 것은 무질서와 혼란, 폐기물 등이 늘어나는 것을 뜻한다.

경복궁과 청와대 역사를 보면 유난히 사건과 사고가 빈번하다. 무질서의 진행속도가 빠르고 반복되는 현상은 다른 곳보다 엔트로피가 높다는 뜻이며, 이곳은 어떠한 이유로 다른 지역보다 조건이 불리하다는 뜻이다. 결국 경복궁은 혼란과 어지러움의 무질서를 반복하다가 폐허까지 이르고 말았다. 그러한 맥락에서 보면 조선왕조 518년 동안 273년간 폐허로 방치된 것은 모든 에너지의 흐름이 멈춘 것이 된다. 그러나 고종대에 경복궁을 중건하자 에너지가 재생되었으나, 또 다시 무질서가 빠르게 진행되다가 급기야 이제는 더 이상 재사용도 할 수 없는 열 죽음에 이르렀다. 하지만 경복궁의 엔트로피는 완전 소멸이 아니라 장소만 바꾸어 청와대에서 계속 진행되고 있다.

프랙탈[Fractal]이론으로 보는 반복적 수난

프랙탈이론은 불규칙하고 혼란스러워 보이는 현상들을 엄밀히 보면 그것들을 지배하는 배후가 있어 일정한 규칙과 질서가 있으며, 부분은 전체와 같고 전체는 부분과 같다는 자기 유사성과 반복되는 특성이 있다는 것이 핵심이다.

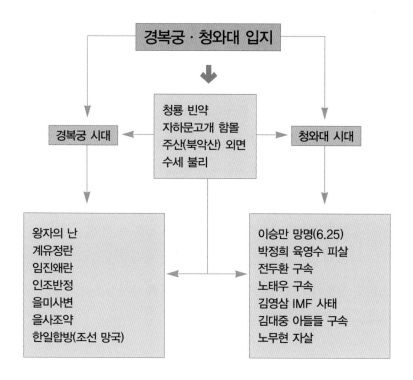

• 유사성

경복궁과 청와대는 600년의 역사가 전체가 되며, 그곳에 거주하는 사람은 부분이 된다. 그런데 지난 600년의 역사를 한눈에 조망한다면 전체적 불리함과 부분적 불리함이 유사함을 볼 수 있다.

• 반복성

현재의 경복궁은 궁궐로서의 기능을 마감하고 문화유산으로 남아 관광지로 활용되고 있다. 그러나 경복궁에 이어 청와대에서도 세포 분열하듯 프랙탈 특징이 계속되는 것으로 보아 앞으로도 유사한 일이 반복적으로 일어날 것이라 예측할 수 있다. 한편 양자역학 중 하이젠베르그의 불확정성원리에 의하면, 과학은 재현성이지만 반드시 항상 늘 그런 것은 아니고 어느 정도 오차가 있다고 한다.

과학의 기준이 뉴튼적 엄격한 결정론적 사고에서 확률적 결정론으로 바뀐 것이다. 따라서 약간의 오차가 있을 수 있지만, 확률적으로 높은 분포를 보인다면 재현성과 Science를 부정할 수는 없다는 이론이다. 즉 경복궁과 청와대가 프랙탈적 유사함이 반복되지만 반드시 동일한 결과는 아니며, 약간의 차이가 있을 수 있다는 것이다.

이상 보았듯이 경복궁과 청와대의 여러 현상은 현대의 과학이론으로도 설명이 가능하였으며, 특히 프랙탈적 유사성과 반복성은 시사하는 바가 적지 않다.

풍수인의 제언

조선 초 경복궁의 입지는 당대 최고의 학자들과 풍수인들이 합심해서 선정했으나 명당이라는 판단에도 불구하고 실제로는 수많은 내우외환을 겪으며 기대에 부응치 못하였다. 무엇이 문제인지를 여러 각도에서 분석해 본 결과 입지 판단에 심각한 오류가 있음을 볼 수 있었다. 선정 당시를 돌이켜 보면 그 시대의 궁궐 풍수는 이론적 지식의 벼슬아치들이 주도적으로 관여하면서 땅을 보는 관점이 냉철한 이성적 판단보다는 보국이 넓고 화려함을 선호하는 경향을 볼 수 있었다. 더불어 절대 권력자의 의지까지 작용하면서 결국 전문 풍수인의 지리적 제언은 별로 힘을 얻지 못한 것으로 생각된다.

신·구 청와대 역시 경복궁에 대한 고정관념을 극복하지 못하다 보니 그 범주를 벗어나지 못하였다. 살펴본 바에 의하면 북악산은 경복궁과 청와대에 등 돌린 형태를 하고 있으며, 자하문의 허결함과 수세의 불리함, 남산의 등 돌림은 뜻밖이었다. 따라서 이제는 청와대의 입지에 대해 진지한 재검토가 필요한 시점이다.

그럼에도 불구하고 필자는 현실적으로 청와대를 쉽게 옮길 수 있을 것이라 생각하지는 않는다. 다만 훗날 새로운 대통령 관저와 통일된 한반도의 수도를 선정할 때는 경복궁과 청와대와 같은 오판이 반복되지 않도록 보다 철저한 검증이 이루어지기를 바라는 바이다.

용산을 차지한 집단이 세계를 지배한다.

남산은 험한 바위들로 뒤덮인 북한산·북악산·인왕산과 달리 부드러운 흙으로 이루어져 포근한 느낌이다. 그리고는 용산을 향해 병풍처럼 펼쳐주었다. 용산의 지형은 서울의 동서로 흐르는 한강 물이 크게 감아주는 지점이며, 남북으로는 북한산에서 북악산 그리고 관악산을 잇는 중심축선상에 위치하면서 절묘한 구도를 보여주고 있다. 이러한 용산은 고려시대에는 부자고을이라는 의미의 부원현이라 불렸으며, 조선시대에는 팔도에서 올라온 곡식과 물자가 모이는 지점으로 늘 재물이 풍족한 땅이었다.

용산 일대에 외국군이 처음 들어온 것은 고려 말 한반도를 침입한 몽고군이 용산지역을 병참기지로 활용하면서부터 시작되었다. 임진왜란 때는 왜군 고니시 병력과 가토 병력이 원효로와 청파동 일대에 각각 주둔했으며, 임오군란 때는 청나라 병력 3천명이 주둔하였다.

또 조선을 병탄한 일본은 이곳 용산에 조선주둔 일본군사령부와 조선총독부 관저, 20사단 사령부를 설치하고 2만 명의 병력을 주둔시켰다. 그리고 해방 직후부터는 미군이 차지하여 오늘에 이르고 있다.

이러한 사실을 보면 용산은 군사적으로 중요한 전략적 요충지였기 때문에 고려시대부터 현재에 이르기까지 침략자 점령군의 땅이었다. 점령군이라는 단어가 귀에 거슬릴지라도 부인할 수 없는 한반도의 역사요 사실임을 냉엄하게 직시하지 않을 수 없는데, 결국 용산을 차지한 자가 한반도를 좌지우지 했던 것이다. 다행히 이곳에 있던 주한미군이 경기도 평택으로 이전하기로 하였으니, 용산을 더 이상 외국군의 간섭에서 벗어나게 하기 위해서는 국가적 차원에서 적극 보호하고 활용해야 한다.

청와대와 용산 비교

	청와대	용산
주산	북악산이 청와대를 외면함	남산이 용산을 병풍처럼 둘러 줌
용세	산의 계곡에 위치하여 무맥지	남산에서 둔지산까지 용맥 훌륭
청룡 · 백호	청룡은 허약하고 백호는 어깨가 심하게 끊어짐	남산에서 시작된 능선이 크게 청룡 · 백호를 형성함
안산 · 조산	안산은 허하고 남산은 무정함	한강과 관악산이 어우러져 뛰어난 풍광을 이룸
명당	넓지만 북악산의 외면으로 보호받지 못함	넓고 평탄함
물줄기	인왕산에서 발원한 객수에 의존하므로 피동적임	한강물이 풍부하고 수태극을 형성함
역사	거쳐 간 제왕들의 고난 연속	용산을 차지한 집단이 한반도 좌지우지

현재의 청와대는 경복궁 뒤편 깊이 위치한 까닭에 국민과의 소통이 원활하지 못하다고 지적되기도 하는데, 이곳 용산은 그러한 우려

를 불식시킬 수 있는 사통팔달의 열린 공간이다. 또 완벽하게 살을 벗은 겸양지덕의 땅으로서 국민에게 편안히 다가서는 모습이므로 백 년 만에 우리의 품으로 돌아온 천재일우의 기회를 놓치지 말아야 한 다. 우연인지 모르지만 용산을 차지했던 집단이 한반도 뿐 아니라 대 륙을 지배하던 초강대국이었음을 상기할 필요가 있다.

청와대를 용산으로 옮겨라.

13

풍수로 추론하는
통한의 을사조약

2대천자지지와 정만인

많은 사람들이 대원군 이하응의 부친이자 고종의 조부인 남연군(이구) 묘를 평하며 천하대지요 2대천자지지라고 극찬한다. 이곳에 묘를 쓰고 고종께서 태어나고 임금과 황제가 되었기 때문이다.

풍수의 계파는 틀려도 혹은 풍수를 모르는 일반인들까지도 이곳에서의 평가만큼은 이구동성 탄성이다. 아마 구한말부터 현재에 이르기까지 100년이 넘도록 이곳만큼 사람들의 입에 회자된 곳도 없을 것이다. 그러나 나는 풍수를 처음 시작할 당시부터 납득할 수 없는 의문점으로 이곳 남연군 묘를 한시도 잊어 본적이 없다.

그토록 좋은 땅이라면 어째서 국가적으로 극도의 혼란을 초래하고 조선왕실의 말로가 불행했을까?

명당은 그토록 처절한 고통이 수반되는 것인가?

몇 십 년의 절대 권력을 위해서라면 가족을 포함한 주변 모든 것을 버려도 좋은 것인가?

황제가 되었으면 다른 것은 아무래도 상관없는 것인가?

황제가 되었으므로 명당이라는 등식은 어디서 비롯된 것인가?

혹시 우리가 잘못알고 있는 것은 아닐까?

일설에 의하면 정만인은 흥선군 이하응에게 2대천자지지를 추천하였다고 하는데, 정만인이 역사적으로 실존인물이었는지 알 길이 없으며, 그 말의 사실여부 또한 어떠한 기록에서도 확인할 수가 없다. 당시의 상황을 매천야록에서 살펴보자

남연군 아들 4명중 흥선군은 그 끝이었다. 남연군이 작고할 때 흥선군 나이는 18세였다. 그가 지사를 따라 덕산에 있는 대덕사에 도착하자 지사는 한 고탑을 가리키며

"저곳은 큰 길지라 그 귀함을 말로는 다 표현할 수가 없다"

고 흥선군에게 말하였다.

이 말을 들은 흥선군은 즉시 집으로 돌아가 그의 재산을 모두 팔아 현금 2만냥을 마련한 후 절반을 대덕사 주지에게 주고 절을 소각하도록 하였다. 이에 절이 모두 타버리자 흥선군은 상여를 모시고 가서 재를 쓸고 그곳에 머물렀다. 한밤중에 그의 형들은 자리에서 일어나 제각기 꿈 이야기를 하였는데, 흰 옷을 입은 노인이 나타나 꾸짖기를

"나는 탑신인데 너희들이 어찌 나의 사는 곳을 빼앗아 가느냐?

만일 이곳에 장사를 지내면 제사가 끝나기 전에 너희 4형제가 폭사할 것이니 속히 돌아가거라."하고 말했다는 것이다. 이상하게도 3형제의 꿈이 모두 동일하였다. 이 말을 들은 흥선군은

"과연 그렇다면 참으로 길지입니다. 종실이 몰락하여 우리 형제들이 옷자락을 끌고 날마다 안동김씨의 문전을 찾아다니며 구차하게 사느니 차라리 한때 잘사는 것이 쾌하지 않겠습니까? 형님들은 모두 자식이 있지만 혈육 하나도 두지 못한 것은 저 혼자뿐이니 죽어도 아무 두려움이 없습니다. 형님들은 아무 말씀 마시고 계십시오."라고 하였다.

그가 이른 아침에 탑을 무너뜨리고 보니 탑 터가 모두 암석으로 되어 있었다. 도끼로 팠지만 도끼는 튀기만 하자 그가 도끼를 어깨에 메고 공중을 향해 크게 꾸짖었다. 그런 후 다시 도끼질을 하니 튀지 않고 암석이 잘 파졌다. 이렇게 하여 하관을 한 후 훗날 누가 옮길까 염려되어 쇳물을 수만 근 지어붓고 그 위에 흙을 씌었다

장사를 마치고 스님과 함께 경성으로 가던 중 수원의 대포진을 건널 무렵 배에 탔던 스님이 갑자기 고함을 치며 불을 끄라고 말한 후 머리를 움켜쥐고는 불에 탄 모습을 하더니 잠시 후 물에 뛰어 들어 죽었다. 많은 사

람들은 남연군 묘가 꿩이 엎드린 모습의 복치형이라고 하였다. 그 일이 있은 후 14년 만에 고종께서 탄생하셨다.(1852년)

갑자년(1864, 고종 2년)이후 나라에서는 국비를 들여 대덕산에 절을 짓고 이름을 보덕사라고 하였다. 나무와 흙벽에 금을 칠하여 극히 웅장하고 화려하게 하였다. 그리고 논밭도 하사하고 보화도 후하게 주었다.

병인년(1866) 겨울에 양인들이 강화에서 도주할 때 사교에 빠진 우리 백성들은 그들을 덕산으로 인도하여 그 묘를 파헤치려 하였지만 파지 못하고 다만 그 묘에 불만 지르고 달아났다.

대원군은 이건창에게 장례 치른 일을 말하면서 탑을 헐고 보니 그 속에 백자 2개 · 다병 2개 · 사리 3개가 있었는데, 사리는 작은 머리만하여 빛이 매우 밝고 물에 담그면 물을 빨아들이며, 청색의 기운은 실오라기 같은 연기 같았다고 하였다.

위 매천야록의 기록을 추산하면 남연군의 묘를 쓴 시점은 1838년 헌종 4년이 된다. 그러나 예산군청의 자료에 따르면 1846년 경기도 연천에서 이장해 온 것으로 되어 있다. 어느 것이 맞는지는 알 길이 없다. 절의 이름도 매천야록에는 대덕사라고 기술하고 있지만, 예산군청의 자료는 가야사라고 표기하고 있다. 그리고 매천야록의 다른 부분에 산사람 만인이 대원군을 만나서(1864년, 고종2년) 팔만대장경의 간행을 부탁하자 흔쾌히 들어 주었다는 대목이 있는데, 만인이 남연군 묘를 잡아준 지사와 같은 인물인지는 알 수가 없다.

흔히들 말하는 정만인은 손석우 선생의 '터'(1993년 출간)라는 책

이후에 비로소 등장하는데, 손석우 선생은 매천야록에 나오는 만인이라는 이름을 자신의 소설에 차용하였을 가능성이 크다. 아무튼 이 묘를 쓰고 나서 고종과 순종 두 분 황제를 배출했음은 사실이다. 그러나 후대사람들이 대원군의 극적이며 풍운아적인 삶에 귀납적으로 지어낸 말일 가능성이 있으며, 아니면 누군가가 계획적으로 2대천자지지라는 말을 유포시켰을지도 모른다는 의구심이 든다.

당시의 시대상을 구체적으로 살펴볼 것 같으면,

대원군과 명성황후는 심한 정치적 갈등으로 대립하였고,

고종임금 때에는 무슨 이유에서인지 궁궐에 화재가 빈번하여 막대한 국고를 낭비하고 민심을 흉흉하게 하고 있다.

고종은 자신의 이복형인 이재선에게 역모를 도모했다하여 사약을 내리며,

대원군의 친형 이최응은 임오군란 때 난민들에게 죽고 만다.

그 후 대원군은 청국에 볼모로 잡혀가서 온갖 수모를 당하였고,

이은 황태자(훗날의 영왕)역시 이토 히로부미에 의해 일본에 인질로 붙들려간다.

급기야 국모인 명성황후는 일인들의 칼에 무참히 살해되고,

경술년(1910)에는 나라를 송두리째 빼앗기고 말았다.

고종과 순종 두 분 황제는 재위기간 동안 큰소리 한번 치지 못하고 외세의 눈치를 살피며 신하들에게조차 무시당하는 형식적인 허수아비 군주였을 뿐이다.

그러는 사이 순식간에 나라를 빼앗기고,

백성들은 일제의 침탈에 극도의 혼란과 수난을 겪게 되었다

뿐만 아니라 요즈음 들어서는 고종황제가 일제에 의해 독살 당했다는 말도 있다.

이러한 일들이 남연군 묘소를 쓰고 약 70년 동안 벌어진 사건들인데, 과연 그와 같은 것을 명당의 발응이라 할 수 있을 것인가?

꼭두각시 임금이 되어 나라를 송두리째 빼앗기고 죽임까지 당하였는데도 말이다.

나는 명당의 응험여부를 추호도 믿어 의심치 않는다. 그러나 명당의 말로가 그토록 비참하고 굴욕적인 것이라면 고통을 인내하며 풍수공부를 할 필요도 없다.

남연군 묘 터의 분석

주산

혈을 맺는 주산은 산천정기를 직접적으로 공급해주는 산이기 때문에 단정하고 수려해야 한다고 거듭 강조했었다. 하지만 이곳 가야산의 모습은 매우 억세고 거친 모습이다. 이름난 명산에 명당 없다는 말이 있다시피 이곳은 등산을 하는 데는 좋을지 몰라도 좋은 혈을 맺기에는 부적합한 산이다. 한편 가야산의 모든 봉우리들은 노기충천하여 고집스런 형상을 하고 있다.

용세

가야산 석문봉에서 남연군 묘소까지 오는 용은 매우 길게 끌고 내려왔다. 비록 주산이 험해도 길게 뻗은 능선이 점차 살을 벗고 곱게 변하면 혈이 생길 수도 있겠지만, 이곳의 용세는 질서도 없고 규칙도 없이 산만할 뿐이다. 그렇게 힘차게 끌고 내려 왔는데 무슨 말이냐고 반문 할지 모르겠다. 그러나 고집스런 주산으로부터 도망치듯 급하게 빠져나오다 보니 기본적인 원칙을 지키지 못하고 있다. 따라서 역동적인 모습이 아니라 껍데기만 요란한 광룡일 뿐이다.

혹자는 말하기를 이곳은 황제를 배출한 큰 혈이기 때문에 보통의 상식적인 안목과 법안의 수준에서는 설명하기 어려운 곳이라고 하지만, 이곳이 어째서 괴혈인지를 먼저 납득시켜야 한다.

당판

남연군 묘소는 당판 곳곳에 강한 암반이 깔려 있는데, 그 암반이 힘과 권력을 의미하기 때문에 황제가 되었다고 주장하기도 한다. 그러나 그토록 강한 힘이 있다면 어째서 허수아비 황제가 되었고 고작 70년 만에 나라와 백성을 맥없이 빼앗겼단 말인가?

황제로서 언제 큰소리 한번 쳐 본적 있었던가?

이곳의 바위들은 너무 클 뿐 아니라 매우 단단한 화강암으로 되었으니 기운이 찬 땅에서 생기는 전형적인 현상이다. 콩 심은데 콩 나고 팥 심은데 팥 난다더니 누가 그 핏줄 아니라고 할까봐 가야산 석문봉의 힘을 그대로 이어받았다. 과연 남연군 묘소를 조성할 때 암석을 깨고 그 밑에서 흙이 나왔을까 의문이 든다. 따라서 매천야록에서 살펴본 바와 같이 바위가 나와서 도끼가 튀었다는 당시의 정황을 음미해 볼 필요가 있다. 좋은 땅은 반드시 곱고 밝은 흙으로 이루어져야 한다.

청룡 · 백호

남연군 묘소에서 얼핏 보면 청룡 · 백호가 병풍처럼 둘러준 것처럼 보인다. 그러나 좌우로 깊은 골짜기를 형성하여 오히려 골바람을 안내하는 통로가 되었으니 묘소는 풍파가 많은 땅이 되고 말았다. 더욱 흉한 것은 청룡의 한 능선이 험한 암석으로 되어서 묘소를 향하고 있다는 점이다. 청룡 · 백호의 소임은 혈을 보호하는 것임에도 불구하고 이곳의 청룡은 묘소에 대해 오히려 창을 들이대고 능멸하는 형

태로 마치 표독스런 뱀이 머리를 곧추 세워 노려보는 듯한 모습이다.

청룡·백호가 자신의 입장과 본분을 망각하고 있는데, 산의 지존인 혈은 이처럼 멸시받고 핍박받는 곳에 비굴하게 머물지 않는 법이다.

안산

남연군 묘소에는 안산이 없다. 그래서 물이 곧고 길게 빠져나가는 것을 속수무책 바라만 볼뿐이다. 우리는 이와 같은 물의 모습에 대해

서 이미 몇 차례 경험한 바 있다. 따라서 당연하게 그리고 너무나 허망하게도 군주와 백성들은 졸지에 모든 재산과 주권을 을사조약이란 이름으로 하루아침에 잃어버리고 통한의 피눈물을 뿌리게 되었다. 남연군 묘를 쓴지 67년 만의 일이다. 한편 남연군 묘를 쓰고 고종이 태어나므로 고종께서는 이곳 묘소의 상징이라는 등식으로 볼 것 같

으면 다음과 같은 관계가 성립된다.

가   야   산 : 흥선대원군

묘   소 : 고종

청룡 · 백호 : 조정 대신들

안   산 : 명성황후

수   세 : 국권과 강토

기세등등한 아비로부터 벗어난 고종께서 홀로서기를 할 무렵 군주가 절대 절명의 위험에 처해있는데도 청룡이라는 신하는 저 혼자 잘살겠다고 물 따라 도망가기 급급하고, 심지어 달아나면서까지 살벌한 분위기를 조성하며 윽박지르고 있다.

백호는 거만스럽게 솟아 임금을 핍박하고 있으며, 안산은 임금을 최측근에서 보필해야 하지만 어디에도 없는 관계로 빈자리를 틈타 썰물처럼 물이 빠지고 있다.

그래도 주산은 사태파악을 못하고 고집스럽게 유아독존의 오기와 살기만 내뿜고 있으니, 누구하나 다정다감하게 주군을 도와주지 못하고 각자의 이해득실만 따질 뿐이다.

도대체 이 묘소로 인해서 얼마나 많은 사람이 피를 흘리며 절규해야 하는가?

하늘이시여 땅이시여!

정녕 이 나라를 이대로 버리시렵니까?

남연군 묘소(고종황제)는 고독한 모습이다. 좌불안석 하루도 마음 편할 날 없이 근심 걱정으로 하루하루를 연명한다. 급기야 군주 자신도 주변 모든 것으로부터 버림받은 채 쓸쓸하고 비참한 최후를 맞이하게 된다.

이상 살펴본 바와 같이 남연군 묘소는 크나큰 결함과 흉함을 내포하고 있는 곳인데도 많은 사람들이 너무나 단순하게 천하대지라 평하기를 주저하지 않는다.

임금이 되었으므로 명당이라는 등식은 과연 어디서부터 비롯된 것인가?

황제가 되었으면 다른 것은 아무래도 상관없는 것인가?

일제와 만인의 음모

지금부터의 글은 매천야록의 기록에 나오는 산사람 만인과 2대천 자지지라는 알 수 없는 소문을 역사적 사실에 입각하여 필자의 추리를 구성한 픽션이다.

가야산 아래 덕산에 위치한 남연군 묘소는 일제의 풍수를 이용한 고도의 계략과 비밀이 숨겨져 있는 곳이다.

당시 일본은 300년간 이어온 막부시대를 청산하면서 근대화된 서구문물을 받아들이고 정치적 안정과 함께 막강한 군사력을 보유하게 된다. 반면 조선은 정조 임금 이후 세도정치의 폐단과 민중 봉기 등으로 극도의 위기감이 팽배한 시기였다.

일본은 섬나라라는 취약점을 극복하기 위해서 임진왜란 이후 끝없이 갈망해온 대륙으로의 진출을 모색하며, 동북아의 패권국이 되고자하는 원대하고 야심 찬 계획을 수립한다.

그 계획의 첫 단계로 대륙의 관문인 한반도를 교두보로 삼고자 비밀리에 조선의 국내정세를 염탐하는데, 이때 조선왕실의 후계구도에 심각한 불안과 이하응에 관한 첩보를 입수하게 된다. 이하응은 영조임금의 고손자로서 왕실의 뛰어난 인물 중 한사람이었다. 하지만 당시는 안동김씨들이 세도정치로서 왕실을 완전히 장악한 상태였기 때문에 철저하게 파락호 생활을 하며 은인자중 절치부심 하던 시기였다.

이하응은 야심 찬 포부를 위장하는 수단으로 산천을 주유하며 풍수에 몰입하게 되는데, 일본은 그러한 이하응의 풍수철학을 이용하여 조선을 무너뜨릴 원대한 프로젝트를 세운다.

계책으로 조선인들의 신앙과도 같은 풍수사상을 역이용하기로 하고 적합한 땅과 함께 적임자를 물색 하던 중, 흥선군과 함께 산을 다닌 적이 있는 산인 만인을 찾기에 이른다. 일본인들은 만인을 접촉하여 협박과 함께 매수하였으며, 은밀하게 이하응에게 접근할 것을 명한다. 장소는 가야산 밑자락 덕산에 있는 대덕사 탑이다.

만인이 일인들의 안내로 그곳을 살펴보니 가야산의 봉우리에서 힘차게 뻗은 것하며, 웅장한 기상이 겉보기에는 감탄할 만한 곳이다.

그러나 좀 더 자세히 들여다보니 주위 사방이 온통 살기로 가득 차 있고 물 또한 곧게 빠져나가는 것이 전혀 묘 터가 아니라는 것을 알 수 있었다. 하지만 이미 자신이 일본인들의 계략과 협박에 깊숙하게 말려들은지라 어찌할 도리가 없었다. 그때 일인들은 그 자리를 선택하면서 진혈의 모습과 흡사하지만, 궁극적으로는 멀지 않은 장래에 망하는 자리임을 낱낱이 파악한 상태였다. 그리고 만인에게는 2대천자지지라는 말로서 이하응의 야심과 끓어오르는 분노에 자극할 것을 사주한다.

"2대에 걸쳐 임금도 아니고 천자가 되는 자리다!

천자가 어떤 자리인가?"

그즈음 다른 한편에서는 조작된 풍수 비결록을 만들어 가야산 인근에 2대천자 지지가 있다는 것을 은밀하게 그러나 의도적으로 민간에 유포시킨다.

일본은 서두르지 않고 긴 안목으로 덫을 놓고 기다리는 것이다. 설사 그 계획이 자신들의 의도대로 맞아떨어지지 않는다 해도 손해 볼 것이 없다. 2대천자지지라는 유언비어만으로도 조선민중의 불안감을 선동하는 효과가 있기 때문이다. 이때의 이하응은 목숨조차 위태로운 절대 절명의 위기의식과 함께 어떻게 하든 안동김씨를 몰아내고 왕실의 위엄을 되찾겠다는 일념뿐이었는데, 전부터 알고 있던 만인이 찾아와서는 자신의 속마음을 훤히 들여다보듯

"비결록에 있는 2대천자지지를 제가 찾았습니다."

이하응 또한 2대천자지지에 관한 소문을 들어서 알고 있던 터라 직접 확인해 보기로 한다. 당시 흥선군의 풍수안목은 걸출하고 영민해서 글 풍수의 단계를 뛰어넘는 수준에 있었다. 따라서 평상시 같으면 쉽게 알 수 있는 것을 안동김씨들에 대한 극도의 증오심과 자신의 욕망 때문에 천추의 한을 남길 너무나 뼈아픈 판단 착오를 하고 만다.

마치 남사고가 자신의 아버지 묘를 9번 옮기고 10번째 장사지낼 때 죽은 뱀이 나무에 걸려있다는 고사괘수를 용이 하늘로 승천한다는 비룡상천으로 잘못 보았듯이 마음의 평상심을 잃고 욕심이 동하면 혈이 보이지 않는다는 옛말이 틀림이 없으니, 흥선군과 남사고가 다르지 않다. 다만 남사고는 자신의 실수를 뒤늦게 깨달았으나 이하응은 그 터의 길함을 추호도 믿어 의심치 않았음이 다를 뿐이다. 그 길로 바로 대덕사를 불 지르고 그 터에 자신의 아버지 남연군의 묘를 쓴다. 그리고는 다시 파락호 생활로 돌아가서 기나긴 인고의 세월을 보내다 묘소를 쓴지 14년 만에 고종을 낳고, 25년 만에 고종이 등극한다.(매천야록 기준)

당시의 이하응인들 만인이 말한 2대라는 말뜻을 왜 몰랐겠는가!

"2대라면 길어야 50~60년이겠지만 그래도 상관없다!

몰락한 왕실을 다시 일으킬 수만 있다면."

그리고 전설과도 같은 자미원 명당이 이곳 가야산 어디엔가 있다는 말을 들은 적이 있기에 그곳을 찾아서 자신의 사후 신후지지로 삼게 되면 그 후부터는 자미원의 발복으로 인해 대고구려를 능가하는 국력으로 거만한 청나라와 러시아 그리고 임진왜란 때 우리의 강토를 무참히 짓밟은 일본까지도 지배할 수 있을 것이라는 나름대로의 웅대한 포부가 숨겨져 있던 것이다.

자미원 : 천하제일의 음택 명당으로 전 세계를 통일하고 다스리는 성인이 나올 땅이라고 한다.

그러자 일본은 다음단계의 공작을 구체화 시킨다.

"풍수의 이치가 어긋남이 없다면 이하응 일가의 몰락은 이제 불을 보듯 뻔한 일이다. 그러나 우리가 원하는 것은 조선왕실의 파멸이다. 따라서 수단방법 가리지 말고 이하응의 자식이 임금이 될 수 있도록 해야 한다. 나머지는 세월이 말해 줄 것이다"

1838년 남연군 묘를 쓰고 나서부터 조선왕실은 많은 혼란에 빠지게 된다. 당시 헌종 임금은 1849년 23세의 짧은 나이에 후사 없이 요절하고 말았다. 뒤를 이은 철종 임금은 14년의 재위기간 동안 왕손을 다섯이나 두었으나 어찌된 일인지 모두 일찍 단명하고 만다.

마치 어떠한 저주에 걸리기라도 한 것처럼…

그리고 철종 자신도 1863년 33세의 젊은 나이로 서거한다.

일제는 철종의 후사가 없고 또 몸이 병약한 것을 감지하고는 왕실의 가장 어른이었던 조대비와 흥선군 이하응을 절묘하게 연결시켜준다. 쉽게 의기투합한 두 사람은 이하응의 둘째아들 명복을 임금으로 추대하기로 묵계를 세우고 안동김씨의 세도정치를 몰아내기로 결심한다. 조대비로서는 명복이 임금에 오르게 되면 자신의 양자가 됨으로서 누릴 수 있는 행세와 친정세력인 풍양조씨들이 복권할 수 있다는 명분이 있고, 이하응은 마침내 고대하던 왕실의 위엄과 스스로의 야망에 섭정을 할 요량으로 나이 어린 명복을(12세) 내세운다.

일본은 자신들의 풍수를 이용한 대제국의 꿈이 바야흐로 시작되었고 비록 동상이몽 일지언정 3자간의 이해가 기가 막히게 맞아떨어진 것이니 조선의 앞날에 먹구름이 드리우기 시작하였다.

한편 만인은 남연군 묘를 일제의 지시와 감시 속에서 무지막지하게 쇳물까지 부어가며 작업한다. 그러나 유사 이래 쇳물을 부어가면서까지 묘소를 조성했다는 예는 들어 본적이 없다. 무엇 때문에 그토록 극단적인 처방을 했을까?

혹시 일제의 사주를 받은 만인이 의도적으로 했던 것은 아닐까?

만인은 이 모든 사실이 일제의 계략이라는 것을 알고 있으므로 다가올 조선의 앞날을 예감하고는 심한 두려움을 느낀다. 만약 임금이 되지 않았다면 남연군 묘소로 인한 모든 재앙이 이하응 일가에만 국한되겠지만, 임금일 경우에는 상상할 수 없는 일이 조선 전체에서 벌어질 것을 알고 있기 때문이다. 그러나 쇳물까지 부어가며 작업했기에 이제는 어찌할 도리가 없다. 그래서 아예 조선을 떠나 일본으로 깊숙이 숨어 버리기로 한다.

조선의 명운 따위는 관심도 없다.

지긋지긋한 신분의 굴레와 가난에서 벗어난다는 일념으로…

또 그들이 약속한 대일본국 풍수국사로 추대할 것이라는 말에 배를 타고 가족과 함께 떠나는 것이다.

당시 상황을 매천야록에서 살펴본다.

산사람 만인이 고종이 잠저에 있을 때 찾아와서 두 번 절을 올린 뒤 "후일에 중흥조(임금)가 될 것입니다"라고 축하를 하였다.

갑자년(1864년 고종2년) 초에 대원군이 만인에게 하고 싶은 일을 묻자 "산에서 사는 사람이 어찌 하고 싶은 일이 있겠습니까?

그러나 한 가지 은혜를 베풀어 주신다면 해인사 대장경 1,000부만 하사 하여 주시면 소원이 없겠습니다."라고 하므로 대원군이 허락하여 드디어 간행하였다. 이때 만인은 자신이 직접 가서 간행을 하고 그 작업이 끝난 후 바다를 통해 어디론가 떠나 버렸다. 해인사의 경판각은 옛날부터 새들 도 똥을 싸지 않아 매우 신비함을 보였는데, 만인이 떠난 후에는 그렇지 않았으므로 호사가들은 그 경판 가운데 신령스러운 부적이 있었으나 만인 이 그것을 절취해 갔기 때문에 그런 것이라고 말들을 하였다.

그리고 또 다른 풍문은 대원군이 젊었을 때 어느 점쟁이에게 "앞으로 나에게 무슨 환란이 없겠느냐?" 하고 묻자 "만인을 죽여야 합니다."라고 말하였다.

그래서 대원군이 뜻을 이룬 후 10,000명을 죽이려 한 것이라고 말들을 하였다. 대원군은 점쟁이가 말한 만인을 만명으로 생각한 것이다.이상은 모 두 당시의 소문으로 그때 이러한 말들이 요란하게 퍼져 있었다.

참고로 1423년 일본의 사신들이 세종임금을 알현하여 숭유억불의 조선에서는 불교의 교리를 새긴 팔만대장경이 필요 없을 것이므로 자신들에게 줄 것을 요구하며 3일간 단식까지 한 적도 있다. 또 임진왜란 때는 해인사로 몰려오는 왜병들을 의병과 승병들이 결사적으로 항전하여 지켰는데, 일본은 팔만대장경을 빼앗기 위해 집요하게 행동하였다.

만인은 개인적으로 팔만대장경이 1,000부씩이나 무엇에 필요했을까?

만인을 매수하고 이용한 일본은 더 이상 활용가치가 없고 자신들의 비밀스러운 음모와 계략이 세상에 알려질까 두려운 생각에 그들 가족을 서해바다 깊숙한 곳에서 배와 함께 통째로 수장시킨다. 물론 자신들의 지시로 작업한 팔만대장경은 이미 빼돌린 후였다. 그들은 완벽한 작전의 성공을 축하하면서 진인사대천명을 읊조리며 회심의 미소를 짓는다.

훗날 일본은 자신들의 계획대로 조선을 식민지로 만들고 나서 한 나라의 흥망을 좌우하는 풍수의 무서운 위력에 새삼 놀라워한다. 그래서 더 이상 조선에서는 일본을 위협할 걸출한 영웅이 나지 못하도록 명나라의 이여송이 했던 것처럼 온 산에 쇠말뚝을 박고 산허리를 끊으며, 조선의 산천을 철저하게 망가뜨린다. 천년·만년 동안 자신들의 지배와 속박에서 벗어나지 못하게 하기 위해서…

남연군 묘 도굴사건 (1868년 4월, 고종6년)

이와 같은 일제의 음모와 계략을 간파한 풍수인이 있었으니 그는 최선일(일명 최지혁, 세례명 요한)이라는 60세의 독실한 천주교신자였다. 최선일은 목숨을 걸고 흥선대원군을 찾아가 남연군 묘에 대해 자세히 설명하며 왕실과 조선이 매우 위태롭다고 말하지만, 대원군은 남연군 묘 이후 자신의 야망이 이루어졌기 때문에 일언지하 그의 말은 무시당하고 만다. 하지만 최선일은 남연군 묘로 인한 조선의 운명을 예감하고 포기하지 않는다.

궁리 끝에 극단적인 방법을 쓰기로 하고 프랑스 선교사 페롱을 찾아가 대원군의 쇄국정책과 2년 전 병인박해와 같은 천주교 탄압을 중단시킬 방책이 있으니, 남연군의 묘를 도굴할 것을 제의한다.

페롱을 통역관으로 삼은 오페르트는 남연군의 체백을 이용해서 조선과의 통상교섭을 통해 다른 열강들에 비해 우위를 선점하고자 한다.

최선일은 개인적 윤리보다는 조선의 흥망이 걸린 것이기에 엄청난 도박을 결행하기로 한다. 자신의 행위는 용서받지 못할 짓이지만, 조선과 만백성을 구하는 유일한 길이라는 확고한 믿음과 신념을 갖고서…

그러나 도굴은 수천포의 강회와 쇳물로 철옹성같이 굳어있었기 때문에 실패하고 만다. 최선일은 조선의 국운이 다했음을 절감하며 통분의 눈물을 뿌리며 발길을 돌린다.

"천주님! 부디 나의 예상이 틀리도록 하여 주십시오.

그리고 만약 내가 잡혀죽지 않는다면 이 모든 사실을 후세에 전하여 삼가 지극히 경계토록 할 것입니다"

격노한 대원군은 천주교 풍수사의 짓이라 판단하고 그를 빌미로 천주교신자들에 대한 탄압을 더욱 혹독하게 하였음이다.

최선일(1809~1878) : 일명 최지혁, 세례명 요한

1809년 충청남도 공주에서 출생하였다. 천주교 신자였던 부친에게서 교리를 배웠고 1846년 다블뤼 주교에게서 세례를 받고 가톨릭교에 입교했다. 세례명은 요한이다. 1868년 대원군의 부친인 남연군 묘를 도굴하는데 안내인 역할을 하였다. 이후 중국에 머물면서 리델 신부를 보좌하였고, 1874년 은밀히 귀국하여 선교사들이 조선으로 입국할 수 있도록 지원했다. 1878년 북경외방전교회와의 연락을 위해 만주로 가던 밀사가 체포됨으로써 붙잡혀 투옥되었다가 옥사하였다.

한글로 간행된 최초의 성경인 성경직해는 최지혁의 글자본으로 1886년 간행되었다.

을미사변

1895년 순조롭게 진행되던 조선침략의 시나리오가 명성황후에 의해 주춤거리자 일본국공사 미우라가 고용한 낭인들이 궁궐까지 침입하여 명성황후를 시해하고 시신까지 불사르는 천인공노할 만행을 저지른다. 이일을 총 지휘한 자는 당시 일본국 총리대신이었던 이토 히로부미였다.

세상 어느 하늘아래 그와 같은 극악무도한 일이 또 있겠는가?

그런데도 고작 고종황제가 한 일은 죽은 황후를 서인으로 폐위시키는 너무나도 어처구니없는 일을 하고 있다. 도저히 있을 수 없는 수모와 피를 토할 것 같은 분함에도 대궐에서는 누구하나 칼을 들고 저항은커녕 꽁무니를 빼며 자신들의 자리보전에만 눈치를 살피고 있다. 그저 힘없는 백성들만 낫과 몽둥이로 무장하고 국모의 죽음에 분연히 봉기할 따름이다.

통한의 을사조약

1898년 마지막 걸림돌이었던 흥선 대원군이 79세를 일기로 사망하자 거칠 것 없던 일본은 최후의 일격을 조선에 가하기로 한다. 당시 조선의 국내정세는 극도의 혼란에 빠져있었고, 일본은 청나라와 러시아와의 전쟁에서 승리하여 조선에서 절대적 우위를 지키고 있었다. 이에 자신감을 가진 일본은 60년간 지속된 길고긴 작전의 마지막 절차인 남연군 묘소의 그 알량한 용맥조차 끊어버리기로 한다. 몇

안 되는 상가리 주민들을 위해서 저수지를 만든다는 명분으로 묘소까지 이어지는 고갯마루의 능선을 무참하게 파헤쳐서 둑을 쌓는데 써버린다. 마치 마지막 숨통을 끊어 놓듯이…

그 이듬해 고종황제는 더 이상 저항하지 못하고 통한의 을사조약에 굴욕적인 서명을 하고 만다. (1905. 11. 18)

"도대체 무엇이 어디서부터 어떻게 잘못 되었는가?"

"대원군의 권력에 대한 집착이었을까?"

"고종황제가 유약했던 것인가?"

"명성황후가 지나쳤던 것인가?"

"아니면 이 나라 조정 대신들이 무능했음인가?"

"그것도 아니면 이 나라 백성들의 우국충정이 부족했던 것인가?"

그러나 조선이라는 배는 스스로의 의지와는 상관없이 누구도 통제할 수 없는 정해진 수순에 의해 폭풍 속의 난파선이 되어가고 있었다.

단 한사람 천주교 풍수인 최선일만이 모든 것을 예측하고 있었을 뿐이다.

14

흥미로운 역대 대통령 선거와 풍수

       필자는 제왕의 땅은 없다는 글에서 전임 대통령들의 선영을 크게 비판한바 있다. 만약 그러한 곳을 제왕의 땅이라고 한다면 지금쯤 대한민국에는 대통령이 수 만 명이 될 정도로 대부분 수준 이하였기 때문이다. 그래서 필자는 제왕은 땅의 소관이 아니라 하늘의 뜻인지 모른다고 말한바 있다. 하지만 이전 7차례의 대선을 살펴보면 그러한 와중에도 일정한 패턴을 발견할 수 있었다. 이에 해방 이후 정상적인 조건에서 치러진 대통령선거에 각 후보자의 선영과 그 결과를 풍수인의 입장에서 비교해 보겠다.

  풍수의 요인은 선영과 집터(출생지, 성장지, 거주지)를 꼽을 수 있는데, 수많은 변수가 있다. 하지만 현실적으로 그 많은 변수를 각 후보에게 동등하게 적용하는 것은 불가능에 가깝다. 왜냐하면 선대의 묘소가 있는데도 있지만 없는 경우도 있으며, 집터에 관한 자료도 부족하기 때문이다. 따라서 이번 조사는 각 후보의 부모 묘소만 갖고서 하는 단순비교의 방법을 취했다.

한편 5, 6대 대통령 선거는 5.16 군사혁명 직후에 치러진 선거이기 때문에 배제하였고, 8대부터 12대 대선까지는 직선제가 아닌 간선제이기 때문에 배제하였다.

7대 대통령 선거 : 1971/4/27

박정희(53.2%) : 김대중(45.3%)

구미 상모동 선영에는 박정희 대통령의 조부모 묘소 아래에 박성빈·수원백씨 묘소가 쌍분으로 자리하고 있다. 주산과 용맥이 뚜렷하

박정희 후보 선영

지 못하지만, 나름대로 형식을 갖춘 곳이다. 또 지대가 높다보니 풍광이 뛰어나고 천생산의 조응은 의미가 있다.

김대중 후보의 선고 묘소는 하의도에 있었다. 바다를 바라보는 산기슭에 쓰여 진 장소는 언제 어디서나 볼 수 있는 평범한 수준을 벗어나지 못한 곳이다.

두 곳을 비교하면 모든 면에서 구미가 월등하다.

13대 대통령 선거 : 1987/12/16

노태우(38.6%) : 김영삼(28%) : 김대중(27%) : 김종필(8%)

오랜 군사정권이 끝나고 비로소 국민의 주권에 의해 직선제로 치러진 선거이다.

노태우 후보의 선고 묘소(대구시 동구 송정동)는 공동묘지 끝자락에 자리하고 있다. 하지만 용맥이 부실한 탓에 인근에는 수많은 묘소가 버려진 체 방치되고 있다. 남쪽의 전면에는 문필봉이 우뚝하니 있어 그것을 보고 공동묘지가 형성된 것일 뿐 별 의미를 부여

노태우 후보 선영

김영삼 후보 선영

할 수 없다.

김영삼 후보 모친 묘소는 거제도 생가 인근 바닷가에 위치하고 있다. 그러나 묘소까지 오는 용맥이 약 100m가 아무 변화 없는 직룡으로 뻣뻣하기만 하다. 그나마 용맥을 타고 있음이 위안이다.

김대중 후보의 선고 묘소는 아직 하의도에 있다. 앞에서도 말했지만, 산이 흘러가는 기슭에 쓰여 져 최소한의 맥도 없는 곳이다.

김종필 후보의 선고 묘소는 부여에 있었는데, 산의 경사가 매우 급한 곳에 쓰여 져 불안한 곳이었다.

이상 4후보의 선영을 비교해 보면 그나마 김영삼 후보의 모친 묘소가 뻣뻣할지언정 가장 낫다고 할 수 있으며, 썩은 가지라도 붙잡고 있는 노태우 후보의 묘가 그 다음이라 할 수 있다. 그리고 하의도와 부여는 두 곳에 비해 상대적으로 떨어지는 곳이다. 그러나 풍수적으로 다소 불리한 노태우 후보는 야권 후보들의 분열로 어부지리를 얻으면서 당선되니 이 또한 하늘의 뜻일 것이다.

14대 대통령 선거 : 1992/12/18

김영삼(42%) : 김대중(33.8%) : 정주영 (16.3%)

위에서 살펴보았듯이 김영삼 후보의 모친 묘소는 거제도 바닷가 생가가 바라보이는 곳이다.

김대중 후보의 선영은 그대로 하의도에 있다.

정주영 후보의 선고 묘는 확인할 수 없다.

두 묘를 비교하면 고집 센 용맥일지라도 김영삼 후보의 선영이 김대중 후보 선영에 비해 비교우위에 있다.

15대 대통령 선거 : 1997/12/18

김대중(40.3%) : 이회창(38.7%)

김대중 후보는 이전의 3차례 도전에서 번번이 실패하자 최후의 선택으로 하의도선영을 용인으로 이장을 하면서 풍수의 도움을 얻고자 한다. 그때가 1995년으로 김대중 후보는 이미 72세의 고령이었지만, 당대 최고의 석학들이 30년간 이루지 못한 것을 가장 원시적인(?) 방법에 의지하고자한 셈이다. 용인 선영은 흠이 없는 것은 아니지만, 정치인들 중에서는 근자에 보기 드물게 좋은 땅을 선택했다는 사실은 부인할 수 없다.

이회창 후보의 예산 선영은 당시 예산 읍내 밖에 있었는데, 역시 야트막한 산기슭에 평범하게 자리하였다. 그러나 정상적인 맥을 받지 못한 이곳은 김대중 후보의 용인 선영에는 한참 미치지 못한다.

김대중후보 선영

이회창후보 선영

결과는 모두의 예상을 깨고 고령의 김대중 후보가 당선되면서 풍수에 대한 관심도 덩달아 높아지는 계기가 되었다.

16대 대통령 선거 : 2002/12/19

노무현(48.9%) : 이회창(46.6%)

노무현 후보의 선영은 김해 봉하마을 생가 인근의 야산에 위치하였다. 묘소는 언제 어디서나 볼 수 있는 평범한 곳으로 누구나 한번쯤 쉬어가고 싶은 곳이다. 지극히 평범해서 오히려 친근감이 드는 곳이다.

예산읍 외곽에 자리한 이회창 후보 선영은 그즈음 공교롭게도 묘소 뒤편이 아파트 건설로 인해 산의 절반이 크게 훼손되고 있었는데, 그 거리는 불과 50m에 지나지 않을 정도로 가까운 곳이었다. 그리고 대선을 불과 50일 앞둔 2002년 10월 31일 이회창 후보의 아버지 이홍규옹(98세)이 작고하자 그곳에 장사를 모셨다. 당시 전국의 많은 풍수인들이 참관했는데, 대부분 산의 훼손을 우려 했었다.

노무현 후보 선영

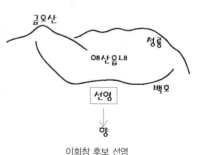

이회창 후보 선영

두 선영을 비교하면 풍수에 문외한이라도 노무현 후보의 선영이 나음을 알 수 있다. 결국 근소한 차이로 이회창 후보는 눈물을 머금고 말았다.

17대 대통령 선거 : 2007/12/19

이명박(48.7%) : 정동영(26.1%) : 이회창(15.1%)

정동영 후보의 순창 선영에는 그의 선대 묘소와 부모님 묘가 함께 이웃하고 있다. 그 중에서도 정동영 후보의 조부모 묘소는 감탄을 자아낼 정도로 훌륭한 땅이다. 그러나 후보의 부모님 묘는 주변의 커다란 바위에 갇혀 옴짝달싹 못하는 곳에 자리하였다. 조부모 묘와 부모님 묘는 극과 극일 정도로 길흉이 크게 상반되는 곳이다.

이명박 후보 선영

정동영 후보 선영

이명박 후보의 선대 묘소는 포항 신광면에 있으나 선고 묘는 경기도 이천 호법에 따로 떨어져 있다. 필시 고향을 떠나 먼 이천까지 왔을 때는 풍수적 의미가 다분한 곳이라 할 수 있다. 그러나 이천 호법의 용세는 마치 럭비공 같아 어디로 튈지 모르는 중구난방 형태였다. 그럼에도 불구하고 커다란 바위에 갇혀버린 정동영 후보의 선영보다는 상대적으로 나은 곳이었다.

두 차례 실패한 이회창 후보는 2004년 예산읍내의 선영을 신양면 녹문리로 이장을 하고 무소속으로 3번째 출마한다. 그러나 새로 옮겨진 곳 또한 여의치 않은 곳이었다. 결국 3번의 도전을 모두 실패한 2010년에는 그마저도 화장해 수목장 형태로 모셔지게 된다. 이회창 후보는 풍수의 도움을 받고자 했지만 그때마다 땅과 하늘은 그를 외면하면서 꿈을 펼치지 못하고 말았다.

18대 대통령 선거 : 2012/12/19

박근혜(51.6%) : 문재인(48%)

박근혜 후보 선영은 동작동 국립묘지 박정희 · 육영수여사 묘소이다. 박대통령 묘소의 뒤를 오르면 주산에서부터 역동적으로 이어지고 있음을 볼 수 있는데, 정상적인 경우라면 현재의 장소보다 뒤쪽

박근혜 후보 선영

문재인 후보 선영

위에서 용맥을 타고 있어야 했다. 반면 현재의 묘소는 산이 끝나고 맥이 끝나는 지점에 자리하였다. 거기에 더해 한강의 큰물은 반궁수로 치고 빠지는 불리한 형태를 하고 있다.

문재인 후보 선영은 주산도 없고 맥도 없어 바람을 타기 쉬운 곳이다. 묘소 뒤쪽은 골프장으로 대규모 훼손되고 있는데, 비록 거리가 멀지만 흉물스럽게 보인다. 하필이면 중요한 시기에 그러한 일이 벌어진다는 것에서 이회창 후보의 2002년 사례를 떠올리지 않을 수 없다.

두 곳을 보면 그나마 구색을 갖춘 박근혜 후보의 동작동 국립묘지가 산이 훼손되는 문재인 후보의 선영보다 나은 곳이다.

이상 보았듯이 대권주자들의 선대 묘소에 의한 단순비교는 흥미로운 결과를 보이고 있다. 즉 마지막까지 완주한 여야 대권주자의 경우 상대적으로 선영이 유리한 곳의 후보가 용상을 차지하는 경향을 보이고 있다는 점이다. 노련한 정치가들조차 예측하기 힘든 혼돈의 카오스 뒤에는 일정한 패턴이 있음을 알 수 있는데, 의외로 간단한 단순비교에서 일정한 결과를 도출할 수 있었다. 그러나 단 한 번 예외가 있었으니, 13대 대선에서는 야권 후보의 분열로 노태우 후보가 당선되었다는 것이다. 따라서 단일화 문제는 또 다른 변수가 될 수 있다.

문제는 용상에 오르고 나서이다. 이전 역대 대통령들의 선영은 모두 결함이 많은 곳이었는데, 그 결함이 임기 중에 표출되는 경향이 있기 때문이다.

윤보선 대통령 선영의 모호한 용세

박정희 대통령 선영의 흉한 바위

전두환 대통령 선영의 물 빠짐

노태우 대통령 선영의 무기력함

김영삼 대통령 선영의 뻣뻣함

김대중 대통령 선영의 재혈 미스

노무현 대통령 선영의 호전적인 모습

이명박 대통령 선영의 좌충우돌 용세와 탁한 연못

그리고 …

건강한 삶, 성공한 삶

풍|수|지|리

초판인쇄	2015년 1월 5일
초판발행	2015년 1월10일
지은이	지종학
발행인	방은순
펴낸곳	도서출판 프로방스
표지&편집 디자인	Design CREO
마케팅	조현수
ADD	경기도 고양시 일산동구 백석2동 1301-2
	넥스빌오피스텔 904호
전화	031-925-5366~7
팩스	031-925-5368
이메일	provence70@naver.com
등록번호	제396-2000-000052호
등록	2000년 5월 30일
ISBN	978-89-89239-93-2-03380

정가 20,000원